N1
最新日本语能力测试应对策略
文字/词汇·语法

[韩] 李长雨 著
朴艺华 译

北京大学出版社
PEKING UNIVERSITY PRESS

著作权合同登记号：01-2010-6895

图书在版编目（CIP）数据

最新日本语能力测试应对策略 N1 文字/词汇·语法/（韩）李长雨著；朴艺华译. —北京：北京大学出版社，2013.11
（最新日本语能力测试系列丛书）
ISBN 978-7-301-23400-6

Ⅰ. ①最… Ⅱ. ①李… ②朴… Ⅲ. ①日语—水平考试—自学参考资料 Ⅳ. ①H360.41

中国版本图书馆CIP数据核字（2013）第256604号

©Sisa Japan, 2010
All rights reserved. No part of this publication may be reproduced, stored or transmitted by any means without the prior permission of the publishers. It is for sale in the mainland territory of the People's Republic of China only.

本书由韩国时事日本语出版社授权北京大学出版社出版发行。

书　　　　名：	最新日本语能力测试应对策略　N1　文字/词汇·语法
著作责任者：	[韩] 李长雨　著　朴艺华　译
组稿编辑：	兰　婷
责任编辑：	刘　虹
标准书号：	ISBN 978-7-301-23400-6/H·3420
出版发行：	北京大学出版社
地　　　　址：	北京市海淀区成府路205号　100871
网　　　　址：	http://www.pup.cn　新浪官方微博：@北京大学出版社
电　　　　话：	邮购部 62752015　发行部 62750672　编辑部 62754382　出版部 62754962
电子信箱：	554992144@qq.com
印　刷　者：	三河市北燕印装有限公司
经　销　者：	新华书店
	787毫米×1092毫米　16开本　19印张　400千字
	2013年11月第1版　2013年11月第1次印刷
定　　　　价：	48.00元

未经许可，不得以任何方式复制或抄袭本书之部分或全部内容。
版权所有，侵权必究
举报电话：010-62752024　电子信箱：fd@pup.pku.edu.cn

本书的结构及使用方法

题型结构及例题

句型说明及例题完全符合新日语能力测试的题目类型，因此可以对出题趋势一目了然。

打造实力方案

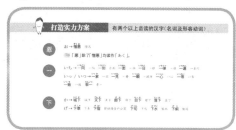

在答题之前对有可能出现的词汇和语法进行了整理，借此来打造实力。

解题方案

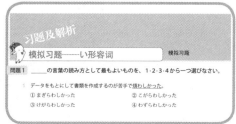

通过模拟习题，提高实战能力，同时可以检测实力。

解析方案

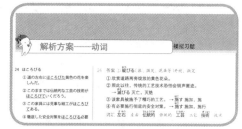

详细列出解题方案中模拟习题的正确答案并加以说明，此外，还列出了必备单词，从而使实力得到进一步提高。

实战模拟测试

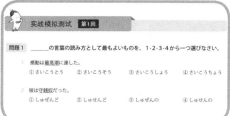

为了能够完美地应对实际测试，收录了两套实战模拟测试题，在考试之前检验一下自己的最终实力。

实战模拟测试答案及解析

通过对实战模拟测试中出现的所有问题进行详细解释并列出答案来做完美的总结。

新日本语能力测试概要

下面了解一下自2010年起实行的全新日本语能力测试。
测试由每年一次,增加到每年两次(7月,12月)。

1. 会有什么样的调整?

① 如果说以往的测试只是单纯地以考查日语相关知识为主的话,新测试则是以考查解决实际问题的能力为主。此外,在综合分数分配中听力理解所占的比重,由过去的四分之一增加到了三分之一。

② 以往能力测试分为1级到4级共4个级别,而新能力测试则增加至5个级别。
N3是为了弥补以往能力测试3级和2级水平的过大跨度而新增设的。
在这里所谓的N可以兼指表示全新的「New(新しい)」和表示日本语的「Nihongo(日本語)」这两个词语的的首字母。

N1	与以往测试相比,及格线几乎没有什么变化。但是可以考查出比以往1级更高一层的水准。
N2	几乎相当于以往2级水平
N3	介于以往2级和3级水平之间(新设)★
N4	几乎相当于以往3级水平
N5	几乎相当于以往4级水平

③ 以以往测试1级为例,如果分数达到了满分400分的70%,即280分以上,就判定为及格,但是在新测试中采用了标准分制度,也就是说每一部分都有标准分,如果达不到标准分数,即使总分再高也不能及格。

④ 为了解决因每次测试的难易度不同而出现的平衡性问题,出台了新的对策。例如,7月试题简单,而12月试题较难的话,12月份应试的考生得分低的可能性会更高。该对策就是为了应对此类问题而出台的政策。

⑤ 在现实生活中能够运用多少日本语?
全新的日本语能力测试将提供一个标准,可以了解测试合格的人按照级别可以在日常生活当中用日本语(听、说、读、写)做哪些事情。例如,N2及格的人在看日剧时可以不费力地理解演员的台词(听),可以不费力地跟日本朋友互通信件(写),能看懂与最新流行有关的杂志报道(读),接受公司面试时能够正确回答面试官的问题(说),就是展示诸如此类的实例。

2. 测试内容及测试时间

级别	测试内容（测试时间）	
N1	语言知识（文字/词汇・语法）・阅读理解（110分）	听力（60分）
N2	语言知识（文字/词汇・语法）・阅读理解（105分）	听力（50分）
N3	语言知识（文字/词汇）（30分）语言知识（语法）・阅读理解（70分）	听力（40分）
N4	语言知识（文字/词汇）（30分）语言知识（语法）・阅读理解（60分）	听力（35分）
N5	语言知识（文字/词汇）（25分）语言知识（语法）・阅读理解（50分）	听力（30分）

3. 测试分数

级别	分数分配	得分范围
N1	语言知识（文字・词汇・语法）	0~60
	阅读理解	0~60
	听力	0~60
	综合分数	0~180
N2	语言知识（文字・词汇・语法）	0~60
	阅读理解	0~60
	听力	0~60
	综合分数	0~180
N3	语言知识（文字・词汇・语法）	0~60
	阅读理解	0~60
	听力	0~60
	综合分数	0~180
N4	语言知识（文字 词汇 语法）・阅读理解	0~120
	听力	0~60
	综合分数	0~180
N5	语言知识（文字 词汇 语法）・阅读理解	0~120
	听力	0~60
	综合分数	0~180

目录

第一部分　文字/词汇

文字/词汇　题型结构及例题……………………………………………3

语言知识　文字/词汇……………………………………………………8
　本书学习要领　文字/词汇……………………………………………9
打造实力方案　有两个以上音读的汉字（名词及形容动词）………10
解题方案及解析方案　模拟习题………………………………………24
打造实力方案　动词……………………………………………………34
解题方案及解析方案　模拟习题………………………………………42
打造实力方案　名词……………………………………………………60
解题方案及解析方案　模拟习题………………………………………76
打造实力方案　い形容词………………………………………………94
解题方案及解析方案　模拟习题………………………………………99
打造实力方案　形容动词（な形容词）………………………………117
解题方案及解析方案　模拟习题………………………………………119
打造实力方案　副词……………………………………………………137
解题方案及解析方案　模拟习题………………………………………144

第二部分　语法

语法　题型结构及例题…………………………………………………159

语言知识　语法…………………………………………………………168
　本书学习要领　语法…………………………………………………169
打造实力方案　必须掌握接续方法的语法……………………………170
解题方案及解析方案　模拟习题………………………………………174
打造实力方案　接动词否定形・ます形的语法………………………178

目 录

解题方案及解析方案　模拟习题	182
打造实力方案　叙述型	186
解题方案及解析方案　模拟习题	192
打造实力方案　语法比较	197
解题方案及解析方案　模拟习题	202
打造实力方案　近似语法	207
解题方案及解析方案　模拟习题	210
打造实力方案　与N2语法意义相同的语法	214
解题方案及解析方案　模拟习题	218
打造实力方案　其他语法	222
解题方案及解析方案　模拟习题	229
打造实力方案　N1出题标准以外的语法惯用型	237
解题方案及解析方案　模拟习题	246
打造实力方案　句子脉络（填空）	254
解题方案及解析方案　模拟习题	255

实战模拟测试　第1回 / 第2回 275

实战模拟测试第1回	276
实战模拟测试第2回	282
实战模拟测试第1回解析	288
实战模拟测试第2回解析	292

以往的日本语能力测试中第一部分是文字/词汇，第二部分是听力理解，第三部分是阅读理解/语法，而新日本语能力测试在第一部分同时对语言知识（文字/词汇·语法）和阅读理解进行测试。N1要求在110分钟内做完所有问题，与以往测试相比，对速度和集中力的要求会更高一些。要快速解决较之以往在题量上大幅缩水的文字/词汇问题，留出充裕的时间以确保自己可以不慌不忙地完成新题型语法问题，这一点非常重要。针对这一点，接触大量例题显得尤为重要，所以要像实战演练一样做一做本教材中的模拟习题和实战模拟测试题，认真看一看解析部分，并将其完全转化为自己的知识。

• 文字/词汇

问题1　读汉字

问题2　完形填空 —— 根据句意选择最恰当的词语填空

问题3　词汇替换 —— 选出与既定词语意义相近的词语

问题4　单词用法 —— 选出既定词语用法正确的句子

• 语法

问题5　语法形式（选择惯用型）

问题6　排序（句子顺序）

问题7　句子脉络（填空）

第一部分 文字/词汇

- ◆ 文字/词汇　题型结构及例题
- ◆ 打造实力方案
- ◆ 解题方案
- ◆ 解析方案
- ◆ 实战模拟测试

文字/词汇 题型结构及例题

　　以往的日语能力测试1级试题中文字·词汇题一共是65道题，满分为100分，而新日语能力测试N1的文字·词汇部分共有25道题，加上20道语法题，满分为60分。尽管还没有公布各个部分分数的分配情况，但是预计根据题的难易程度，每道题的分值将会在1分至1.5分之间。既有在保留原有题型的同时，增减题量的，也有新的题型，因此只有很好地掌握出题形式，才不会在实战当中手忙脚乱。首先，来看一下由日语能力测试委员会公布的文字/词汇题型结构表吧。

题型结构				
	问题类型		小题数	目标
文字/词汇	问题1	读汉字	稍有变化	6	考查由汉字写成的词语的读法
	问题2	完形填空	与以往一致	7	考查适合填入句子空格当中的词语
	问题3	词汇替换	与以往一致	6	考查表达方式和含义与试题中的词语相近的词语或表达方式
	问题4	单词用法	与以往一致	6	考查试题中的词语在句子当中是如何使用的

　　从上表可知，一共会出25道题。那么，就通过题型和例题具体看一看会有什么样的问题以什么样的形式出现吧。

题型结构及例题

问题1　读汉字（6道题）

以往的日本语能力测试会从一句话中出几个问题，但是新日本语能力测试是每一句话只出一道题。虽然读汉字题的比例有所缩减，但是为了解决阅读理解和语法问题，有必要认认真真重视汉字。预计主要会出一些与名词有关的问题，但是也不能排除从动词或い形容词、形容动词（な形容词）中出题的可能，所以一定要认真地学好。在背诵汉字词名词的时候，与其单纯地背那个词语的读法，不如检索一下该汉字的例外读法并背诵下来，这样可以提高汉字学习的效率。

例

1　古い車を<u>廃棄</u>して新しいのを買った。
　　① べいき　　② はっき　　③ はいき　　④ へいき

2　熊は木の皮を<u>剥い</u>でいた。
　　① たいで　　② むいで　　③ こいで　　④ はいで

1　<u>废弃</u>了旧车，买了辆新车。
　　答案　③ 廃棄（はいき）　废弃
　　词汇　古（ふる）い　旧，陈旧　　車（くるま）　汽车　　新（あたら）しい　新　　買（か）う　买

2　熊正在<u>剥</u>树皮。
　　答案　④ 剥（は）ぐ　剥，剥夺
　　词汇　熊（くま）　熊　　木（き）　树　　皮（かわ）　皮

题型结构及例题

问题2　完形填空（7道题）

以往的日本语能力测试共由15道题结构，新日本语能力测试缩减到了7道题。也就是说，像"填空题"那样，只有准确地掌握了选项中词语的正确含义和句子的脉络才能做题。预计汉字词名词的出题几率会比较高一些，此外还会出一些有关动词、い形容词、形容动词、副词的题。由于い形容词、形容动词、副词在N1中数量有限，因此先从这些词性开始学起。此外，至于汉字词名词，只要能把汉字用韩国语准确地读出来，就不难解决问题了。看一下日语能力测试出题委员会所示示的例题就可以知道，会像下面第三道题那样出接尾词。在N2当中接尾词和接头词会单独出题，但是在N1中并没有言及于此。但是考虑到日语能力测试的各个级别之间都是有一定的联系的，所以在一定程度上还是有必要学习一些接尾词和接头词。值得注意的是，「～並(…级,并比)」是一定要背下来。例如「友だちのテニスの実力は選手並だ。(朋友的网球水平是选手级的)」。

例

1　この曲はいつも私の子供時代を（　　　）させる。
　① 連想　　　② 連結　　　③ 連合　　　④ 連絡

2　彼と終わってから今生活が（　　　）いるというか、寂しいというか。
　① あえいで　② うずいて　③ つどって　④ すさんで

3　最近、睡眠時間が（　　　）規則になっています。
　① 無　　　　② 非　　　　③ 否　　　　④ 不

1　这首曲子总是会让我<u>联想</u>起我的孩提时代。
　答案　① 連想（れんそう）联想
　词汇　曲（きょく）曲子　時代（じだい）时代,时节　連結（れんけつ）连结　連合（れんごう）联合　連絡（れんらく）联络

2　跟他分手之后，现在的生活应该说是<u>颓废</u>呢，还是该说是孤独呢？
　答案　④ すさむ　放荡，颓废
　词汇　寂（さび）しい 孤独　あえぐ 挣扎，喘气　うずく 阵阵剧痛，痛楚　つどう 集合，会合

3　最近睡眠时间变得<u>不规律</u>。
　答案　④ 不規則（ふきそく）不规律
　词汇　最近（さいきん）最近　睡眠（すいみん）睡眠　時間（じかん）时间

题型结构及例题

问题3 词汇替换（6道题）

这是有关"找出相似的词语及表达方式"的问题。尽管词语有其原有的含义，但是也要很好地把握住它在句子当中是以怎样的含义来使用的。虽说是考查基本词汇能力的问题，但同时也考查对句子当中词汇的释义能力。另外，很有可能会出「カタカナ」用日语如何表示的问题，所以一定要把「カタカナ」背下来。除此之外，本教材第84页整理了一下名词近义词，在进行汉字学习的同时，把它背诵下来会很有帮助。

例

1　台風はどこを<u>おそう</u>か予測がつかない。
　　① ふせぐ　　　② とおる　　　③ さける　　　④ かなう

2　ガイドがわれわれに<u>ぼつぼつ</u>登るように助言した。
　　① 順々に　　　② ごろごろ　　　③ おのおの　　　④ 徐々に

1　无法预测台风会袭击什么地方。
　答案　②襲う 袭击，袭　通る 过
　词汇　台風 台风　予測がつかない 无法预测　防ぐ 防御　避ける 躲避
　　　　かなう 符合

2　导游建议我们慢慢往上爬。
　答案　④ぼつぼつ 徐徐，渐渐／徐々に 徐徐，慢慢
　词汇　登る 爬　助言 建议　順々に 顺次，依次　ごろごろ（大东西滚动）咕噜咕噜
　　　　おのおの 各自

题型结构及例题

问题4 单词用法（6道题）

该题要求在了解句中（划线部分）词语正确含义的基础上，从选项中选出该词使用最恰当的一项。此题在新日本语能力测试中是由6道题构成的，是最棘手的部分之一。在这里必须要记住的一点是，必须要做到当看到所列举的词语时能区分出它是"名词"还是"形容动词"。

当难以区分某个词语是名词还是形容动词的时候应该怎么办呢？方法就是加上"正在……"，如果加上之后语句不通顺，那它就是"形容动词"。「散歩（散步）」这个词语可以说成"正在散步"，所以是名词。但是像「清潔」这个词，如果说成"正在清洁"的话是不通顺的，所以它就是形容动词。据此，问题选项中如果有「清潔している」的话，从语法上就是错误的表达形式，也就不能成为正确答案了。这种类型的问题会经常出现，所以一定要背下来。

例

1　ぴったり
① 友だちに金のことを頼まれたがぴったり断った。
② 先週の土曜日、偶然高校の友だちにぴったり会った。
③ 昨日買った洋服がぴったり合ってよかった。
④ あと5日過ぎるとオリンピックの開幕がぴったり1年残る。

1 ① 朋友拜托我借给他钱，可是被我断然拒绝了。→ きっぱり 斩钉截铁，断然
② 上个星期六，偶然巧遇到了高中同学。→ ばったり 突然相遇貌
③ 昨天买的西服正合身，真好。
④ 再过5天，距离奥运会开幕正好还剩一年。→ ちょうど 正好，恰好

答案　③ぴったり

词汇　頼む 拜托　断る 拒绝　偶然 偶然　洋服 西服　過ぎる 过　開幕 开幕
残る 剩下

语言知识　**文字/词汇**

本书学习要领　文字/词汇

很多学习者会因为文字/词汇数量庞大，不知该从哪种词性开始学起而感到茫然。在实际测试当中各种词性将分别出现在各个部分。让我们通过本教材来了解一下各个词性会在不同的部分以怎样的形式出题吧。虽然い形容词、形容动词、副词的数量并不是很多，但是在考试当中也是非常重要的词性。可如果只是把い形容词、形容动词、副词的词义背下来的话，就有可能无法知道它们在实际句子当中是以怎样的形式使用的，所以本教材在各个词语后面附加了例句。这是为了提高学习者对这些词性的理解能力。考虑到从2010年开始的新日语能力测试N1会在难度上有所提高，因此即使是有一定难度的汉字也一定要背下来。い形容词、形容动词、副词不仅在文字·词汇部分很重要，在语法、阅读理解、听力理解部分中也是重要的关键词，所以一定要将汉字和词义一起背下来。

首先，在学习问题1读汉字部分时，可以通过打造实力方案先学习有两个以上音读的汉字和与之相关的词语，然后通过写汉字练习，直接摹写汉字，借此熟悉一下汉字。然后通过做解题方案中的模拟习题来考查自己的实力，最后通过解析方案详细而又明确的解释来收尾即可。值得注意的是，有两个以上音读的汉字部分，或许有个别例外，但是在这里完全是按照N1标准来收录的。

- 动词（P.45）
- 名词（P.74）
- い形容词（P.112）
- 形容动词（P.136）
- 副词（P.158）

以上各个词性中需要记住的内容可以通过打造实力方案来学习，然后通过做解题方案中的两套模拟习题来了解一下各词性是以什么样的题型出现的。同时体验一下实战感受。最后，通过解析方案以详细而又明确的解释来收个尾就可以了。

打造实力方案　有两个以上音读的汉字（名词及形容动词）

悪
お → 憎悪（ぞうお） 憎恶
Tip 「悪」除了「憎悪」均读作「あく」。

一
いち → 一同（いちどう） 一同　一別（いちべつ） 分别　一面（いちめん） 一面　一目（いちもく） 一眼　一律（いちりつ） 一律　一連（いちれん） 一系列
いっ／いつ → 一家（いっか） 一家　一見（いっけん） 一瞥　一瞬（いっしゅん） 一瞬间　一心（いっしん） 一心　一帯（いったい） 一带
一致（いっち） 一致　単一（たんいつ） 单一

下
か → 城下（じょうか） 城下　天下（てんか） 天下　部下（ぶか） 部下　目下（もっか） 眼下　落下（らっか） 落下
げ → 下車（げしゃ） 下车　下宿（げしゅく） 提供膳食的公寓　下旬（げじゅん） 下旬　下水（げすい） 脏水　下痢（げり） 腹泻

河
が → 運河（うんが） 运河
Tip 「河」除了「運河」均读作「か」。

家
け → 家来（けらい） 下臣，随从
Tip 「家」除了「家来」均读作「か」。

外
げ → 外科（げか） 外科
Tip 「外」除了「外科」均读作「がい」。

角
がく → 方角（ほうがく） 方向
Tip 「角」除了「方角」均读作「かく」。

気
け → 寒気（さむけ） 寒气　人気（ひとけ） 人的气息　水気（みずけ） 水分　湿気（しっけ） 湿气
げ → 湯気（ゆげ） 蒸汽
Tip 「気」除了上述单词均读作「き」。

規
ぎ → 定規（じょうぎ） 规尺
Tip 「規」除了「定規」均读作「き」。

漁
ぎょ → 漁船（ぎょせん） 渔船　漁村（ぎょそん） 渔村
りょう → 漁師（りょうし） 渔夫
Tip 「漁」除了「漁師」均读作「ぎょ」。

打造实力方案　　有两个以上音读的汉字（名词及形容动词）

強
ごう → 強盗 强盗　強奪 抢劫　強引 强制
Tip「強」除了上述单词均读作「きょう」。

境
けい → 境内 境内
Tip「境」除了「境内」均读作「きょう」。

競
きょう → 競争 竞争
けい → 競馬 赛马　競輪 自行车竞赛
Tip「競」除了「競馬」和「競輪」均读作「きょう」。

極
きょく → 極端 极端　究極 最终　両極 两极
ごく → 極楽 极乐世界
Tip「極」除了「極楽」均读作「きょく」。

金
きん → 基金 基金　残金 余额　資金 资金　送金 汇款　大金 巨款　募金 募捐　預金 存款
ぎん → 賃金 租金
ごん → 黄金 黄金
Tip「金」除了「賃金」和「黄金」均读作「きん」。

元
がん → 元日 元旦　元年 元年　元来 原来
げん → 元首 元首　元素 元素　還元 还原

言
げん → 言語 语言　言論 言论　証言 证言　助言 指教　宣言 宣言　断言 断言　発言 发言　予言 预言
ごん → 過言 夸张　伝言 口信　無言 沉默寡言　遺言 遗言

後
こう → 後悔 后悔　後退 后退　後輩 晚辈
Tip「後」除了上述单词均读作「ご」。

打造实力方案　　有两个以上音读的汉字（名词及形容动词）

行
ぎょう → 行政（ぎょうせい）行政　行事（ぎょうじ）活动　行儀（ぎょうぎ）举止　行列（ぎょうれつ）行列　修行（しゅぎょう）修行
Tip「行」除了上述单词均读作「こう」。

砂
さ → 砂漠（さばく）沙漠
じゃ → 砂利（じゃり）砂石

作
さ → 作動（さどう）工作　作法（さほう）礼节　作用（さよう）作用　操作（そうさ）操作　動作（どうさ）动作　発作（ほっさ）发作
Tip「作」除了上述单词均读作「さく」。

殺
さつ → 殺人（さつじん）杀人　暗殺（あんさつ）暗杀
さい → 相殺（そうさい）相抵

山
ざん → 火山（かざん）火山　鉱山（こうざん）矿山　登山（とざん）登山
Tip「山」除了上述单词均读作「さん」。

算
ざん → 暗算（あんざん）心算　足算（たしざん）加法　引算（ひきざん）减法　掛算（かけざん）乘法　割算（わりざん）除法
Tip「算」除了「暗算」和加减乘除法均读作「さん」。

児
に → 小児科（しょうにか）儿科
Tip「児」除了「小児科」均读作「じ」。

数
ずう → 員数（いんずう）定员　人数（にんずう）人数
Tip「数」除了「人数」均读作「すう」。

治
じ → 政治（せいじ）政治　退治（たいじ）打退
Tip「治」除了「政治」和「退治」均读作「ち」。

打造实力方案 — 有两个以上音读的汉字（名词及形容动词）

質
じち → 人質(ひとじち) 人质
Tip 「質」除了「人質」均读作「しつ」。

者
じゃ → 患者(かんじゃ) 患者　信者(しんじゃ) 信徒　長者(ちょうじゃ) 长者
Tip 「者」除了上述单词均读作「しゃ」。

修
しゅ → 修行(しゅぎょう) 修行
Tip 「修」除了「修行」均读作「しゅう」。

重
ちょう → 重複(ちょうふく) 重复　重宝(ちょうほう) 珍视　貴重(きちょう) 贵重　慎重(しんちょう) 慎重　自重(じちょう) 自重　尊重(そんちょう) 尊重
Tip 「重」除了上述单词均读作「じゅう」。

出
すい → 出納(すいとう) 出纳
Tip 「出」除了「出納」均读作「しゅつ」。

所
じょ → 近所(きんじょ) 附近　停留所(ていりゅうじょ) 车站　便所(べんじょ) 厕所
Tip 「所」除了上述单词均读作「しょ」。

盛
じょう → 繁盛(はんじょう) 繁荣昌盛
Tip 「盛」除了「繁盛」均读作「せい」。

象
ぞう → 象(ぞう) 大象　象牙(ぞうげ) 象牙　有象無象(うぞうむぞう) 森罗万象
Tip 「象」除了上述单词均读作「しょう」。

色
しき → 色彩(しきさい) 色彩
Tip 「色」除了「色彩」均读作「しょく」。

文字/词汇

语法

实战模拟测试

文字/词汇_13

打造实力方案 — 有两个以上音读的汉字（名词及形容动词）

人

じん → 人格 人格　人材 人才　人体 人体　人民 人民　故人 死者　殺人 杀人　
新人 新人　主人公 主人公　産婦人科 妇产科

にん → 人情 人情　使用人 佣人　証人 证人　当人 当事人　万人 众人

図

ず → 図形 图形　図表 图表　合図 信号　指図 指示

と → 図書館 图书馆　意図 意图　企図 企图

水

ずい → 洪水 洪水

Tip 「水」除了「洪水」均读作「すい」。

正

しょう → 正月 正月　正午 正午　正直 正直　正体 真面目　正面 正面

Tip 「正」除了上述单词均读作「せい」。

生

しょう → 生涯 生涯　出生 出生　畜生 畜生

Tip 「生」除了上述单词均读作「せい」。

石

しゃく → 磁石 磁铁

Tip 「石」除了「磁石」均读作「せき」。

説

ぜつ → 演説 演讲

ぜい → 遊説 游说

Tip 「説」除了上述单词均读作「せつ」。

相

しょう → 首相 首相　外相 外交大臣　蔵相 财政部长

Tip 「相」除了代表「官僚职称」的单词均读作「そう」。

装

しょう → 衣装 服装

Tip 「装」除了「衣装」均读作「そう」。

打造实力方案　有两个以上音读的汉字（名词及形容动词）

率
そつ → 軽<ruby>率<rt>けいそつ</rt></ruby> 轻率　統<ruby>率<rt>とうそつ</rt></ruby> 统率
りつ → 確<ruby>率<rt>かくりつ</rt></ruby> 概率　効<ruby>率<rt>こうりつ</rt></ruby> 效率　倍<ruby>率<rt>ばいりつ</rt></ruby> 倍率　比<ruby>率<rt>ひりつ</rt></ruby> 比率

体
てい → <ruby>体裁<rt>ていさい</rt></ruby> 外表，外形
Tip 「体」除了「体裁」均读作「たい」。

大
だい → <ruby>大胆<rt>だいたん</rt></ruby> 大胆　<ruby>大便<rt>だいべん</rt></ruby> 大便　<ruby>偉大<rt>いだい</rt></ruby> 伟大　<ruby>盛大<rt>せいだい</rt></ruby> 盛大　<ruby>壮大<rt>そうだい</rt></ruby> 壮大　<ruby>短大<rt>たんだい</rt></ruby> 短期大学
たい → <ruby>大家<rt>たいか</rt></ruby> 大师　<ruby>大概<rt>たいがい</rt></ruby> 大概　<ruby>大金<rt>たいきん</rt></ruby> 巨款　<ruby>大衆<rt>たいしゅう</rt></ruby> 大众

代
たい → <ruby>交代<rt>こうたい</rt></ruby> 交代
Tip 「代」除了「交代」均读作「だい」。

台
たい → <ruby>台頭<rt>たいとう</rt></ruby> 抬头　<ruby>台風<rt>たいふう</rt></ruby> 台风　<ruby>舞台<rt>ぶたい</rt></ruby> 舞台　<ruby>屋台<rt>やたい</rt></ruby> 带棚售货摊
Tip 「台」除了上述单词均读作「だい」。

地
じ → <ruby>地獄<rt>じごく</rt></ruby> 地狱　<ruby>地震<rt>じしん</rt></ruby> 地震　<ruby>地盤<rt>じばん</rt></ruby> 地盘　<ruby>地元<rt>じもと</rt></ruby> 当地　<ruby>意地<rt>いじ</rt></ruby> 固执　<ruby>生地<rt>きじ</rt></ruby> 布料　<ruby>下地<rt>したじ</rt></ruby> 素
Tip 「地」除了上述单词均读作「ち」。

茶
さ → <ruby>茶道<rt>さどう</rt></ruby> 茶道　<ruby>喫茶店<rt>きっさてん</rt></ruby> 茶馆
ちゃ → <ruby>茶の間<rt>ちゃのま</rt></ruby> 起居室　<ruby>茶の湯<rt>ちゃのゆ</rt></ruby> 茶道　<ruby>焦茶<rt>こげちゃ</rt></ruby> 深棕色　<ruby>緑茶<rt>りょくちゃ</rt></ruby> 绿茶

中
じゅう → <ruby>世界中<rt>せかいじゅう</rt></ruby> 整个世界　<ruby>一年中<rt>いちねんじゅう</rt></ruby> 整年　<ruby>心中<rt>しんじゅう</rt></ruby> 一同自杀
Tip 「中」带有「全部」的含义时读作「じゅう」,其他均读作「ちゅう」。

直
じき → <ruby>正直<rt>しょうじき</rt></ruby> 正直
Tip 「直」除了「正直」均读作「ちょく」。

打造实力方案 — 有两个以上音读的汉字（名词及形容动词）

定

じょう → 定規 规尺　勘定 计算

Tip 「定」除了「定規」和「勘定」均读作「てい」。

土

と → 土地 土地

Tip 「土」除了「土地」均读作「ど」。

登

と → 登山 登山

Tip 「登」除了「登山」均读作「とう」。

答

どう → 問答 问答

Tip 「答」除了「問答」均读作「とう」。

頭

ど → 音頭 领唱

ず → 頭脳 头脑　頭痛 头痛

Tip 「頭」除了上述单词均读作「とう」。

内

だい → 境内 境内

Tip 「内」除了「境内」均读作「ない」。

日

にち → 日夜 日夜

じつ → 期日 期限　終日 整天　連日 连日

発

ほっ → 発作 发作　発足 出发

Tip 「発」除了「発作」和「発足」均读作「はつ」。

判

はん → 判決 判决　判定 判定　批判 批判

ばん → 裁判 裁判　評判 评论

Tip 通常「○判」读作「○ばん」,「判○」读作「はん○」, 但只有「批判」除外, 读作「ひはん」。

打造实力方案　　有两个以上音读的汉字（名词及形容动词）

貧　びん → 貧乏(びんぼう) 贫穷

Tip 「貧」除了「貧乏」均读作「ひん」。

負　ぶ → 勝負(しょうぶ) 胜负

Tip 「負」除了「勝負」均读作「ふ」。

物　もつ → 貨物(かもつ) 货物　禁物(きんもつ) 严禁的事物　穀物(こくもつ) 谷物　作物(さくもつ) 农作物　食物(しょくもつ) 食物　書物(しょもつ) 书籍　宝物(ほうもつ) 宝物

Tip 1.「○物」的音读读作「○もつ」的仅有上述单词。
　　2.「○○物」除了「洗濯物(洗涤物)」,「綿織物(棉织品)」,「毛織物(毛织物)」均读作「○○ぶつ」。

平　びょう → 平等(びょうどう) 平等

Tip 「平」除了「平等」均读作「へい」。

訪　ぼう → 探訪(たんぼう) 采访

Tip 「訪」除了「探訪」均读作「ほう」。

暴　ばく → 暴露(ばくろ) 暴露

Tip 「暴」除了「暴露」均读作「ぼう」。

木　ぼく → 大木(たいぼく) 巨树　土木(どぼく) 土木
　　　も → 木綿(もめん) 棉花

Tip 「木」除了上述单词均读作「もく」。

名　みょう → 本名(ほんみょう) 本名　名字(みょうじ) 姓

Tip 「名」除了「本名」和「名字」均读作「めい」。

命　みょう → 寿命(じゅみょう) 寿命

Tip 「命」除了「寿命」均读作「めい」。

 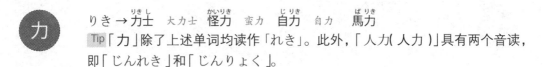

力　りき→力士(りきし)　大力士　怪力(かいりき)　蛮力　自力(じりき)　自力　馬力(ばりき)
Tip 「力」除了上述单词均读作「れき」。此外,「人力(人力)」具有两个音读,即「じんれき」和「じんりょく」。

露　ろう→披露(ひろう)　公布
Tip 「露」除了「披露」均读作「ろ」。

打造实力方案　　写汉字

下列汉字具有两个以上音读，通过反复书写，可以使学习者熟悉汉字及其音读。虽然过程会有些枯燥乏味，但是考虑到汉字在日语学习中举足轻重的地位，学习者需要耐心练习，直至掌握这些汉字及其音读。

	汉字	读音	词义
1	一律	いちりつ	一律
2	下痢	げり	腹泻
3	運河	うんが	运河
4	家来	けらい	家臣，随从
5	外科	げか	外科
6	方角	ほうがく	方向
7	寒気	さむけ	寒气
8	定規	じょうぎ	规，尺
9	漁師	りょうし	渔夫
10	強奪	ごうだつ	抢夺
11	境内	けいだい	境内
12	競輪	けいりん	自行车赛
13	極楽	ごくらく	极乐

打造实力方案　　写汉字

	汉字	读音	词义
14	黄金	おうごん	黄金
15	元素	げんそ	元素
16	過言	かごん	夸张
17	後悔	こうかい	后悔
18	修行	しゅぎょう	修行
19	砂利	じゃり	砂石
20	操作	そうさ	操作
21	相殺	そうさい	相抵
22	鉱山	こうざん	矿山
23	割算	わりざん	除法
24	小児	しょうに	幼儿
25	人数	にんずう	人数
26	退治	たいじ	打退

打造实力方案　　写汉字

	汉字	读音	词义
27	人質	ひとじち	人质
28	患者	かんじゃ	患者
29	慎重	しんちょう	慎重
30	出納	すいとう	出纳
31	便所	べんじょ	厕所
32	繁盛	はんじょう	繁荣昌盛
33	象牙	ぞうげ	象牙
34	色彩	しきさい	色彩
35	故人	こじん	死者
36	図表	ずひょう	图表
37	洪水	こうずい	洪水
38	正直	しょうじき	正直
39	生涯	しょうがい	生涯

	汉字	读音	词义
40	磁石	じしゃく	磁铁
41	遊説	ゆうぜい	游说
42	蔵相	ぞうしょう	财政部长
43	衣装	いしょう	服装
44	倍率	ばいりつ	倍率
45	体裁	ていさい	外表，外形
46	大概	たいがい	大概
47	交代	こうたい	交代
48	舞台	ぶたい	舞台
49	地獄	じごく	地狱
50	緑茶	りょくちゃ	绿茶
51	正直	しょうじき	正直
52	勘定	かんじょう	计算

	汉字	读音	词义
53	問答	もんどう	问答
54	頭脳	ずのう	头脑
55	連日	れんじつ	连日
56	発足	ほっそく	出发
57	評判	ひょうばん	评论
58	貧乏	びんぼう	贫穷
59	勝負	しょうぶ	胜负
60	穀物	こくもつ	谷物
61	平等	びょうどう	平等
62	暴露	ばくろ	暴露
63	木綿	もめん	棉花
64	寿命	じゅみょう	寿命
65	披露	ひろう	公布

解題方案及解析方案

模擬習題——読漢字

模擬習題

問題1 ＿＿＿の言葉の読み方として最もよいものを、1・2・3・4から一つ選びなさい。

1 彼は想像も出来ない怪力の持ち主である。
　　① かいりょく　　② かいりき　　③ がいりょく　　④ がいりき

2 気兼ねの要らない友だちが一人もいない。
　　① きけね　　② けけね　　③ きこね　　④ きがね

3 彼が演説を始めたら会場は一瞬にして静かになった。
　　① いちじゅん　　② いっしゅん　　③ いちしゅん　　④ いっすん

4 漁村地域の振興や水産業の発展について調査した。
　　① ぎょうそん　　② ぎょそん　　③ りょうそん　　④ りょそん

5 彼は強盗傷害の罪で起訴された。
　　① ごうとう　　② こうとう　　③ きょうとう　　④ きょうどう

6 賃金は、労働者の労働に対する報酬のことです。
　　① ちんがね　　② ちんきん　　③ ちんぎん　　④ ちんごん

7 あの企業は利益の10％を社会に還元する。
　　① かんけん　　② かんげん　　③ かんかん　　④ かんがん

8 舞台は様々な物で装飾されていた。
　　① そうしく　　② しょうそく　　③ しょうしょく　　④ そうしょく

9 連なる山脈のようにたくさんの人が並んでいた。
　　① さんみゃく　　② ざんみゃく　　③ さんまく　　④ ざんまく

10 脚色とは、原作に基づいて劇の形に作り直すことである。
　　① きゃくしき　　② きゃくしょく　　③ かくしき　　④ かくしょく

解析方案——读汉字

模拟习题

問題1 _____の言葉の読み方として最もよいものを、1・2・3・4から一つ選びなさい。

1 彼は想像も出来ない<u>怪力</u>の持ち主である。
　①かいりょく　②かいりき
　③がいりょく　④がいりき

2 <u>気兼ね</u>の要らない友だちが一人もいない。
　①きけね　②けけね
　③きこね　④きがね

3 彼が演説を始めたら会場は<u>一瞬</u>にして静かになった。
　①いちじゅん　②いっしゅん
　③いちしゅん　④いっすん

4 <u>漁村</u>地域の振興や水産業の発展について調査した。
　①ぎょうそん　②ぎょそん
　③りょうそん　④りょそん

5 彼は<u>強盗</u>傷害の罪で起訴された。
　①ごうとう　②こうとう
　③きょうとう　④きょうどう

6 <u>賃金</u>は、労働者の労働に対する報酬のことです。
　①ちんがね　②ちんきん
　③ちんぎん　④ちんごん

7 あの企業は利益の10%を社会に<u>還元</u>する。
　①かんけん　②かんげん
　③かんかん　④かんがん

8 舞台は様々な物で<u>装飾</u>されていた。
　①そうしく　②しょうそく
　③しょうしょく　④そうしょく

9 連なる<u>山脈</u>のようにたくさんの人が並んでいた。
　①さんみゃく　②ざんみゃく
　③さんまく　④ざんまく

10 <u>脚色</u>とは、原作に基づいて劇の形に作り直すことである。
　①きゃくしき　②きゃくしょく
　③かくしき　④かくしょく

問題1 请从1・2・3・4中选出画线词语的读音正确的一项。

1 那人有着令人难以想象的<u>蛮力</u>。
　答案 ②怪力 蛮力
　词汇 想像 想象　持ち主 物主，持有者

2 没有一个不拘束的朋友。
　答案 ④気兼ね 顾虑，客气，拘束
　词汇 要らない 不需要　友だち 朋友

3 那人一开始讲演，会场霎时安静了下来。
　答案 ②一瞬 霎时
　词汇 演説 讲演　始める 开始　会場 会场

4 就渔村地区的振兴和水产业的发展进行了调查。
　答案 ②漁村 渔村
　词汇 地域 地区　振興 振兴　水産業 水产业　発展 发展　調査 调查

5 他因抢劫伤害罪被起诉。
　答案 ①強盗 抢劫
　词汇 傷害 伤害　罪 罪　起訴 起诉

6 工资是指对劳动者的劳动给予的报酬。
　答案 ③賃金 工资
　词汇 労働者 劳动者　～に対する ……对　報酬 报酬

7 那家企业将利润的10%回报给社会。
　答案 ②還元 回报
　词汇 企業 企业　利益 利润　社会 社会

8 舞台用各种各样的物品装饰着。
　答案 ④装飾 装饰
　词汇 舞台 舞台　様々 各种各样　物 物品，东西

9 很多人如同绵延的<u>山脉</u>一样排起了队。
　答案 ①山脈 山脉
　词汇 連なる 成行，连接　並ぶ 排(成行)，列队

10 改编是指根据原著重新制作戏剧形态。
　答案 ②脚色 改编
　词汇 原作 原著　～に基づいて 根据……　劇 戏剧　形 形态　作り直す 重新制作

模拟习题——读汉字

模拟习题

問題1 ＿＿＿の言葉の読み方として最もよいものを、1・2・3・4から一つ選びなさい。

1 数学が得意だったと自覚していたが、暗算はまるっきりだめだった。
　　① がんざん　　② がんさん　　③ あんざん　　④ あんさん

2 この国では戦争孤児が社会問題になっている。
　　① こうじ　　② こじ　　③ ごうじ　　④ ごじ

3 A国の統治によってB国は国土が荒廃し、近代化が阻害された。
　　① つうじ　　② つうち　　③ とうじ　　④ とうち

4 みんなが節約に励み、質素倹約の精神を持っていた。
　　① しっそ　　② じっそ　　③ しっそう　　④ じっそう

5 修飾語と目的語の違いをわかりやすく教えてもらった。
　　① しゅしょく　　② しゅうしょく　　③ しゅそく　　④ しゅうそく

6 溶岩は火山噴出物である。
　　① ぶんしゅつぶつ　　② ふんしゅつぶつ　　③ ぶんしゅつもの　　④ ふんしゅつもの

7 後輩から誕生日を盛大に祝ってもらった。
　　① せいだい　　② せいたい　　③ じょうだい　　④ じょうたい

8 密輸品の象牙が押収された。
　　① しょうか　　② しょうげ　　③ ぞうか　　④ ぞうげ

9 国内で本物の潜水艦に乗れるところはないでしょうか。
　　① さんすいかん　　② ざんすいかん　　③ せんすいかん　　④ ぜんすいかん

10 学者は万人が認める真理を否定した。
　　① まんにん　　② まんじん　　③ ばんにん　　④ ばんじん

解析方案——读汉字

模拟习题

問題1 ＿＿＿の言葉の読み方として最もよいものを、1·2·3·4から一つ選びなさい。

1 数学が得意だったと自覚していたが、暗算はまるっきりだめだった。
　①がんざん　②がんさん
　③あんざん　④あんさん

2 この国では戦争孤児が社会問題になっている。
　①こうじ　②こじ
　③ごうじ　④ごじ

3 A国の統治によってB国は国土が荒廃し、近代化が阻害された。
　①つうじ　②つうち
　③とうじ　④とうち

4 みんなが節約に励み、質素倹約の精神を持っていた。
　①しっそ　②じっそ
　③しっそう　④じっそう

5 修飾語と目的語の違いをわかりやすく教えてもらった。
　①しゅしょく　②しゅうしょく
　③しゅそく　④しゅうそく

6 溶岩は火山噴出物である。
　①ぶんしゅつぶつ
　②ふんしゅつぶつ
　③ぶんしゅつもの
　④ふんしゅつもの

7 後輩から誕生日を盛大に祝ってもらった。
　①せいだい　②せいたい
　③じょうだい　④じょうたい

8 密輸品の象牙が押収された。
　①しょうか　②しょうげ
　③ぞうか　④ぞうげ

9 国内で本物の潜水艦に乗れるところはないでしょうか。
　①さんすいかん　②ざんすいかん
　③せんすいかん　④ぜんすいかん

10 学者は万人が認める真理を否定した。
　①まんにん　②まんじん
　③ばんにん　④ばんじん

问题1　请从1·2·3·4中选出画线词语的读音正确的一项。

1 自认为擅长数学，可心算简直太差了。
　答案 ③ 暗算 心算
　词汇 数学 数学　得意だ 擅长　自覚 自认为　まるっきり 简直

2 在这个国家，战争孤儿正成为社会问题。
　答案 ② 孤児 孤儿
　词汇 戦争 战争　社会問題 社会问题

3 由于A国的统治，B国不仅国土荒废，近代化也受到了阻碍。
　答案 ④ 統治 统治
　词汇 国土 国土　荒廃 荒废　近代化 近代化　阻害 阻碍

4 大家都致力于节约，具备了俭朴、节俭的精神。
　答案 ① 質素 俭朴
　词汇 節約 节约　励む 努力　倹約 节俭　精神 精神

5 学懂了修饰语和宾语的差异。
　答案 ② 修飾 修饰
　词汇 目的語 宾语　違い 差异　教える 教

6 熔岩是火山喷出物。
　答案 ② 噴出物 喷出物
　词汇 溶岩 熔岩　火山 火山

7 师弟隆重地为我庆祝了生日。
　答案 ① 盛大 隆重
　词汇 後輩 师弟　誕生日 生日　祝う 祝福

8 走私的象牙被没收了。
　答案 ④ 象牙 象牙
　词汇 密輸品 走私品　押収 没收

9 国内没有可以乘坐真潜水艇的地方吗？
　答案 ③ 潜水艦 潜水艇
　词汇 国内 国内　本物 真的　乗る 乘坐

10 学者否定了众人认定的真理。
　答案 ③ 万人 众人
　词汇 学者 学者　認める 认定　真理 真理　否定 否定

文字/词汇

语法

实战模拟测试

模拟习题——读汉字

模拟习题

問題1 ＿＿＿＿の言葉の読み方として最もよいものを、1・2・3・4から一つ選びなさい。

1 山田さんは所得税の是正と住民税の是正を担当している。
① ぜせい　　② ぜしょう　　③ しせい　　④ ししょう

2 仏教では、悪業を働いた人間が畜生に生まれ変わるとある。
① ちくしゅう　② ちくじょう　③ ちくせい　④ ちくしょう

3 岩石で出来た惑星もたくさんある。
① かんせき　　② がんせき　　③ かんしゃく　④ がんじゃく

4 このワインは日米外相会談で使われた。
① けしょう　　② げしょう　　③ がいしょう　④ がいそう

5 この交響曲は壮大で感動できる。
① そうだい　　② そうたい　　③ しょうだい　④ しょうたい

6 外国人向けの墓地が作られた。
① ぼうち　　　② ぼち　　　　③ ぼうじ　　　④ ほうち

7 父はいつも茶の間で睡眠をとる。
① だのま　　　② だのかん　　③ ちゃのかん　④ ちゃのま

8 カレンダーがついている定規を謝恩品としてもらった。
① ていぎ　　　② ていき　　　③ じょうぎ　　④ じょうき

9 世界で最も美味しい郷土料理は何があるかな。
① きょうと　　② きょうど　　③ ごうと　　　④ ごうど

10 監督が優勝記念パーティーで乾杯の音頭をとった。
① おんず　　　② おんとう　　③ おんど　　　④ おんどう

解析方案——读汉字   模拟习题

問題1　＿＿＿の言葉の読み方として最もよいものを、1・2・3・4から一つ選びなさい。

1　山田さんは所得税の<u>是正</u>と住民税の是正を担当している。
　①ぜせい　　②ぜしょう
　③しせい　　④ししょう

2　仏教では、悪業を働いた人間が<u>畜生</u>に生まれ変わるとある。
　①ちくしゅう　②ちくじょう
　③ちくせい　　④ちくしょう

3　<u>岩石</u>で出来た惑星もたくさんある。
　①かんせき　　②がんせき
　③かんしゃく　④がんじゃく

4　このワインは日米<u>外相</u>会談で使われた。
　①けしょう　　②げしょう
　③がいしょう　④がいそう

5　この交響曲は<u>壮大</u>で感動できる。
　①そうだい　　②そうたい
　③しょうだい　④しょうたい

6　外国人向けの<u>墓地</u>が作られた。
　①ぼうち　　②ぼち
　③ぼうじ　　④ほうち

7　父はいつも<u>茶の間</u>で睡眠をとる。
　①だのま　　②だのかん
　③ちゃのかん　④ちゃのま

8　カレンダーがついている<u>定規</u>を謝恩品としてもらった。
　①ていぎ　　②ていき
　③じょうぎ　　④じょうき

9　世界で最も美味しい<u>郷土</u>料理は何があるかな。
　①きょうと　　②きょうど
　③ごうと　　　④ごうど

10　監督が優勝記念パーティーで乾杯の<u>音頭</u>をとった。
　①おんず　　②おんとう
　③おんど　　④おんどう

問題1　请从1・2・3・4中选出画线词语的读音正确的一项。

1　山田负责订正所得税和居民税。
　答案　①是正　订正
　词汇　所得税　所得税　住民税　居民税　担当　负责

2　佛教有种说法称，行恶之人来世会托生成畜生。
　答案　④畜生　畜生
　词汇　仏教　佛教　悪業　恶行　働く　做（坏事）　生まれ変わる　托生

3　也有很多由岩石构成的行星。
　答案　②岩石　岩石
　词汇　出来る　构成　惑星　行星

4　这种葡萄酒在日美外交部长会谈上用过。
　答案　③外相　外交部长
　词汇　ワイン　葡萄酒　日米　美日　会談　会谈　使う　使用

5　这首交响乐很雄壮，足以令人感动。
　答案　①壮大　雄壮
　词汇　交響曲　交响乐　感動　感动

6　建成了外国人用的墓地。
　答案　②墓地　墓地
　词汇　外国人　外国人　～向け　……用　作る　建造

7　爸爸总是在起居室睡觉。
　答案　④茶の間　起居室
　词汇　いつも　总是，经常　睡眠　睡觉

8　收到带有日历的规尺赠品。
　答案　③定規　规尺
　词汇　カレンダー　日程表，日历　謝恩品　赠品

9　世界上最美味的乡土菜肴都有什么呢?
　答案　②郷土　乡土
　词汇　世界　世界　最も　最　美味しい　美味　料理　菜肴

10　教练在纪念夺冠的聚会上带头干了杯。
　答案　③音頭　带头
　词汇　監督　教练　優勝　冠军　記念　纪念　乾杯　干杯

模拟习题——读汉字

模拟习题

問題1 ＿＿＿の言葉の読み方として最もよいものを、1・2・3・4から一つ選びなさい。

1 白米と発芽玄米を混ぜて炊いた。
　① はっか　　② はつか　　③ はっが　　④ はつが

2 息子はうつ病のパニック発作を何度も繰り返している。
　① はっさ　　② はっさく　　③ ほっさ　　④ ほっさく

3 僕は痩せているわけではないのに貧弱に見られる。
　① びんじゃく　② ひんじゃく　③ びんやく　④ ひんやく

4 350馬力を越える自動車が出た。
　① ばりき　　② まりき　　③ ばりょく　　④ まりょく

5 首相のとんでもない発言が物議を醸した。
　① もつぎ　　② ぶつぎ　　③ もつい　　④ ぶつい

6 土木工事のため現場調査に行った。
　① とぼく　　② どぼく　　③ ともく　　④ どもく

7 芸能人は大体本名を使わないらしい。
　① ほんげい　② ほんな　　③ ほんめい　④ ほんみょう

8 今月の下旬にお客さんの軽い接待みたいな感じのゴルフがある。
　① げしゅん　② かしゅん　③ げじゅん　④ かじゅん

9 経験のない者は除外します。
　① じょがい　② じょうがい　③ しょがい　④ しょうがい

10 この鉱物は磁気を帯びている。
　① じけ　　② じき　　③ じぎ　　④ じげ

解析方案——读汉字

模拟习题

問題1　＿＿＿の言葉の読み方として最もよいものを、1・2・3・4から一つ選びなさい。

1　白米と発芽玄米を混ぜて炊いた。
　　①はっか　　②はつか
　　③はっが　　④はつが

2　息子はうつ病のパニック発作を何度も繰り返している。
　　①はっさ　　②はっさく
　　③ほっさ　　④ほっさく

3　僕は痩せているわけではないのに貧弱に見られる。
　　①びんじゃく　②ひんじゃく
　　③びんやく　　④ひんやく

4　350馬力を越える自動車が出た。
　　①ばりき　　②まりき
　　③ばりょく　④まりょく

5　首相のとんでもない発言が物議を醸した。
　　①もつぎ　　②ぶつぎ
　　③もつい　　④ぶつい

6　土木工事のため現場調査に行った。
　　①とぼく　　②どぼく
　　③ともく　　④どもく

7　芸能人は大体本名を使わないらしい。
　　①ほんげい　②ほんな
　　③ほんめい　④ほんみょう

8　今月の下旬にお客さんの軽い接待みたいな感じのゴルフがある。
　　①げしゅん　②かしゅん
　　③げじゅん　④かじゅん

9　経験のない者は除外します。
　　①じょがい　②じょうがい
　　③しょがい　④しょうがい

10　この鉱物は磁気を帯びている。
　　①じけ　　　②じき
　　③じぎ　　　④じげ

問題1　请从1・2・3・4中选出画线词语的读音正确的一项。

1　将白米和发芽糙米掺在一起做了米饭。
　　答案　④ 発芽 发芽
　　词汇　白米 白米　玄米 糙米　混ぜる 掺和　炊く 煮（饭）

2　儿子反复发作了多次由忧郁症引发的恐慌症。
　　答案　③ 発作 发作
　　词汇　息子 儿子　うつ病 忧郁症　繰り返す 反复

3　虽然我并不瘦，但看起来却很瘦弱。
　　答案　② 貧弱 瘦弱
　　词汇　痩せる 瘦　～わけではない 并非……

4　出了超过350马力的汽车。
　　答案　① 馬力 马力
　　词汇　越える 超过　自動車 汽车　出る 出

5　首相不合情理的发言引起了众人的议论。
　　答案　② 物議 众人议论
　　词汇　首相 首相　発言 发言　醸す 引起

6　为了土木项目去现场调查。
　　答案　② 土木 土木
　　词汇　工事 工程　現場 现场　調査 调查

7　艺人好像基本上都不用原名。
　　答案　④ 本名 原名
　　词汇　芸能人 艺人　大体 基本上　使う 使用

8　本月下旬将会有非正式的招待客人的高尔夫活动。
　　答案　③ 下旬 下旬
　　词汇　今月 本月　軽い 轻松　接待 接待　感じ 感觉

9　无经验者除外。
　　答案　① 除外 除外
　　词汇　経験 经验　者 者

10　该矿物质带有磁性。
　　答案　② 磁気 磁性
　　词汇　鉱物 矿物质　帯びる 带有

文字/词汇

语法

实战模拟测试

文字/词汇_31

模拟习题——读汉字

模拟习题

問題1　＿＿＿の言葉の読み方として最もよいものを、1·2·3·4から一つ選びなさい。

1　水気をよく切って使ってください。
　　① みずき　　　② みずけ　　　③ すいけ　　　④ ずいき

2　設計は、補強材を鉄筋に取り替えた。
　　① ほこうざい　② ほうこうざい　③ ほきょうざい　④ ほうきょうざい

3　この会に入った以上、どんな境遇の変化にも順応します。
　　① きょうぐう　② けいぐう　　③ きょうぐ　　④ けいぐ

4　液体には物体を浮かせる浮力がある。
　　① ふうりょく　② ふりょく　　③ ぶうりょく　　④ ぶりょく

5　あなたの、人生の究極の目標は何ですか。
　　① きゅうぎょく　② きゅうごく　③ きゅうこく　　④ きゅうきょく

6　二人の間には無言の了解があった。
　　① むがん　　　② むごん　　　③ ぶげん　　　④ ぶごん

7　行政改革のためには政治的な合意が必要である。
　　① ぎょうせい　② こうせい　　③ きょうせい　　④ ごうせい

8　中国は現在も徐々に砂漠化が進んでいる。
　　① じゃばく　　② じゃまく　　③ さばく　　　④ さまく

9　彼は普段民族衣装を着ないのだが、特別に盛装した。
　　① じょうそう　② せいそう　　③ じょうしょう　　④ せいしょう

10　僕にとって質疑応答問題が一番難しい。
　　① じつい　　　② じつぎ　　　③ しつい　　　④ しつぎ

解析方案——读汉字

模拟习题

問題1 ＿＿＿の言葉の読み方として最もよいものを、1・2・3・4から一つ選びなさい。

1 水気をよく切って使ってください。
　① みずき　　② みずけ
　③ すいけ　　④ ずいき

2 設計は、補強材を鉄筋に取り替えた。
　① ほこうざい　　② ほうこうざい
　③ ほきょうざい　④ ほうきょうざい

3 この会に入った以上、どんな境遇の変化にも順応します。
　① きょうぐう　　② けいぐう
　③ きょうぐ　　　④ けいぐ

4 液体には物体を浮かせる浮力がある。
　① ふうりょく　　② ふりょく
　③ ぶうりょく　　④ ぶりょく

5 あなたの、人生の究極の目標は何ですか。
　① きゅうぎょく　② きゅうごく
　③ きゅうこく　　④ きゅうきょく

6 二人の間には無言の了解があった。
　① むがん　　② むごん
　③ ぶげん　　④ ぶごん

7 行政改革のためには政治的な合意が必要である。
　① ぎょうせい　② こうせい
　③ きょうせい　④ ごうせい

8 地球は現在も徐々に砂漠化が進んでいる。
　① じゃばく　② じゃまく
　③ さばく　　④ さまく

9 彼は普段民族衣装を着ないのだが、特別に盛装した。
　① じょうそう　② せいそう
　③ じょうしょう　④ せいしょう

10 僕にとって質疑応答問題が一番難しい。
　① じつい　　② じつぎ
　③ しつい　　④ しつぎ

問題1 请从1・2・3・4中选出画线词语的读音正确的一项。

1 使用前请沥干水分。
　答案 ② 水気 水分
　词汇 切る 断绝，去除　使う 使用

2 设计中把加固材料换成了钢筋。
　答案 ③ 補強材 加固材料
　词汇 設計 设计　鉄筋 钢筋　取り替える 交换，换

3 既然来到这个聚会，我将适应任何环境变化。
　答案 ① 境遇 环境
　词汇 会 聚会　入る 进入　変化 变化　順応 适应

4 液体具有浮起物体的浮力。
　答案 ② 浮力 浮力
　词汇 液体 液体　物体 物体　浮く 浮起

5 你人生的最终目标是什么？
　答案 ④ 究極 最终
　词汇 人生 人生　目標 目标

6 俩人之间有着默契。
　答案 ② 無言 无言
　词汇 間 中间　了解 理解，了解

7 为了行政改革，政治上必须达成共识。
　答案 ① 行政 行政
　词汇 改革 改革　政治的 政治的　合意 达成共识　必要 必须

8 目前地球正缓慢地走向沙漠化。
　答案 ③ 砂漠 沙漠
　词汇 現在 目前　徐々に 缓慢地　進む 前进

9 平时不穿民族服装的他特地穿上了盛装。
　答案 ② 盛装 盛装
　词汇 普段 平时　民族 民族　衣装 服装　着る 穿　特別に 特地

10 对我来说质疑答辩题最难。
　答案 ④ 質疑 质疑
　词汇 ～にとって 对……来说　応答 答辩　一番 最，顶　難しい 难

文字/词汇

语法

实战模拟测试

打造实力方案　动词

[あ]

- 仰ぐ（あおぐ）　仰视，仰慕，仰仗
- 明かす（あかす）　说出，揭露
- 赤らむ（あからむ）　变红，红起来
- 欺く（あざむく）　欺骗，欺瞒
- あざわらう　嘲笑，嗤之以鼻
- 焦る（あせる）　焦躁，着急
- あせる　衰弱，褪色
- 値する（あたいする）　值，值得
- あつらえる　订，订做
- 宛る（あてる）　寄给……
- 操る（あやつる）　耍弄；驾驭
- 危ぶむ（あやぶむ）　怀疑；感到危险
- 誤る（あやまる）　谢罪，道歉
- 歩む（あゆむ）　走，前进
- 荒す（あらす）　使荒芜，毁坏
- 改まる（あらたまる）　郑重其事；革新
- 案じる（あんじる）　思考，挂念
- 生かす（いかす）　救活；发挥
- 意気込む（いきごむ）　振奋，兴致勃勃
- いじる　摆弄，玩弄
- 炒める（いためる）　炒
- 傷める（いためる）　损坏，弄坏
- いたわる　照顾，慰劳
- 営む（いとなむ）　经营，营造
- 挑む（いどむ）　挑战，挑衅
- 卑しめる（いやしめる）　轻视，小看，蔑视
- 受かる（うかる）　考中
- 受け入れる（うけいれる）　接纳，同意
- 受け継ぐ（うけつぐ）　继承，承继
- 受け付ける（うけつける）　受理，采纳
- 受け止める（うけとめる）　理解，挡住
- 埋める（うずめる）　埋葬；埋
- 打ち明ける（うちあける）　毫不隐瞒地说出，坦率说出
- 打ち切る（うちきる）　中止，结束
- 打ち込む（うちこむ）　钉进，迷恋，埋头
- うつむく　俯首
- 促す（うながす）　催促，促使
- 埋まる（うまる）　埋上，填满
- 産む（うむ）　产生，产出
- 埋め込む（うめこむ）　内藏，埋藏
- 憂える（うれえる）　悲叹，忧虑
- 潤う（うるおう）　润，湿润
- 上回る（うわまわる）　超过，越出
- 植わる（うわる）　栽上，栽活
- 追い込む（おいこむ）　赶进，撵进
- 追い出す（おいだす）　赶出，逐出
- 老いる（おいる）　老，衰老
- 興る（おこる）　兴起，发生
- 収まる（おさまる）　纳入
- 治まる（おさまる）　安定，平息
- 納まる（おさまる）　容纳，缴纳

打造实力方案　动词

- 押し切る　切断，坚持到底
- 押し込む　闯进，塞入
- 惜しむ　吝惜，惋惜
- 押し寄せる　涌上来，蜂拥而至
- 襲う　袭击，侵扰
- 恐れ入る　十分抱歉，非常感激
- おだてる　戴高帽，捧
- 落ち込む　坠入，下陷
- 脅す　威胁，恐吓
- 衰える　衰退，衰老
- 怯える　害怕，胆战心惊
- 脅かす　威胁，胁迫
- 帯びる　携带，带有
- 赴く　奔赴，前往
- 重んじる・重んずる　重视，尊重
- 及ぶ　达到，涉及
- 織る　织，编织

[か]

- 害する　搅和，搅拌
- 掻き回す　缺，缺少，怠慢
- 欠く　划，削
- かく　策马疾驰，奔跑
- 駆ける
- 賭ける　打赌，豁上
- 霞む　有薄雾，朦胧

- 擦る　掠过，擦过
- 傾ける　倾注，倾覆
- 固める　堆积一处，凝固
- 叶う　能实现，能达到
- 叶える　使……达到目的，满足……的愿望
- 庇う　庇护，袒护
- かぶれる　着迷，沾染上，受影响
- 構える　准备好，摆出姿态
- 噛み切る　咬断
- 絡む　紧密结合，无理取闹
- 涸れる　干涸，枯竭
- 交す　交错，交叉
- 軋む　摩擦
- 築く　筑，构筑，修建
- 鍛える　锤炼，锻炼
- 興じる　兴高采烈，兴致勃勃
- 切り替える　兑换
- 食い違う　不一致，交错
- くぐる　通过，钻过
- 口ずさむ　吟诵，低声唱
- 朽ちる　腐朽，腐烂
- 覆す　打翻，推翻
- 組み込む　编入，入伙
- 組み合わせる　配合，编组
- 蹴飛ばす　踢开，拒绝
- けなす　贬低，讥讽

打造实力方案　动词

- 被る　蒙受，招致，惹起
- 心掛ける　留心，铭记在心
- 志す　立志，志向
- 試みる　尝试，试图
- こじれる　恶化，纠缠
- こす　过滤（水等）
- こだわる　拘泥，挑剔
- ごまかす　欺骗，蒙蔽
- 籠もる　包含；固守；充满
- 凝らす　使凝固，使集中
- 懲りる　不敢再尝试，惩前毖后
- 凝る　热衷，入迷，凝固

[さ]

- 遮る　遮挡，遮蔽
- さえずる　喊喊喳喳，絮絮叨叨
- 冴える　寒冷，清澈，纯熟
- 裂く　撕开
- 探り出す　摸索出
- 裂ける　破裂
- 捧げる　捧举，擎
- さしかかる　逼近，临近
- 差し出す　提出，献出
- 差し支える　妨碍，发生问题
- 授ける　授予，赋予，传授
- 擦る　抚摸，摩

- 定まる　确定，安定
- 定める　决定，镇定
- サボる　偷懒，旷工
- さらう　夺取，抢走，垄断
- 障る　妨碍，有害
- 仕上げる　完成，润饰
- 虐げる　虐待，欺负
- 仕入れる　采购，购入
- 強いる　强迫，强使
- 仕掛ける　寻衅，着手
- 仕切る　隔开；结账
- しくじる　失策；被解雇
- 湿気る　潮湿，发潮
- 慕う　爱慕，敬慕
- 仕立てる　缝纫，培养，训练
- 躾る　教养
- 萎びる　枯萎，干瘪
- 凌ぐ　忍耐，抵御
- 染みる　沾染，渗，刺痛
- 滲みる　漫
- 準じる　按……看待，以……为标准
- 生じる　产生，发生
- 称する　称，叫做，声称
- 記す　书写，记录
- 据え付ける　装配，安装
- 据える　盖章，安放，摆

打造实力方案　　动词

- 透き通る　透明，清澈
- すくう　舀，捧，捞
- 廃れる　成为废物，衰弱
- 澄ます　使澄清，装模作样
- 済ます　弄完，结束
- 擦り剥く　蹭破
- 擦る　摩擦，研碎，搓
- 擦れる　摩擦，磨损
- 制する　制止，控制
- 添える　附加，配上，伴随
- 備え付ける　配备，设置
- 備わる　设有，具备
- 聳える　耸，耸立
- 背く　违背，背叛，反抗
- 染まる　沾染，染上
- 染める　染色，着色
- 逸らす　移开，转向(别处)
- 反る　身子向后弯，弯曲

[た]

- 題する　命名
- 絶える　断绝，消失
- 耐える　容忍，担负，撑得住
- 蓄える　储存，储备
- 漂う　飘荡，漂流
- 立ち去る　走开，离去

- 立ち寄る　靠近，顺路到
- 断つ　切断，断绝
- 脱する　逃脱，脱离
- 立て替える　垫付
- 奉る　献上，恭维
- 辿り着く　好不容易走到，摸索着走到
- 辿る　边走边找，探索
- 束ねる　捆束，扎
- 縮まる　收缩，起皱
- 費やす　消耗，耗费，浪费
- 仕える　侍奉，服侍，服务
- 司る　掌管，主持
- 尽きる　穷尽，到头
- 継ぐ　继承，继续，持续
- 接ぐ　接续，继承
- 尽くす　尽力，竭尽全力
- 付け加える　添加，附加
- 告げる　告知，通知
- 慎む　谨慎，节制
- 突っ張る　支撑，坚持己见
- 務まる　胜任
- つねる　掐
- 募る　招募，征集，越来越厉害
- 呟く　嘟囔，发牢骚
- つぶる　闭眼，视若无睹
- 摘む　摘，摘取，摘要

文字/词汇

语法

实战
模拟测试

 动词

- 摘む　采，摘，挑
- 連なる　成排
- 貫く　贯穿，贯彻
- 連ねる　罗列，排列成行
- 手掛ける　亲手做，亲自培养
- 出くわす　偶然遇见，碰见
- 徹する　贯彻，彻底，贯穿
- 照り返す　反射
- 転じる　转变，调职
- 遠ざかる　远离，疏远
- とがめる　责备，埋怨，盘问
- 途切れる　中断，断绝
- 説く　说明，宣传
- 研ぐ　研磨，淘，擦亮
- 遂げる　完成，达到
- 綴じる　订上
- 途絶える　杜绝，中断
- 滞る　堵塞，迟延
- 整える　整理（整顿），准备好
- 止める　阻止，保留，遏制
- 唱える　念，诵，提倡
- とぼける　出洋相，装糊涂
- 富む　富裕，丰富
- 取り組む　努力，专心致志
- 取り締まる　管束，取缔
- 取り調べる　调查，审问

- 取り立てる　征收，提升
- 取り次ぐ　传达，转交
- 取り付ける　安装，取得
- 取り除く　去掉，消除
- 取り巻く　包围，围绕
- 取り混ぜる　掺和，掺混
- 取り戻す　恢复，挽回
- 取り寄せる　索取，订货
- とろける　溶化，神魂飘荡

[な]

- 嘆く　慨叹，叹息
- 投げ出す　扔出，抛弃
- なじる　责问，责备
- なつく　亲近，驯服
- 名付ける　起名，命名
- 嘗める　舔，轻视
- 悩ます　折磨，困扰
- 馴らす　调驯
- 慣らす　使习惯，使熟悉
- 成り立つ　形成，成立
- 似通う　相似
- 賑わう　热闹，兴盛
- 逃げ出す　逃走，溜掉
- 滲む　沁，渗入，洇
- 担う　担负，承担

打造实力方案　动词

- 鈍る　变钝，变弱
- 抜かす　遗漏，跳过
- 抜け出す　溜，摆脱
- 捩れる　别扭，弯曲
- 妬む　嫉妒，愤恨
- ねだる　死乞白赖地要求，央求
- 粘る　发粘，有耐性
- 練る　搅拌，磨练
- 逃す　放过，错过
- 逃れる　逃跑，逃脱
- 臨む　临近，面临，面对
- 乗っ取る　夺取，侵占
- 罵る　大声叱责，责难
- 飲み込む　咽下，理解，领会
- 乗り込む　乘上，进入

[は]

- 捗る　有进展，进展顺利
- 図る　图谋
- 諮る　磋商，咨询
- 剥ぐ　剥下，剥夺
- 励ます　鼓励，激发
- 励む　努力，刻苦
- 剥げる　剥落，脱落，褪色
- 化ける　乔装，化装
- 弾く　弹，打(盘算)

- 恥じらう　害羞，羞怯
- 恥じる　羞愧
- 弾む　弹回，蹦跳，高涨
- 叩く　拍打，揍，倾囊
- 果たす　完成，实现
- 果てる　完毕，终，尽
- ばてる　精疲力竭，疲惫不堪
- 阻む　阻止，阻挡
- はまる　恰好合适，吻合，陷入
- 生やす　留，使……生长
- 早める　加速，加快
- ばらまく　散布，到处花钱
- 腫れる　肿胀
- 反する　违反，相反
- 控える　待命，抑制，靠近
- 引き上げる　提高，撤离
- 率いる　带领，统率
- 引き下げる　拉下，撤回
- 引きずる　拖，强拉硬拽
- 引き取る　退出，收买
- 歪む　歪斜，变形
- 引っ掻く　搔,挠
- 冷やかす　冷却，只询价不买
- 翻る　翻过来，飘荡，(突然)改变
- 広まる　扩大，遍及
- 深める　加深

打造实力方案　　动词

- 膨れる　鼓出，肿
- 耽る　沉溺，埋头
- 老ける　上年纪，老
- 伏せる　隐藏，伏
- 踏まえる　依据，立足于
- 踏み込む　跨进，踩进
- 振り返る　回顾
- 震わせる　使发抖，震撼
- 隔たる　相隔，离
- へりくだる　谦逊，谦恭
- 経る　经过，路过
- 報じる　报答，报告
- 葬る　埋葬，掩盖
- 放り込む　投入，扔进去
- 放り出す　放弃，抛出去
- 放る　抛，扔
- 吠える　咆哮，吼
- 惚る　精神恍惚，懵懂
- 誇る　夸耀，自豪
- 綻びる　（微笑、花朵等）绽放，笑
- 解ける　解开
- 施す　施舍，施行
- ぼやく　嘟哝，牢骚
- ぼやける　模糊，不清楚
- 滅びる　灭亡，灭绝
- 滅ぼす　使灭亡，毁灭

[ま]

- 舞う　飘荡，飞舞
- 任す　托付
- 負す　战胜，打败
- 任せる　委托
- 賄う　筹措，维持
- 紛らす　掩饰，解闷
- まごつく　张皇失措
- 勝る　胜过，强过
- 交える　交叉，掺杂
- 交わる　交往，交叉
- またがる　横跨，跨越
- 待ち望む　殷切希望
- 免れる　避免，摆脱
- 丸める　弄圆，揉成团
- 見かける　看到，乍一看
- 見せびらかす　炫耀
- 満たす　填充，满足
- 乱す　弄乱，扰乱
- 乱れる　散乱，紊乱
- 導く　引路，指导
- みなす　看作，认为
- 見逃す　看漏，视若无睹
- 見計らう　瞧着(办)，估计(时间)
- 結び付く　结成一体，有联系
- 群がる　聚集，聚众

40

打造实力方案　　动词

- 捲る　揭下，翻
- 恵む　施舍
- 目覚める　睡醒，觉醒
- 面する　面临，面对
- 申し入れる　申请，提议
- 設ける　设置，制定
- 申し出る　申述
- もがく　挣扎，翻滚
- もてなす　对待，款待
- もたらす　带来，招致
- もてる　受欢迎；富有
- もめる　发生争执，起纠纷
- 漏らす　透露，泄露，遗漏
- 盛り上がる　涌起，高涨起来
- 漏る　漏（水，雨等）
- 漏れる　泄露，遗漏

- 指差す　用手指，受人指责
- 揺ぐ　摇摇欲坠，岌岌可危
- 緩む　松弛，缓和
- 緩める　缓和，放慢
- 要する　需要，摘要
- 避ける　躲避，防备
- 呼び止める　叫停
- 読み上げる　朗读，读完
- 寄り掛かる　依靠，依赖
- 弱まる　变弱
- 弱める　使衰弱
- 弱る　衰弱，减弱
- 割り込む　挤进，加塞儿

[や・わ]

- 養う　养育，培养，饲养
- 休める　使休息，使停歇
- 病む　患病，烦恼
- やり遂げる　完成，实现
- 和げる　使柔和，使缓和
- 歪む　歪斜，歪曲
- 揺さぶる　摇动，摇晃
- 濯ぐ　冲洗，漱

文字/词汇

语法

实战
模拟测试

文字/词汇_41

解題方案及解析方案

模擬習題——動詞

模擬習題

問題1 ＿＿＿＿の言葉の読み方として最もよいものを、1・2・3・4から一つ選びなさい。

1 とにかく他人を<u>卑しめる</u>のはやめろ。
　① いやしめる　　② おとしめる　　③ ひきしめる　　④ ふみしめる

2 環境汚染で川の水が<u>濁って</u>いる。
　① したって　　② にぶって　　③ はまって　　④ にごって

3 兄は弟のおもちゃを<u>奪った</u>。
　① ねだった　　② うばった　　③ はかった　　④ ふけった

4 先生は泣いている子供を<u>慰めた</u>。
　① いためた　　② うずめた　　③ なぐさめた　　④ ゆるめた

5 職人は木を<u>彫って</u>仏像を作った。
　① とって　　② ほって　　③ けって　　④ こって

6 山の上で旗が<u>翻って</u>いる。
　① ゆさぶって　　② はじらって　　③ はかどって　　④ ひるがえって

解析方案——动词

模拟习题

問題1　＿＿＿の言葉の読み方として最もよいものを、1・2・3・4から一つ選びなさい。

1　とにかく他人を卑しめるのはやめろ。
　①いやしめる　②おとしめる
　③ひきしめる　④ふみしめる

2　環境汚染で川の水が濁っている。
　①したって　②にぶって
　③はまって　④にごって

3　兄は弟のおもちゃを奪った。
　①ねだった　②うばった
　③はかった　④ふけった

4　先生は泣いている子供を慰めた。
　①いためた　②うずめた
　③なぐさめた　④ゆるめた

5　職人は木を彫って仏像を作った。
　①とって　②ほって
　③けって　④こって

6　山の上で旗が翻っている。
　①ゆさぶって　②はじらって
　③はかどって　④ひるがえって

问题1　请从1・2・3・4中选出画线词语的读音正确的一项。

1　总之，不要轻视他人。
　答案　①卑しめる 轻视，小看
　词汇　とにかく 总之，无论如何　他人 他人　貶める 贬低，蔑视
　　　　引き締める 勒紧，紧缩　踏み締める 用力踩，踩结实

2　由于环境污染使河水变得浑浊起来。
　答案　④濁る 浑浊
　词汇　環境 环境　汚染 污染　慕う 爱慕，敬仰
　　　　鈍る 变钝，变弱　はまる 陷入，恰好合适，吻合

3　哥哥抢了弟弟的玩具。
　答案　②奪う 抢
　词汇　おもちゃ 玩具　ねだる 强求，央求　諮る 咨询，商量
　　　　耽る 入迷，沉溺

4　老师安慰着正在哭泣的孩子。
　答案　③慰める 安慰，抚慰
　词汇　泣く 哭泣　炒める 炒　埋める 掩埋，掊
　　　　緩める 缓和，放慢

5　工匠将木头雕刻成佛像。
　答案　②彫る 雕刻，雕
　词汇　職人 工匠　仏像 佛像　取る 抓住，拿　蹴る 踢
　　　　凝る 凝固，酸痛

6　旗帜飘扬在山上。
　答案　④翻る 飘扬，飘动
　词汇　旗 旗帜　揺さぶる 震动，摇晃
　　　　恥じらう 害羞，羞怯　捗る 有进展，进展顺利

模拟习题——动词

問題2 （　　　）に入れるのに最もよいものを、1・2・3・4から一つ選びなさい。

7　雷は、空気中と真空中を（　　　）流れることもあります。
　　① ほうむって　　② ねじれて　　③ またがって　　④ そなわって

8　会話中、上司の話を（　　　）しまって叱られた。
　　① かみきって　　② おびえて　　③ あやつって　　④ さえぎって

9　台風の影響で物資の流通が（　　　）いる。
　　① はじらって　　② とどこおって　　③ はかどって　　④ まかなって

10　人を（　　　）前に自分にミスがないかを反省するべきである。
　　① はじく　　② ばらまく　　③ ねたむ　　④ とがめる

11　今まで真剣に勉強に（　　　）いなかったが、今更になって目標が出来、毎日図書館に通っている。
　　① 取り組んで　　② 取り締まって　　③ 取り調べて　　④ 取り立てて

12　彼を会長に（　　　）おいたほうがよい。
　　① さしかかって　　② つけくわえて　　③ さずけて　　④ たてまつって

13　男性は常に（　　　）おかないと機嫌が悪くなる単純な動物である。
　　① おもむいて　　② さだめて　　③ おだてて　　④ つぶやいて

解析方案——动词 　　　　　模拟习题

問題2 （　）に入れるのに最もよいものを、1・2・3・4から一つ選びなさい。

问题2 请从1・2・3・4中选出最恰当的一项填入（　）中。

7　雷は、空気中と真空中を（　）流れることもあります。
①ほうむって　②ねじれて
③またがって　④そなわって

7　雷有时会<u>穿透</u>大气层和真空。
答案　③ またがる 跨，骑，横跨
词汇　雷 雷　空気 空气　真空 真空　流れる 流淌
葬る 埋葬，掩盖　捩れる 扭曲，弯曲
備わる 备有，具有

8　会話中、上司の話を（　）しまって叱られた。
①かみきって　②おびえて
③あやつって　④さえぎって

8　谈话时因为<u>打断</u>了上司的话而受到了叱责。
答案　④ 遮る 打断，阻挡
词汇　会話中 谈话中　上司 上司　叱る 叱责　噛み切る 咬断
怯える 胆怯，害怕　操る 操纵，掌握

9　台風の影響で物資の流通が（　）いる。
①はじらって　②とどこおって
③はかどって　④まかなって

9　因为受到台风的影响，<u>耽误</u>了物资流通。
答案　② 滞る 延误，耽误
词汇　台風 台风　影響 影响　物資 物资　流通 流通
恥じらう 害羞，羞怯
捗る 有进展，进展顺利　賄う 提供，筹措

10　人を（　）前に自分にミスがないかを反省するべきである。
①はじく　②ばらまく
③ねたむ　④とがめる

10　在<u>责备</u>别人之前，应当先反省一下自己是否有错。
答案　④ とがめる 责备，责难
词汇　反省 反省　～べきだ 应当……　弾く 弹，打(算盘)
ばらまく 散布，到处花钱　妬む 嫉妒，嫉恨

11　今まで真剣に勉強に（　）いなかったが、今更になって目標が出来、毎日図書館に通っている。
①取り組んで　②取り締まって
③取り調べて　④取り立てて

11　至今为止没有认真<u>努力</u>地学习，现在终于有了目标，所以天天都去图书馆。
答案　① 取り組む 努力，埋头
词汇　真剣に 认真　今更 事到如今　目標 目标　通う 往来
取り締まる 取缔，管理　取り調べる 调查，审问
取り立てる 索取，征收

12　彼を会長に（　）おいたほうがよい。
①さしかかって　②つけくわえて
③さずけて　④たてまつって

12　最好把他<u>放在</u>会长的位置上。
答案　④ 奉る 恭维，捧，奉
词汇　会長 会长　さしかかる 临近，来到
付け加える 添加，补充　授ける 赋予，授予，传授

13　男性は常に（　）おかないと機嫌が悪くなる単純な動物である。
①おもむいて　②さだめて
③おだてて　④つぶやいて

13　男性是单纯的动物，得不到经常性的<u>奉承</u>，情绪就会变坏。
答案　③ おだてる 奉承，煽动
词汇　男性 男性　常に 经常，总是　機嫌 情绪　単純 单纯
動物 动物　赴く 奔赴，前往　定める 决定，奠定
呟く 发牢骚，嘟囔

模拟习题——动词

問題3 ＿＿＿＿の言葉に意味が最も近いものを、1・2・3・4から一つ選びなさい。

14　街の街路樹は枝いっぱいに葉っぱを<u>しげらせ</u>ている。
　　① はやして　　② もてなして　　③ みだして　　④ ならして

15　長年の苦労の末に、私たちにもやっと子供が<u>さずかった</u>。
　　① のがれた　　② とぼけた　　③ やどった　　④ うつむいた

16　庭に柿の実がいっぱい<u>なって</u>いる。
　　① うかって　　② みのって　　③ くちて　　④ さえて

17　霧が晴れて遠くの山々がよく<u>見える</u>ようになった。
　　① しいる　　② たえる　　③ とじる　　④ うつる

18　嫁を<u>いじめる</u>姑を描くドラマはなぜ人気があるのだろう。
　　① ねばる　　② はじく　　③ いびる　　④ ほえる

19　不景気で中小企業の経営者は<u>困って</u>いる。
　　① まいって　　② めくって　　③ もてて　　④ よけて

解析方案——动词　　　　　　　　　　模拟习题

問題3　＿＿＿の言葉に意味が最も近いものを、1・2・3・4から一つ選びなさい。

問題3　请从1・2・3・4中选出最恰当的一项填入（　）中。

14　街の街路樹は枝いっぱいに葉っぱを<u>しげらせて</u>いる。
　　① はやして　　② もてなして
　　③ みだして　　④ ならして

14　街上的林阴树已经<u>枝繁叶茂</u>了。
　　答案　① 茂らせる 繁茂，茂盛 / 生やす 养，使……生长
　　词汇　街 大街　街路樹 林阴树　枝 树枝　葉っぱ 叶，叶子
　　　　　もてなす 对待，招待　乱す 弄乱，扰乱
　　　　　馴らす 驯养

15　長年の苦労の末に、私たちにもやっと子供が<u>さずかった</u>。
　　① のがれた　　② とぼけた
　　③ やどった　　④ うつむいた

15　经过多年的辛苦，我们也终于<u>有了</u>孩子。
　　答案　③ 授かる 受孕 / 宿る 怀孕
　　词汇　長年 多年　苦労 烦恼　～の末に ……的结果
　　　　　逃れる 逃跑，逃避　とぼける 出洋相，装糊涂
　　　　　うつむく 低(头)

16　庭に柿の実がいっぱい<u>なって</u>いる。
　　① うかって　　② みのって
　　③ くちて　　　④ さえて

16　庭院里的柿子树<u>结</u>满了果实。
　　答案　② なる 成，完成 / 実る 结果实，成熟
　　词汇　庭 庭院　柿 柿子(树)　実 果实　受かる 考中
　　　　　朽ちる 腐朽，衰败　冴える 鲜明，纯熟

17　霧が晴れて遠くの山々がよく<u>見える</u>ようになった。
　　① しいる　　② たえる
　　③ とじる　　④ うつる

17　雾散后，就能<u>看见</u>远处的群山了。
　　答案　④ 見える 能看见 / 映る 看见
　　词汇　霧が晴れる 雾散　強いる 强迫，强使
　　　　　絶える 断绝，停止　綴じる 订上

18　嫁を<u>いじめる</u>姑を描くドラマはなぜ人気があるのだろう。
　　① ねばる　　② はじく
　　③ いびる　　④ ほえる

18　为什么描写婆婆<u>虐待</u>儿媳的电视剧会受欢迎呢？
　　答案　③ いじめる 欺负，虐待 / いびる 虐待
　　词汇　嫁 儿媳　姑 婆婆　人気 受欢迎　粘る 发粘，有耐性
　　　　　弾く 弹，打(盘算)　吠える 吼，咆哮

19　不景気で中小企業の経営者は<u>困って</u>いる。
　　① まいって　　② めくって
　　③ もてて　　　④ よけて

19　由于不景气，中小企业经营者很是<u>吃不消</u>。
　　答案　① 困る 苦恼 / まいる 受不了，吃不消
　　词汇　不景気 不景气　中小企業 中小企业　経営者 经营者
　　　　　捲る 揭下，翻　もてる 受欢迎，富有　避ける 躲避，避免

模拟习题——动词

問題4 次の言葉の使い方として最もよいものを、1・2・3・4から一つ選びなさい。

20 こじれる
① エンジンに網が<u>こじれて</u>動けなくなった。
② ネクタイが<u>こじれて</u>いたので、鏡を見ながら直した。
③ 根性の<u>こじれた</u>彼をみんな嫌いなので彼が何と言っても信じようとしなかった。
④ 仕事を教えてもらっていた先輩と仕事のいざこざで人間関係が<u>こじれて</u>しまった。

21 しなびる
① 予算のめどが立たず、博物館設立の夢が<u>しなびて</u>しまった。
② 花瓶の水がなくなって、バラが<u>しなびて</u>いる。
③ 人々はみないい音楽に<u>しなびて</u>いる。
④ 恋人の死後、男と<u>しなびた</u>ことは全然なかった。

22 つとまる
① 今日の勘定は私が<u>つとまります</u>。
② 新婚夫婦は結婚してからも<u>つとまり</u>をしている。
③ 彼には部長は<u>つとまる</u>まい。
④ 国会議員が地域経済の活性化に<u>つとまって</u>いる。

23 はまる
① 気温28度の中で走ったので、後半は<u>はまって</u>しまった。
② 個人情報が会社のミスで外部に<u>はまって</u>しまった。
③ 昨日の会議で<u>はまった</u>ことだから直すことはできない。
④ 彼の計画に<u>はまって</u>しまった。

24 ほころびる
① 道の左右に<u>ほころびた</u>黄色の花を楽しんだ。
② このままでは伝統的な工芸の技術が<u>ほころびて</u>いくだろう。
③ この家具には見事な細工が<u>ほころびて</u>ある。
④ 徹底した安全対策を<u>ほころびる</u>必要がある。

25 みはからう
① 街で<u>みはからった</u>タレントは、なんであんなに美人に見えるのかな。
② 社長の奥さんは大粒のダイヤを<u>みはからった</u>。
③ 頃合いを<u>みはからって</u>、もう一度頼みに行こう。
④ 雪が降ってきたので出発を<u>みはからう</u>ことにした。

解析方案——动词　　模拟习题

問題4 次の言葉の使い方として最もよいものを、1・2・3・4から一つ選びなさい。

20 こじれる
① エンジンに網が<u>こじれて</u>動けなくなった。
② ネクタイが<u>こじれて</u>いたので、鏡を見ながら直した。
③ 根性の<u>こじれた</u>彼をみんな嫌いなので彼が何と言っても信じようとしなかった。
④ 仕事を教えてもらっていた先輩と仕事のいざこざで人間関係が<u>こじれて</u>しまった。

21 しなびる
① 予算のめどが立たず、博物館設立の夢が<u>しなびて</u>しまった。
② 花瓶の水がなくなって、バラが<u>しなびて</u>いる。
③ 人々はみないい音楽に<u>しなびて</u>いる。
④ 恋人の死後、男と<u>しなびた</u>ことは全然なかった。

22 つとまる
① 今日の勘定は私が<u>つとまり</u>ます。
② 新婚夫婦は結婚してからも<u>つとまり</u>をしている。
③ 彼には部長は<u>つとまる</u>まい。
④ 国会議員が地域経済の活性化に<u>つとまって</u>いる。

23 はまる
① 気温28度の中で走ったので、後半は<u>はまって</u>しまった。
② 個人情報が会社のミスで外部には<u>まって</u>しまった。
③ 昨日の会議で<u>はまった</u>ことだから直すことはできない。
④ 彼の計画に<u>はまって</u>しまった。

問題4 请从1・2・3・4中选出最恰当的一项填入（　）中。

20 答案 ④ こじれる 恶化，别扭
① 引擎上缠住了缆绳，所以动弹不得。→ からまる 缠住，纠缠
② 领带歪了，所以照着镜子正了正。
　　→ ねじれる 扭歪，别扭（性格或事物的状态）
③ 因为大家都不喜欢性格别扭的他，所以他说什么大家也都不肯相信。
　　→ ねじれる 扭曲，别扭（性格或事物的状态）
④ 因为工作上的事情跟教我做事的同事发生了争执，人际关系也恶化了。
词汇　綱 缆绳　動く 动　直す 端正　根性 性格　信じる 相信
　　　先輩 前辈　いざこざ 纠纷，争执　人間関係 人际关系

21 答案 ② 萎びる 枯萎，干瘪
① 因为没有预算，建立博物馆的梦想破灭了。
　　→ 萎む 瘪，破灭
② 因为花瓶里没水，所以玫瑰花枯萎了。
③ 人们都渴求好的音乐。→ 飢える 渴求，饥饿
④ 恋人去世之后，压根儿没有与男人交往过。
　　→ 交際する/付き合う 交往，交际
词汇　予算 预算　めどが立つ 有希望　博物館 博物馆　設立 建立
　　　夢 梦想　花瓶 花瓶　バラ 玫瑰花　音楽 音乐　死後 死后

22 答案 ③ 務まる 胜任
① 今天我来买单。→ もつ 拿，负担（费用）
② 新婚夫妇在婚后依然是双职工。→ 共稼ぎ 双职工
③ 他绝对不可能胜任部长的工作。
④ 国会议员正在为搞活地区经济而努力。→ 努める 努力，尽力
词汇　勘定 计算　新婚夫婦 新婚夫妇　动词基本形+まい 绝不……
　　　国会 国会　議員 议员　地域 地区　経済 经济
　　　活性化 活性化

23 答案 ④ はまる 上当，中计，陷入
① 因为在28度的气温中奔跑，所以后半段就精疲力尽了。
　　→ ばてる 劳累至极，筋疲力尽
② 由于公司的失误，造成了个人信息外泄。→ 漏れる 漏，泄露
③ 因为是在昨天的会议上决定的事情，所以不能更改。
　　→ 決まる 决定
④ 中了他的圈套。
词汇　気温 气温　走る 跑　後半 后半段　個人 个人　情報 信息
　　　外部 外部　会議 会议　計画 计划

解析方案——动词

24 ほころびる
① 道の左右にほころびた黄色の花を楽しんだ。
② このままでは伝統的な工芸の技術がほころびていくだろう。
③ この家具には見事な細工がほころびてある。
④ 徹底した安全対策をほころびる必要がある。

24 答案 ① 綻びる（鞋、微笑、花朵等）开绽，微笑
① 欣赏道路两旁绽放的黄色花朵。
② 照此以往，传统的工艺技术恐怕会销声匿迹。
  → 滅びる 灭亡，灭绝
③ 该家具被施予了精巧的工艺。→ 施す 施加，施
④ 有必要施行彻底的安全对策。→ 施す 施加，施行
词汇 左右 左右　伝統的 传统的　工芸 工艺　技術 技术
　　 家具 家具　見事だ 精巧　細工 工艺　徹底 彻底
　　 安全 安全　対策 对策

25 みはからう
① 街でみはからったタレントは、なんであんなに美人に見えるのかな。
② 社長の奥さんは大粒のダイヤをみはからった。
③ 頃合いをみはからって、もう一度頼みに行こう。
④ 雪が降ってきたので出発をみはからうことにした。

25 答案 ③ 見計らう 斟酌，估计（时间）
① 在街上看到的演员，为什么看上去都是美人呢？
  → 見かける 看到，开始看
② 社长夫人炫耀着大颗钻石。→ 見せびらかす 炫耀
③ 斟酌好恰当的时机之后再去请求一次吧。
④ 由于下雪决定暂缓出发。→ 見合わせる 暂缓
词汇 街 大街　美人 美人　奥さん（他人的）夫人　大粒 大颗
　　 頃合い 恰当的时机　頼む 请求　雪 雪　出発 出发

模拟习题——动词

問題1 ＿＿＿＿の言葉の読み方として最もよいものを、1・2・3・4から一つ選びなさい。

1　彼のせいで大きな損害を<u>被った</u>。
　①あやつった　　②いたわった　　③さすった　　④こうむった

2　涙が出そうで顔を<u>伏せた</u>。
　①あせた　　②よせた　　③ふせた　　④うせた

3　退屈なときはいつも音楽を聞いて<u>紛らす</u>。
　①もたらす　　②こらす　　③まぎらす　　④そらす

4　外国にいる恋人に会いたいという思いが<u>募った</u>。
　①つのった　　②ほこった　　③ねばった　　④こもった

5　母を<u>慕う</u>気持ちは誰にでもあるだろう。
　①さらう　　②かばう　　③になう　　④したう

6　賭事で身を<u>滅ぼした</u>。
　①ほろぼした　　②およぼした　　③こぼした　　④ともした

解析方案——动词 | 模拟习题

問題1 ＿＿＿の言葉の読み方として最もよいものを、1・2・3・4から一つ選びなさい。

1 彼のせいで大きな損害を<u>被った</u>。
   ① あやつった ② いたわった
   ③ さすった   ④ こうむった

2 涙が出そうで顔を<u>伏せた</u>。
   ① あせた ② よせた
   ③ ふせた ④ うせた

3 退屈なときはいつも音楽を聞いて<u>紛らす</u>。
   ① もたらす ② こらす
   ③ まぎらす ④ そらす

4 外国にいる恋人に会いたいという思いが<u>募った</u>。
   ① つのった ② ほこった
   ③ ねばった ④ こもった

5 母を<u>慕う</u>気持ちは誰にでもあるだろう。
   ① さらう ② かばう
   ③ になう ④ したう

6 賭事で身を<u>滅ぼした</u>。
   ① ほろぼした ② およぼした
   ③ こぼした   ④ ともした

问题1 请从1・2・3・4中选出最恰当的一项填入（　）中。

1 因为他的缘故蒙受了巨大的损失。
   答案 ④ 被る 蒙受，招致，添（麻烦）
   词汇 損害 损失　操る 操纵，耍弄　いたわる 安慰，照顾
        擦る 抚摸，搓

2 眼泪似乎就要流出来，于是低下了头。
   答案 ③ 伏せる 朝下，低下
   词汇 涙 眼泪　あせる 褪色，掉色　寄せる 移近，挪近
        失せる 丢失，消失

3 无聊时总是会听着音乐解闷儿。
   答案 ③ 紛らす 掩饰，解闷
   词汇 退屈だ 无聊　音楽 音乐　もたらす 带来，招致
        凝らす 凝结，集中　逸らす 错过，转向（别处）

4 越来越强烈地想要见到身在国外的恋人。
   答案 ① 募る 越来越强烈，招募，募集
   词汇 外国 国外　恋人 恋人　誇る 夸耀，自豪
        粘る 发黏，坚持　篭る 闭门不出

5 任何人都会有思念母亲的心情吧。
   答案 ④ 慕う 思念，思慕
   词汇 さらう 夺取，抢走，诱拐　庇う 庇护，袒护
        担う 担负，承担

6 因为赌博毁了身体。
   答案 ① 滅ぼす 毁掉，使灭亡
   词汇 賭事 赌博　及ぼす 带来，波及　溢す 弄洒　灯す 点（灯）

52

模拟习题——动词

模拟习题

問題2 （　　　）に入れるのに最もよいものを、1・2・3・4から一つ選びなさい。

7　産後のホルモンバランスが（　　　）何か食べるとすぐ吐気がする。
　　① まかなって　　② みだれて　　③ はかどって　　④ とろけて

8　仕方がない。今回だけは、目を（　　　）見なかったことにしてあげよう。
　　① しめて　　② つぶって　　③ ふうじて　　④ せいして

9　（　　　）誇れるようなことはないですが、やる気だけは人に負けたくないです。
　　① 取り立てて　　② 取り次いで　　③ 取り付けて　　④ 取り組んで

10　テレビによく出る人を昨日東京駅で偶然（　　　）。
　　① 見おとした　　② 見かけた　　③ 見おろした　　④ 見すてた

11　私は過去を（　　　）と恥ずかしい上に残念に思われることが多い。
　　① すすめる　　② よみがえる　　③ こころみる　　④ かえりみる

12　留学に行った娘からの連絡が（　　　）不安な毎日を過ごしている。
　　① ただよって　　② とだえて　　③ たくわえて　　④ ささげて

13　面接で（　　　）しまって、入社できなかった。
　　① しくじって　　② さえずって　　③ かなえて　　④ おだてて

解析方案——动词

問題2 （　）に入れるのに最もよいものを、1・2・3・4から一つ選びなさい。

問題2　请从1・2・3・4中选出最恰当的一项填入（　）中。

7　産後のホルモンバランスが（　）何か食べるとすぐ吐気がする。
　①まかなって　②みだれて
　③はかどって　④とろけて

7　由于产后荷尔蒙平衡变得紊乱，无论吃什么都想吐。
　答案　②乱れる 紊乱，混乱
　词汇　産後 产后　吐気がする 想要呕吐　賄う 供应，筹措
　　　　捗る 有进展，进展顺利　とろける 溶化，心荡神驰

8　仕方がない。今回だけは、目を（　）見なかったことにしてあげよう。
　①しめて　②つぶって
　③ふうじて　④せいして

8　没办法，这次我就当什么都不知道，睁一只眼闭一只眼吧。
　答案　②目をつぶる 熟视无睹，装作看不见
　词汇　今回 这次　締める 勒紧，绷紧　封じる 封锁，禁止
　　　　制する 制止，控制

9　（　）誇れるようなことはないですが、やる気だけは人に負けたくないです。
　①取り立てて　②取り次いで
　③取り付けて　④取り組んで

9　虽然没什么值得特别拿出来炫耀的，至少在干劲方面不想输给别人。
　答案　①取り立てる 征收，（特别）提出
　词汇　誇る 炫耀　やる気 干劲　負ける 输，败　取り次ぐ 转达，转交
　　　　取り付ける 安装，达成　取り組む 研究，专心致志

10　テレビによく出る人を昨日東京駅で偶然（　）。
　①見おとした　②見かけた
　③見おろした　④見すてた

10　昨天在东京站偶然看到经常在电视里出现的人。
　答案　②見かける 看到
　词汇　偶然 偶然　見落とす 看漏，没看出来　見下ろす 俯视
　　　　見捨てる 弃而不顾

11　私は過去を（　）と恥ずかしい上に残念に思われることが多い。
　①すすめる　②よみがえる
　③こころみる　④かえりみる

11　当我回顾过去时，会发现很多令我感到既羞愧又遗憾的事情。
　答案　④顧みる 回顾，回忆
　词汇　過去 过去　恥ずかしい 羞愧　～上に 并且……　残念 遗憾
　　　　勧める 劝告　蘇る 复活，苏醒　試みる 试图，尝试

12　留学に行った娘からの連絡が（　）不安な毎日を過ごしている。
　①ただよって　②とだえて
　③たくわえて　④ささげて

12　与出国留学的女儿中断了联系，所以每天都过得很不安。
　答案　②途絶える 断绝，中断
　词汇　留学 留学　不安 不安　過ごす 度过　漂う 漂流，飘荡
　　　　蓄える 储备，贮存　捧げる 捧举，献出

13　面接で（　）しまって、入社できなかった。
　①しくじって　②さえずって
　③かなえて　④おだてて

13　因面试时出现了失误，所以未能进入公司。
　答案　①しくじる 失误，被解雇
　词汇　面接 面试　入社 进入公司　さえずる 喊喊喳喳，絮絮叨叨
　　　　叶える 使……达到目的，满足……的愿望
　　　　おだてる 戴高帽儿，煽动

模拟习题——动词

模拟习题

問題3 ＿＿＿＿の言葉に意味が最も近いものを、1・2・3・4から一つ選びなさい。

14　人の成功を<u>ねたむ</u>のが人間の本音だろう。
　　① あゆむ　　　② おしむ　　　③ きしむ　　　④ そねむ

15　つまらないことで<u>おこる</u>なんて、大人らしくない。
　　① いかる　　　② こりる　　　③ さける　　　④ つぶる

16　人々は余震の不安に<u>おびえて</u>、夜もろくに眠れない状態だ。
　　① つまんで　　② ひるんで　　③ にじんで　　④ めぐんで

17　この事件を、昨年の事件と<u>むすびつける</u>のは無理がある。
　　① ゆすぐ　　　② からめる　　③ でくわす　　④ たばねる

18　自説を<u>のべる</u>機会を与えられて光栄です。
　　① きょうずる　② じゅんずる　③ あんずる　　④ ちんずる

19　先輩はいつも会社の待遇について<u>不満をもらす</u>。
　　① あざむく　　② おもむく　　③ ぼやく　　　④ くぐる

解析方案——动词

模拟习题

問題3 ＿＿＿の言葉に意味が最も近いものを、1・2・3・4から一つ選びなさい。

14 人の成功をねたむのが人間の本音だろう。
　① あゆむ　② おしむ
　③ きしむ　④ そねむ

15 つまらないことでおこるなんて、大人らしくない。
　① いかる　② こりる
　③ さける　④ つぶる

16 人々は余震の不安におびえて、夜もろくに眠れない状態だ。
　① つまんで　② ひるんで
　③ にじんで　④ めぐんで

17 この事件を、昨年の事件とむすびつけるのは無理がある。
　① ゆすぐ　② からめる
　③ でくわす　④ たばねる

18 自説をのべる機会を与えられて光栄です。
　① きょうずる　② じゅんずる
　③ あんずる　④ ちんずる

19 先輩はいつも会社の待遇について不満をもらす。
　① あざむく　② おもむく
　③ ぼやく　④ くぐる

問題3 请从1・2・3・4中选出最恰当的一项填入（　）中。

14 嫉妒他人的成功，也许是人的本性。
　答案 ④ 妬む 嫉妒，吃醋 / 嫉む 忌妒，嫉妒
　词汇 成功 成功　本音 真正的　歩む 走，步行
　　　惜しむ 爱惜，怜惜　軋む 嘎吱嘎吱作响

15 因为无聊的事情而发火，真不像成年人。
　答案 ① 怒る 发火 / 怒る 发怒
　词汇 大人 成年人　懲りる 不敢再尝试，惩前毖后　裂ける 破裂
　　　つぶる 闭眼，视若无睹

16 人们因为余震而胆战心惊，连晚上都不能好好睡觉。
　答案 ② 怯える 害怕，胆战心惊 / 怯む 胆怯，畏怯，害怕
　词汇 余震 余震　不安 不安　ろくに 很好地　眠る 睡觉
　　　状態 状态　摘む 摘，摘取，摘要　滲む 沁，渗入，洇
　　　恵む 施舍

17 把这个事件与去年的事件联系起来是不合理的。
　答案 ② 結び付ける 拴上，联系 / 絡める 联系上，缠上
　词汇 事件 事件　昨年 去年　無理 不合理　濯ぐ 涮洗，漱（口）
　　　出くわす 碰见，偶然遇见　束ねる 捆束，扎

18 很荣幸获得了阐述自己意见的机会。
　答案 ① 述べる 阐述，说明 / 陳ずる 陈述，主张
　词汇 自説 己见　機会 机会　与える 给予　光栄 荣幸
　　　興ずる 感觉有趣，有兴趣　準ずる 按照，以……为标准
　　　案ずる 挂心，思考

19 前辈总是对公司的待遇愤愤不平。
　答案 ③ 不満を漏らす 流露出某种声音或表情 / ぼやく 愤愤不平，发牢骚
　词汇 先輩 前辈　待遇 待遇　欺く 欺骗，欺瞒　赴く 奔赴，趋向
　　　くぐる 穿过，钻过

模拟习题——动词

問題4 次の言葉の使い方として最もよいものを、1・2・3・4から一つ選びなさい。

20 ひやかす
① ビールはひやかしたものという固定観念があります。
② 昨日より今朝の方がすごくひやかした感じがしたけど同じくらいの温度だったのよ。
③ お腹をひやかしたときに食べすぎると、消化不良の原因になる。
④ 旅行に行って最後の夜は街の屋台をひやかして歩いた。

21 うちあける
① 先方の無理な要求で交渉をうちあけた。
② 失恋の痛手をいやすため仕事にうちあけた。
③ 老俳優は、未だに涙の演技は難しいとうちあけた。
④ 突き出たくぎをしっかりとうちあけた。

22 けなす
① 人をけなしてばかりいると絶対のびない。
② 衣服をけなさないように、エプロンをつけた。
③ こちらの提案にけちをけなされて思わずかっとなった。
④ 職場の先輩のとんでもない言動に愚痴をけなした。

23 つねる
① 老人はしきりにあごひげをつねった。
② これは夢ではないかとほおをつねってみた。
③ 転んだ拍子に足をつねったらしい。
④ 相手の突き出したナイフを体をつねってかわした。

24 とがめる
① 友人の心のこもった言葉にとがめられた。
② 休日にもかかわらず、働いてくれた部下をとがめた。
③ 万が一のため、先がとがめた鉛筆を何本も用意した。
④ 遅れて教室に入ってきた学生をとがめることもなく、教師は静かに授業を続けた。

25 はたく
① いくら考えても分からなかったので専門家にはたくことにした。
② 前から欲しがっていた本を田舎の書店で目にし、なけなしの金をはたいて買った。
③ 彼の発言は新聞、雑誌などのマスコミで大いにはたかれた。
④ 15万円のコンピュータを5万円もはたいて買った。

解析方案——动词   模拟习题

問題 4 次の言葉の使い方として最もよいものを、1・2・3・4から一つ選びなさい。

20 ひやかす
① ビールは<u>ひやかした</u>ものという固定観念があります。
② 昨日より今朝の方がすごく<u>ひやかした</u>感じがしたけど同じくらいの温度だったのよ。
③ お腹を<u>ひやかした</u>ときに食べすぎると、消化不良の原因になる。
④ 旅行に行って最後の夜は街の屋台を<u>ひやかして</u>歩いた。

21 うちあける
① 先方の無理な要求で交渉を<u>うちあけた</u>。
② 失恋の痛手をいやすため仕事に<u>うちあけた</u>。
③ 老俳優は、未だに涙の演技は難しいと<u>うちあけた</u>。
④ 突き出たくぎをしっかりと<u>うちあけた</u>。

22 けなす
① 人を<u>けなして</u>ばかりいると絶対のびない。
② 衣服を<u>けなさない</u>ように、エプロンをつけた。
③ こちらの提案にけちを<u>けなされて</u>思わずかっとなった。
④ 職場の先輩のとんでもない言動に愚痴を<u>けなした</u>。

23 つねる
① 老人はしきりにあごひげを<u>つねった</u>。
② これは夢ではないかとほおを<u>つねってみた</u>。
③ 転んだ拍子に足を<u>つねった</u>らしい。
④ 相手の突き出したナイフを体を<u>つねってかわした</u>。

问题 4 请从1・2・3・4中选出最恰当的一项填入（　）中。

20 答案 ④ 冷やかす 只询价不买，嘲弄
① 有种固有观念认为啤酒就得是冰的。
　→冷える 变冷，变凉，感觉冷
② 觉得今天早晨比起昨天更冷，可温度却差不多。
　→冷える 变冷，变凉，感觉冷
③ 肚子凉的时候如果吃得过多，会导致消化不良。
　→冷やす 晾凉，使冷却
④ 旅行的最后一夜逛了逛街上的售货摊，只是询价没有买。
词汇 固定観念 固有观念　今朝 今天早晨　温度 温度
　　消化 消化　不良 不良　原因 原因　旅行 旅行
　　最後 最后　屋台 摊床，售货摊

21 答案 ③ 打ち明ける 坦率说出，毫不隐瞒地说出
① 由于对方的无理要求而停止了谈判。→打ち切る 停止，结束
② 为了治疗失恋带来的重创而埋头工作。
　→打ち込む 埋头，专心致志
③ 老演员坦率地表示哭戏依然是很难表演的。
④ 将突出来的钉子牢牢地钉了进去。→打ち込む 钉进，砸进
词汇 先方 对方　要求 要求　交渉 交涉　失恋 失恋
　　痛手 重创　いやす 安慰　老俳優 老演员　未だに 至今
　　演技 演技　難しい 困难　突き出る 突出　くぎ 钉子

22 答案 ① けなす 贬低，诽谤
① 只知道贬低别人是绝对不可能进步的。
② 为了不弄脏衣服，系上了围裙。→汚す 弄脏
③ 对我方的提案吹毛求疵，于是不由得勃然大怒。
　→けちをつける 挑毛病，吹毛求疵
④ 因为单位的同事不合情理的言行，发起了牢骚。
　→愚痴をこぼす 发牢骚
词汇 絶対 绝对　のびる 发展，进步　衣服 衣服　提案 提案
　　思わず 不由得　職場 职场　言動 言行

23 答案 ② つねる 掐
① 老人不断地捻着胡须。→捻る 扭（身体的某个部位），捻
② 掐了掐自己的脸颊，看看这是不是梦。
③ 跌倒的一刹那，好像把脚给扭了。
　→捻る 捻，扭（身体的某个部位）
④ 扭转身体，躲开了对方扎过来的刀。
　→捻る 捻，扭（身体的某个部位）
词汇 老人 老人　しきりに 不断地　ほお 脸颊　転ぶ 跌倒
　　动词过去形 + 拍子に ……的一刹那　突き出す 扎透
　　かわす 躲开

解析方案——动词

24 とがめる

① 友人の心のこもった言葉に<u>とがめられた</u>。
② 休日にもかかわらず、働いてくれた部下を<u>とがめた</u>。
③ 万が一のため、先が<u>とがめた</u>鉛筆を何本も用意した。
④ 遅れて教室に入ってきた学生を<u>とがめる</u>こともなく、教師は静かに授業を続けた。

25 はたく

① いくら考えても分からなかったので専門家に<u>はたく</u>ことにした。
② 前から欲しがっていた本を田舎の書店で目にし、なけなしの金を<u>はたいて</u>買った。
③ 彼の発言は新聞、雑誌などのマスコミで大いに<u>はたかれた</u>。
④ 15万円のコンピュータを5万円も<u>はたいて</u>買った。

24 答案 ④ とがめる 责备,责难,盘问
① 朋友发自肺腑的话安慰了我。→ なぐさめる 安慰,宽慰
② 慰劳了休息日还为我工作的下属。→ いたわる 慰劳
③ 准备了好几支尖头铅笔以防万一。→ とがる 尖
④ 老师没有责备晚进教室的学生,而是平静地继续讲起课来。

词汇 友人 朋友　心 真心　こもる 饱含　言葉 话语
休日 休息日　～にもかかわらず 不顾……
働く 工作　部下 下属　万が一 万一　鉛筆 铅笔
用意 准备　遅れる 晚　教室 教室　教師 老师
授業 讲课　続ける 继续

25 答案 ② 叩く 打,掸,倾(囊)
① 怎么想也想不明白,所以决定请教专家。
　→ たたく 请教(意见)
② 在乡下书店发现了一直希望得到的书,于是把所剩无几的钱全都拿出来,买下了它。
③ 他的发言受到报纸、杂志等大众媒体的强烈抨击。
　→ たたく 抨击,打击
④ 15万日元的电脑,居然砍下5万日元买了下来。
　→ たたく 砍价,还价

词汇 専門家 专家　欲しい 希望得到　田舎 乡下　書店 书店
なけなし 仅有的一点点　発言 发言　大いに 强烈,非常

文字/词汇

语法

实战模拟测试

打造实力方案 名词

由相同汉字组成的名词

あくしゅ 握手 握手	あくりょく 握力 握力	しょうあく 掌握 掌握	はあく 把握 把握
いらい 依頼 委托	いぜん 依然 依然	いたく 依託 依托	いぞん 依存 依存
いあつ 威圧 威慑	いげん 威厳 威严	きょうい 脅威 威胁	けんい 権威 权威
こうい 行為 行为	さくい 作為 作为	じんい 人為 人为	かわせ 為替 汇兑
いはん 違反 违反	いけん 違憲 违宪	いほう 違法 违法	そうい 相違 不同
いせん 緯線 纬线	いど 緯度 纬度	けいい 経緯 经纬	ほくい 北緯 北纬
えいきょう 影響 影响	えいぞう 影像 影像	いんえい 陰影 阴影	さつえい 撮影 摄影
たさい 多才 多才	ただい 多大 巨大	たよう 多様 多种多样	たぼう 多忙 繁忙
えっきょう 越境 越境	ちょうえつ 超越 超越	えっとう 越冬 越冬	たくえつ 卓越 卓越
えんご 援護 救援	えんじょ 援助 援助	おうえん 応援 声援	しえん 支援 支援
えんぎ 縁起 兆头，运	えんだん 縁談 提亲	がくえん 額縁 相框	けつえん 血縁 血缘
おしょく 汚職 渎职	おすい 汚水 污水	おせん 汚染 污染	おぶつ 汚物 污垢
おくせつ 憶説 臆测	おくそく 憶測 揣测	きおく 記憶 记忆	ついおく 追憶 追忆
かんか 閑暇 闲暇	きゅうか 休暇 休假	よか 余暇 余暇	すんか 寸暇 片刻闲暇
かいざい 介在 参与	かいにゅう 介入 介入	かいほう 介抱 护理	ちゅうかい 仲介 斡旋
かいりつ 戒律 戒律	けいかい 警戒 警戒	くんかい 訓戒 教训	ちょうかい 懲戒 惩戒
かくとく 獲得 获得	らんかく 濫獲 滥捕	ほかく 捕獲 捕获	えもの 獲物 猎物
かんき 乾期 干旱期	かんぱい 乾杯 干杯	かんそう 乾燥 干燥	かんでんち 乾電池 干电池
かんげい 歓迎 欢迎	かんせい 歓声 欢声	かんそう 歓送 欢送	かんこ 歓呼 欢呼
かんこく 勧告 劝告	かんゆう 勧誘 劝诱	かんしょう 勧奨 奖励	かんだん 歓談 畅谈
かんきょう 環境 环境	かんし 環視 环视	いっかん 一環 环节	じゅんかん 循環 循环
かんとく 監督 导演	かんきん 監禁 监禁	かんさつ 監察 监察	かんし 監視 监视
かんさつ 鑑札 执照	かんしょう 鑑賞 鉴赏	かんてい 鑑定 鉴定	きかん 亀鑑 榜样
きい 奇異 奇异	きしゅう 奇襲 偷袭	きすう 奇数 奇数	ちんき 珍奇 珍奇
ぎしき 儀式 仪式	ぎてん 儀典 仪式	ぎれい 儀礼 礼仪	ぎょうぎ 行儀 礼貌
ぶれい 無礼 失礼	むち 無知 无知	むくち 無口 沉默	むのう 無能 无能

打造实力方案　　名词

却下	驳回	棄却	抛弃	退却	退却	返却	归还
脚色	改编	脚本	剧本	失脚	下台	立脚	立足
言及	论及	追及	追究	普及	普及	波及	波及
巨匠	巨匠	巨万	巨额	巨大	巨大	巨額	巨额
厳重	严重	厳密	严密	過密	过密	精密	精密
拠点	据点	根拠	根据	占拠	占据	証拠	证据
凶悪	凶恶	凶器	凶器	凶作	歉收	吉凶	吉凶
貧弱	贫乏	貧富	贫富	貧困	贫困	貧乏	贫乏
不服	抗议	不審	可疑	不当	非法	不吉	不吉利
有益	有益	有力	有力	有効	有效	有望	有望
活発	活泼	活力	活力	活躍	活跃	活用	有效利用
狂気	疯狂	狂暴	狂暴	熱狂	狂热	発狂	发狂
状況	状况	実況	实际情况	近況	近况	好況	繁荣
反響	反响	影響	影响	音響	音响	交響曲	交响曲
屈折	曲折	屈服	屈服	窮屈	狭窄	退屈	无聊
傾向	倾向	傾斜	倾斜	傾聴	倾听	傾倒	倾倒
継承	继承	継続	继续	後継	接班	中継	中转
兼用	兼用	兼任	兼任	兼業	兼营	兼職	兼职
動的	动态的	静的	静态的	公的	公共的	知的	智慧的
実情	实情	実感	真实感受	誠実	诚实	忠実	忠实
堅固	坚固	堅実	坚实	中堅	中坚	強堅	坚强
誇示	炫耀	誇張	夸张	誇大	夸大	誇称	号称
抗議	抗议	抗争	抗争	抵抗	抵抗	反抗	反抗
攻撃	攻击	攻守	攻守	攻勢	攻势	攻究	研究
更生	复兴	更新	更新	更迭	更迭	変更	变更
項目	项目	事項	事项	要項	要点	条項	条款
豪雨	暴雨	豪華	豪华	豪快	豪爽	強豪	硬汉

文字/词汇

语法

实战模拟测试

打造实力方案　　名词

鎖国(さこく)	锁国	封鎖(ふうさ)	封锁	閉鎖(へいさ)	封锁	連鎖(れんさ)	连锁
採光(さいこう)	采光	彩色(さいしき)	彩色	色彩(しきさい)	色彩	異彩(いさい)	异彩
連載(れんさい)	连载	記載(きさい)	记载	掲載(けいさい)	登载	搭載(とうさい)	搭载
惨劇(さんげき)	惨剧	惨死(ざんし)	惨死	惨状(さんじょう)	惨状	悲惨(ひさん)	悲惨
主旨(しゅし)	主旨	要旨(ようし)	要点	趣旨(しゅし)	宗旨	論旨(ろんし)	论点
執権(しっけん)	掌权	執筆(しっぴつ)	执笔	執念(しゅうねん)	执着	執着(しゅうちゃく)	固执
釈然(しゃくぜん)	释然	釈放(しゃくほう)	释放	解釈(かいしゃく)	解释	会釈(えしゃく)	照顾
趣意(しゅい)	宗旨	趣向(しゅこう)	主意	情趣(じょうしゅ)	情趣	興趣(きょうしゅ)	兴趣
重大(じゅうだい)	重大	重複(じゅうふく)	重复	重視(じゅうし)	重视	重宝(ちょうほう)	珍宝
高尚(こうしょう)	高尚	高価(こうか)	高价	高層(こうそう)	高层	高原(こうげん)	高原
良識(りょうしき)	明智	良質(りょうしつ)	优质	良好(りょうこう)	良好	善良(ぜんりょう)	善良
優越(ゆうえつ)	优越	優先(ゆうせん)	优先	優美(ゆうび)	优美	優勢(ゆうせい)	优势
需給(じゅきゅう)	供求	需要(じゅよう)	需要	内需(ないじゅ)	内需	必需(ひつじゅ)	必需
秀才(しゅうさい)	秀才	秀作(しゅうさく)	杰作	優秀(ゆうしゅう)	优秀	俊秀(しゅんしゅう)	俊秀
踏襲(とうしゅう)	沿袭	急襲(きゅうしゅう)	突然袭击	奇襲(きしゅう)	偷袭	世襲(せしゅう)	世袭
柔順(じゅうじゅん)	温顺	柔道(じゅうどう)	柔道	柔軟(じゅうなん)	柔软	柔弱(じゅうじゃく)	柔弱
対等(たいとう)	对等	対称(たいしょう)	对称	対象(たいしょう)	对象	対立(たいりつ)	对立
単調(たんちょう)	单调	単純(たんじゅん)	单纯	単独(たんどく)	单独	簡単(かんたん)	简单
自己(じこ)	自己	自治(じち)	自治	自炊(じすい)	自己做饭	独自(どくじ)	独自
鈍感(どんかん)	感觉迟钝	敏感(びんかん)	敏感	予感(よかん)	预感	実感(じっかん)	真实感受
習慣(しゅうかん)	习惯	習字(しゅうじ)	习字	学習(がくしゅう)	学习	実習(じっしゅう)	实习
教則(きょうそく)	教学规则	教材(きょうざい)	教材	教習(きょうしゅう)	讲习	教訓(きょうくん)	教训
本能(ほんのう)	本能	本体(ほんたい)	主体	本音(ほんね)	真心话	本格(ほんかく)	正式
快適(かいてき)	舒适	愉快(ゆかい)	愉快	軽快(けいかい)	轻快	痛快(つうかい)	痛快
連想(れんそう)	联想	連結(れんけつ)	连接	連合(れんごう)	联合	連絡(れんらく)	联络
辞意(じい)	辞职之意	誠意(せいい)	诚意	善意(ぜんい)	善意	熱意(ねつい)	热情

打造实力方案 — 名词

非汉字词・非汉字音名词

[あ]

間柄（あいだがら）关系	合間（あいま）空隙，间隔，间歇	あいまい 暧昧	垢（あか）污垢
あくび 哈欠	顎（あご）下巴	憧れ（あこがれ）憧憬	麻（あさ）麻，麻布
あざ 淤青	足跡（あしあと）足迹	足下（あしもと）脚下	値（あたい）价值
〜宛（あて）（寄，送）给	当て字（あてじ）借用字	宛名（あてな）收件人姓名(地址)	跡継ぎ（あとつぎ）接班人
後回し（あとまわし）推迟	油絵（あぶらえ）油画	雨具（あまぐ）雨具	雨戸（あまど）(防风雨的)木板套窗
網（あみ）网，罗网	編み物（あみもの）编织物	飴（あめ）麦芽糖，饴糖	過ち（あやまち）过失
歩み（あゆみ）步伐	嵐（あらし）暴风雨	あらすじ 梗概	霰（あられ）雹子
泡（あわ）泡沫	哀れ（あわれ）可怜，悲哀	怒り（いかり）愤怒，生气	粋（いき）漂亮，风流
生き甲斐（いきがい）生存的意义	行き違い（いきちがい）弄错	泉（いずみ）泉水	いただき 顶部
〜市（いち）……市场	糸（いと）线	稲光（いなびかり）闪电	稲（いね）稻子
居眠り（いねむり）瞌睡，打盹儿	いびき 鼾声，打呼噜	居間（いま）起居室	植木（うえき）庭院树
うがい 漱口	受け持ち（うけもち）承担	渦（うず）漩涡	転寝（うたたね）打盹儿
団扇（うちわ）团扇	器（うつわ）器具，器皿	腕前（うでまえ）手艺	うぬぼれ 自满，自负
生まれつき（うまれつき）先天	梅干（うめぼし）咸梅干	売切れ（うりきれ）售完	売れ行き（うれゆき）销路
浮気（うわき）见异思迁	噂（うわさ）传说	餌（えさ）饲料，诱饵	獲物（えもの）猎物
襟（えり）领子	縁側（えんがわ）走廊	縁談（えんだん）提亲	尾（お）尾
甥（おい）侄子	大柄（おおがら）骨架大，大花样	大筋（おおすじ）梗概	大家（おおや）房东
公（おおやけ）公家，公共	丘（おか）丘陵	沖（おき）海面	臆病（おくびょう）胆怯
贈り物（おくりもの）礼物	お産（おさん）分娩，生孩子	お辞儀（おじぎ）鞠躬	雄（おす）雄性，公
お世辞（おせじ）恭维(话)	お使い（おつかい）打发去办事	同い年（おないどし）同岁	鬼（おに）魔鬼
帯（おび）腰带	おまけ 饶头	お宮（おみや）神社	おむつ 尿布
思いつき（おもいつき）突发奇想	趣（おもむき）情趣，韵味	折（おり）时候	檻（おり）囚笼
織物（おりもの）纺织品	御中（おんちゅう）公启		

打造实力方案 — 名词

[か]

貝 贝	貝殻 贝壳	かかと 脚后跟	鏡 镜子
書留 挂号(信)	垣根 篱笆	賭 打赌	陰 阴影
崖 悬崖	駆け足 快跑	かけっこ 赛跑	籠 筐
箇条書き 列举	片想い 单恋	片言 只言片语,不熟练的外语	片付け 整顿
勝手 厨房,生活	金槌 锤子	株 股票,根株	構え 架势
雷 雷	粥 粥	体つき 体格	狩 打猎
為替 汇兑	瓦 瓦	勘弁 饶恕	感無量 无限感慨
効き目 效果	兆し 预兆	岸 (海)岸	生地 衣料
気立て 性情	絹 丝绸	気まぐれ 心浮气躁	切れ目 缝隙
茎 茎	鎖 锁链	くじ 签,阄儿	愚痴 抱怨
嘴 喙	首飾り 相连	首輪 动物的项圈	玄人 专家
毛皮 毛皮	獣 野兽	家来 下臣,随从	下痢 腹泻
甲 甲壳	小柄 身材短小,小花样	小切手 支票	焦茶 深棕色
心地 感觉	心得 心得	心掛け 品行	志 志向
試み 尝试,试图	梢 树梢	小銭 零钱	こつ 秘诀
滑稽 滑稽	事柄 事态	言伝て 传闻	碁盤 棋盘
暦 历本	根底 根底		

[さ]

竿 竹竿	杯 酒杯	逆立ち 颠倒	座敷 客厅
指図 信号	差し支え 妨碍	差引き 扣除	最中 最高潮
錆 锈	産休 产假	参上 拜访	桟橋 码头
仕上がり 完成	仕上げ 完成	潮 海水	仕掛け 装置
しきたり 惯例	軸 轴	仕組み 结构	滴 水滴
下心 内心	下地 素质	下調べ 事先调查	下取 以旧换新
下火 衰弱	躾 教养	質素 朴素	屎尿 大小便

打造实力方案　　名词

芝（しば）草坪	始発（しはつ）首班(车)	締切（しめきり）截止(期限)	地元（じもと）当地
砂利（じゃり）碎石子	塾（じゅく）私塾，补习班	仕様（しよう）方法	情（じょう）人情
心中（しんじゅう）集体自杀	辛抱（しんぼう）忍耐	粋（いき）精粹，精华	裾（すそ）下摆
ずぶぬれ　全身湿透	隅（すみ）角落	すり　扒手	すれちがい　交错
寸法（すんぽう）尺寸	盛装（せいそう）盛装	倅（せがれ）犬子(谦逊词)	節（せつ）（生）节
象（ぞう）大象	蔵相（ぞうしょう）财务部长	相場（そうば）行情	育ち（そだち）成长，发育
外方（そっぽ）别处	そり　弯曲		

[た]

焚火（たきび）篝火	巧み（たくみ）技巧	丈（たけ）(男子)身高	駄作（ださく）拙劣的作品
ただ　免费	盾（たて）盾，挡箭牌	建前（たてまえ）方针，原则	魂（たましい）灵魂
溜り（たまり）积存(处)	弛み（たるみ）松弛	担架（たんか）担架	茶の間（ちゃのま）起居室
茶の湯（ちゃのゆ）茶道	宙返り（ちゅうがえり）翻筋斗	蝶（ちょう）蝴蝶	重宝（ちょうほう）珍宝
塵（ちり）灰尘	塵取（ちりとり）垃圾撮子	対（つい）成双	杖（つえ）拐杖
使い道（つかいみち）用途	つかのま　一刹那	月並（つきなみ）平凡	継ぎ目（つぎめ）接头
つじつま　情理，道理	筒（つつ）筒子	津波（つなみ）海啸	角（つの）犄角
唾（つば）唾液	壷（つぼ）罐	蕾（つぼみ）花蕾	露（つゆ）露水
釣鐘（つりがね）吊钟	吊革（つりかわ）(汽车,地铁等的)吊环	手当（てあて）工资，小费	手遅れ（ておくれ）为时已晚
手がかり（てがかり）线索	手数（てかず）(围棋)棋子	できもの　疮	手際（てぎわ）手法
手錠（てじょう）手铐	手数（てすう）费事	てっぺん　顶峰	掌（てのひら）手掌
手筈（てはず）准备	手引（てびき）介绍	手本（てほん）范本	手回し（てまわし）准备，安排
手元（てもと）手头	手分け（てわけ）分工	同士（どうし）同志	遠回り（とおまわり）绕远
とげ　刺	年頃（としごろ）妙龄	戸締まり（とじまり）锁门	土手（どて）堤坝
届け（とどけ）申请(书)	殿様（とのさま）老爷	土俵（どひょう）赛场	扉（とびら）门扇
溝（どぶ）水沟	共稼ぎ（ともかせぎ）双职工	共働き（ともばたらき）双职工	鳥居（とりい）(神社入口的)牌坊
取り替え（とりかえ）调换，更换	取り締まり（とりしまり）取缔	取引（とりひき）交易	度忘れ（どわすれ）突然忘记
問屋（とんや）批发商			

文字/词汇

语法

实战模拟测试

打造实力方案　　名词

[な]

内緒（ないしょ）秘密	苗（なえ）苗	仲人（なこうど）媒人	名残（なごり）留恋，遗迹
情け（なさけ）人情	雪崩（なだれ）雪崩	名札（なふだ）名签	生身（なまみ）活人
訛（なまり）铅	悩み（なやみ）烦恼	慣れ（なれ）习惯	縄（なわ）绳，绳索
荷（に）行李	にきび 粉刺	憎しみ（にくしみ）憎恨，憎恶	西日（にしび）夕阳
偽物（にせもの）冒牌货	日夜（にちや）日夜	荷造り（にづくり）包装	尿（にょう）小便
主（ぬし）主人	盗み（ぬすみ）偷盗	布（ぬの）布匹	沼（ぬま）沼泽
音（ね）声音	音色（ねいろ）音色	値打ち（ねうち）价格	ねじまわし 螺丝刀
粘り（ねばり）坚韧	根回し（ねまわし）酝酿	軒並み（のきなみ）家家户户	のべ 总计

[は]

刃（は）刀刃	白状（はくじょう）坦白	恥（はじ）耻辱	橋渡し（はしわたし）当中间人
裸足（はだし）赤脚	蜂蜜（はちみつ）蜂蜜	罰（ばつ）惩罚	初耳（はつみみ）前所未闻
花弁（はなびら）花瓣	浜（はま）海滨	浜辺（はまべ）海边	腹立ち（はらだち）生气
原っぱ（はらっぱ）杂草丛生的空地	張紙（はりがみ）招贴	控室（ひかえしつ）等候室	左利き（ひだりきき）左利手，俗称左撇子
一息（ひといき）喘口气	人影（ひとかげ）人影	人柄（ひとがら）人品	人気（ひとけ）人的气息
一頃（ひところ）曾经一度	一筋（ひとすじ）一条	人目（ひとめ）世人眼目	日取り（ひどり）规定的日期
雛（ひな）雏鸡	日の丸（ひのまる）日本国旗	火花（ひばな）火花	ひび 裂痕
日焼け（ひやけ）晒黑	びら 传单	びり 倒数第一	昼飯（ひるめし）午饭
貧乏（びんぼう）贫穷	布巾（ふきん）抹布	閉口（へいこう）为难	辟易（へきえき）感到为难
呆然（ぼうぜん）茫然	褒美（ほうび）奖励	干物（ひもの）晒干的鱼	ほとり 畔
炎（ほのお）火焰	本音（ほんね）真心话	本場（ほんば）发源地	

[ま]

真上（まうえ）正上方	前売（まえうり）预售	前置き（まえおき）绪论	真心（まごころ）真心
真下（ました）正下方	股（また）裤裆	待合せ（まちあわせ）约会	真っ二つ（まっぷたつ）两半儿
まと 靶子，目标	纏まり（まとまり）统一，解决	纏め（まとめ）总结，归纳	招き（まねき）招待

打造实力方案 名词

瞬き 眨眼	眉 眉毛	鞠 球	丸ごと 整个
真ん前 正面	見合い 相亲	幹 树干	見込み 预料
岬 岬,海角	微塵 微尘	水気 水汽,水分	見せ物 杂耍
溝 水沟	身近 身边	道順 路线	見積もり 估价
見通し 前景	源 根源	身なり 装束	峰 山峰
身の上 身世,境遇	身の回り 日常生活,身边(衣物)		見晴れ 眺望
身振り 姿势	都 首都	未練 恋恋不舍	民宿 家庭旅馆
無口 沉默寡言	婿 女婿	無邪気 天真	結び 打结
斑 斑驳	群 群	目方 重量	恵み 恩惠
目付き 眼神	目処 目标	目盛り (计器上的)刻度	申し込み 申请
申し出 申请,提议	申し分 主张	目論見 计划,意图	持ち切り 维持,集中
目下 眼下	物好き 好奇心	股・腿 大腿	

[や]

役職 任务,职务	役場 办事处	屋敷 建筑用地,住宅	奴 家伙
闇 黑暗,黑市	夕暮れ 黄昏	夕焼け 晚霞	ゆとり 余地
弓 弓	横綱 超群	善し悪し 善恶	余所見 左顾右盼
夜更かし 熬夜	夜更け 深夜		

[ら]

理屈 道理	利子 利息	利息 利息	了解 理解,谅解
了承 知道,晓得	連中 伙伴,一伙人		

[わ]

脇 腋下,旁边	枠 框	技 技术	渡り鳥 候鸟
詫び 道歉	和風 日式	和文 日语文章	藁 稻草
割 比率	割り当て 分配	悪者 坏人	我 我,自身

打造实力方案 名词

近义词

没頭	专心致志 — 専念	一心一意
陽気	开朗 — 快活	快活 / 明朗 明朗
形見	遗物 — 遺品	遗物
企画	企划 — 画策	策划
大望	宏愿 — 念願	心愿
筆記	笔记 — 記述	记述
正確	正确 — 的確	准确
無事	太平无事 — 息災	安然无恙
消息	消息 — 音信	消息, 音信 / 便り 消息, 音信
発達	发展 — 進歩	进步
準備	准备 — 用意	准备
基礎	基础 — 根底	根底, 基础
了解	谅解, 理解 — 許諾	允许
経験	经历 — 体験	体验
傑作	杰作 — 名作	名作
疑問	疑问 — 疑念	怀疑
心配	担心 — 懸念	担忧
宿命	宿命 — 運命	命运
損益	损益 — 損失	损失
応答	应答 — 返事	回复
合点	认可 — 納得	同意
普遍	普遍 — 一般	一般
知己	相识的人 — 知人	熟人
賛成	赞成 — 同意	同意
美点	优点 — 長所	长处
傍観	旁观 — 座視	坐视
会話	会话 — 対談	对话
覚悟	觉悟 — 決心	决心
断続	间断 — 中断	中断
疑惑	疑惑 — 不信	不相信
克明	认真仔细 — 入念	精心, 周到
落胆	沮丧 — 失望	失望
秀才	优秀的人物 — 俊秀	佼佼者
思慮	考虑 — 分別	辨别力
生涯	生涯 — 一生	一生
性格	性格 — 気質	气质
安全	安全 — 無事	平安
倹約	节省 — 節約	节约
好意	善意 — 親切	亲切
理性	理性 — 知性	知性
沈着	沉着 — 冷静	冷静
模範	模范 — 手本	榜样
欠点	缺点 — 短所	短处
貯蓄	储蓄 — 貯金	存款
自然	自然 — 天然	天然
防衛	防御 — 守備	防备
軽薄	轻佻 — 浅薄	浅薄
承諾	承诺 — 承認	承认
未了	未了 — 未完	未完
封建	封建 — 独裁	独裁
活用	有效利用 — 利用	利用
是非	是非 — 善悪	善恶

打造实力方案　　名词

構想（こうそう）	构想 — 企画（きかく）	企划
実情（じつじょう）	实情 — 実体（じったい）	实质
英才（えいさい）	英才 — 秀才（しゅうさい）	秀才
適応（てきおう）	适应 — 順応（じゅんのう）	顺应
阻止（そし）	阻止 — 防止（ぼうし）	防止
景観（けいかん）	景观 — 風景（ふうけい）	风景
普通（ふつう）	普通 — 平凡（へいぼん）	平凡
機敏（きびん）	机敏 — 敏速（びんそく）	灵敏，敏捷
要点（ようてん）	要点 — 眼目（がんもく）	重点，要点
気質（きしつ）	气质 — 性向（せいこう）	性情
発覚（はっかく）	暴露 — 露見（ろけん）	败露
質素（しっそ）	朴素 — 質実（しつじつ）	质朴
旧暦（きゅうれき）	农历 — 陰暦（いんれき）	阴历
互角（ごかく）	势均力敌 — 対等（たいとう）	对等
風説（ふうせつ）	谣言 — 風聞（ふうぶん）	风传
道徳（どうとく）	道德 — 道義（どうぎ）	道义
盛況（せいきょう）	盛况 — 活況（かっきょう）	兴隆
団結（だんけつ）	团结 — 結束（けっそく）	团结
衰退（すいたい）	衰退 — 衰微（すいび）	衰弱
計画（けいかく）	计划 — 企図（きと）	企图
後退（こうたい）	后退 — 退歩（たいほ）	退步
粗筋（あらすじ）	梗概，概要 — 概要（がいよう）	概要
違算（いさん）	计划错误,估计错误 — 誤算（ごさん）	误算
起用（きよう）	任用 — 登用（とうよう）	录用
異同（いどう）	不同，差异 — 相違（そうい）	差异
覚悟（かくご）	觉悟 — 決心（けっしん）	决心

首席（しゅせき）	首席 — 筆頭（ひっとう）　第一名
手段（しゅだん）	手段 — 方法（ほうほう）　方法

文字/词汇

语法

实战模拟测试

名词

カタカナ

[ア]

アイロン(iron) 熨斗
アクセント(accent) 语调
アプローチ(approach) 研究
アルミ(alumi) 铝
アンケート(enquete) 民意调查
イコール(equal) 等号
インターナショナル(international) 国际
インタビュー(interview) 采访
インフォメーション(information) 信息
ウール(wool) 羊毛
エアメール(air mail) 航空邮件
エネルギー(energy) 能量
エレガント(elegant) 优雅的
オートメーション(automation) 自动化装置
オーバー/オーバーコート(over/over coat) 夸张/外套

アクセル(accelerator) 加速器,加速装置
アップ(up) 提高
アルバム(album) 影集
アワー(hour) 时间
アンコール(encore) (要求)重演
インターチェンジ(interchange) 高速公路的出入口
インターフォン(interphone) 内线电话(机)
インテリ(intelligentsiya) 知识分子
ウーマン(woman) 女人
ウエートレス(waitress) 女服务员
エチケット(etiquette) 礼仪
エプロン(apron) 围裙
オーケストラ(orchestra) 管弦乐
オートマチック(automatic) 自动
オリエンテーション(orientation) 新人教育

[カ]

カーテン(curtain) 窗帘
ガソリン(gasoline) 汽油
カット(cut) 切
カバー(cover) 覆盖
ガラス(glas 네덜란드어) 玻璃
ガレージ(garage) 车库
カンニング(cunning) (考试时)作弊
キャプテン(captain) 首领,主任
ギャング(gang) 暴力团

カーブ(curve) 弯曲
ガソリンスタンド(gasoline stand) 汽油加油站
カテゴリー(category) 范畴
カムバック(come back) 恢复原有地位
カルテ(karte) 病历(卡)
カロリー(calorie) 热量
キャッチ(catch) 捕捉
キャリア(career) 履历
キャンパス(campus) (大学的)校园

打造实力方案　　名词

キャンプ(camp)　帐篷
クーラー(cooler)　冷气设备,冷气
クリーニング(cleaning)　洗涤
クレーン(crane)　起重机
ゲスト(guest)　客人
コード(code)　条例,章程
コーラス(chorus)　合唱队,合唱
コップ(kop 네덜란드어)　玻璃杯,杯
コミュニケーション(communication)　交流
コレクション(collection)　搜集,收藏
コンクリート(concrete)　混凝土
コントラスト(contrast)　对比,对照

クイズ(quiz)　猜谜
グランド(grand)　盛大,运动场
グレー(gray)　灰色
ケース(case)　箱子,事例,情况
コース(course)　路线
コーナー(corner)　角,隅
コック(cook)　厨师
コマーシャル(commercial)　广告
コメント(comment)　评论
コンクール(concours)　竞赛会
コンセント(concentric plug)　插座
コンパス(compass)　圆规,指南针

[サ]

サークル(circle)　同好者的团体,同好会
サンダル(sandal)　凉鞋
シーツ(sheet)　床单
シート(seat, sheet)　座席,薄片,(棒球)防守位置
ジーパン(『ジーンズ(jeans)』와「パンツ(pants)」)　牛仔裤
ジーンズ(jeans)　牛仔裤
シック(chic)　时髦(漂亮)样子
シャツ(shirt)　衬衣
ジャンパー(jumper)　跳跃者
ジャンル(genre)　种类,体裁,流派
スーツ(suit)　西服(套装)
スープ(soup)　汤
スカーフ(scarf)　围巾
スタジオ(studio)　工作室

サンキュー(thank you)　谢谢
サンプル(sample)　样品

ジェット機(jet plane)　喷气式飞机
ジャーナリスト(journalist)　记者,编辑
シャッター(shutter)　(照相机的)快门
ジャンボ(jumbo)　巨无霸
ショック(shock)　打击
スーツケース(suitcase)　旅行用手提式衣箱
スカート(skirt)　裙子
スケジュール(schedule)　日程表,程序表
スタンド(stand)　看台

文字/词汇

语法

实战模拟测试

打造实力方案　　名词

スチーム(steam)　暖气,蒸汽
スチュワーデス(stewardess)　空中小姐
ストーブ(stove)　火炉,暖炉
ストッキング(stocking)　长筒袜
ストライキ/スト(strike)　（棒球）打击,罢工
ストロー(straw)　吸管,(吸饮料等的)麦管
ストロボ(strobe)　闪光放电管,频闪观测器
スプーン(spoon)　汤匙
スプリング(spring)　弹簧
スペース(space)　空间
スマート(smart)　潇洒,漂亮
スライド(slide)　幻灯
スラックス(slacks)　女裤
スリッパ(slipper)　拖鞋
セクション(section)　部分,栏
ゼミ(seminar)　讨论会
セメント(cement)　水泥
ゼリー(jelly)　果冻
セレモニー(ceremony)　典礼,仪式(儀式)
センス(sense)　感觉
ソース(sauce)　沙司
ソックス(socks)　短袜
ソファー(sofa)　沙发

[タ]

ダース(dozen)　打儿,十二个
タイトル(title)　职称,标题
タイプライター(typewriter)　打字机
タイマー(timer)　记秒表,定时器
タイミング(timing)　时机
タイムリー(timely)　适时,及时
ダイヤ/ダイヤグラム(diagram)　图表,行车时刻表
ダイヤル(dial)　表盘
ダンプ(dump)　翻斗车
チーム(team)　组
チームワーク(team work)　配合
チップ(chip)　小费
チャイム(chime)　组钟
チャンネル(channel)　频道
チョーク(chalk)　粉笔
ティッシュペーパー(tissue paper)　化妆纸
テーマ(theme)　题目,主题
デコレーション(decoration)　装饰
デッサン(dessin)　草图
デモ(demo)　示威
テレックス(neckless)　用户直通电报
テンポ(tempo)　拍子
トーン(tone)　音调,色调
トップ(top)　首位,一流
ドライバー(driver)　司机
ドライブイン(drive in)　设在公路旁可开进汽车的饭店,商店,电影院

打造实力方案　　名词

トラブル(trouble)　纠纷,烦恼
ドリル(drill)　钻头

トランジスター(transistor)　晶体管
トレーニング(training)　培训

[ナ]

ナイター(nighter)　夜战,夜间比赛
ナンセンス(nonsense)　无聊
ニュアンス(nuance)　语感,韵味
ネガ　负片,底片,原版
ノイローゼ(neurose)　神经衰弱

ナプキン(napkin)　餐巾
ナンバー(number)　数字,号码
ニュー(new)　新
ネックレス(neckless)　项链

[ハ]

バー(bar)　酒吧
パーティー(party)　聚会
ハイキング(hiking)　郊游
バス(bath)　浴室
バック(back)　背景,后背
バッテリー(battery)　电池
バランス(balance)　平衡,均衡
ハンカチ(handkerchief)　手帕
ハンサム(handsome)　美男子
ビールス(= ウイルス)(virus)　病毒
ビル(bill)　大楼,账单
ファイト(fight)　搏斗,斗争
ファン(fan)　迷,风扇
フィルム(film)　胶卷
ブーム(boom)　热潮
フェリー(ferry)　渡轮(船的种类)
フォーム(form)　形式

パーセント(percent)　百分率
パート(part)　部分
パイロット(pilot)　飞行员
パターン(pattern)　模型
バッジ(badge)　徽章
パトカー(patrol car)　巡逻车,警车
ハンガー(hanger)　西服挂,衣架
パンク(punk)　破裂
パンツ(pants)　裤子
ピストル(pistol)　手枪,枪
ピン(pin)　别针,针
ファスナー(fastener)　拉链
フィルター(filter)　文件夹
ブーツ(boots)　长筒皮靴
プール(pool)　游泳池
フォーク(fork)　叉子
ブザー(buzzer)　信号器

文字/词汇

语法

实战
模拟测试

打造实力方案　　名词

ブラシ(brush) 刷子
プラスチック(plastic) 塑胶
プラン(plan) 计划,方案
ブルー(blue) 青蓝色
ブローチ(proteam) 别针
ペア(pair) 双,对,副
ボイコット(boycott) 联合抵制
ポジション(position) 地位,职位
ポスト(post) 邮筒
ポット(pot) 壶,罐

プラス(plus) 加号
プラットフォーム(platform) 站台
フリー(free) 免费,自由
ブレーキ(brake) 制动器
フロント(front) 正面,前面
ベテラン(veteran) 老练者
ホール(hole) 大厅,孔
ポスター(poster) 广告画
ボタン(button) 纽扣
ポンプ(pump) 泵

[マ]

マーク(mark) 符号,标记
マスター(master) 长,老板,硕士
マフラー(muffler) 围巾
マンション(mansion) 高级公寓
ミス(miss, mistake) 失误,失败
ミリ(メートル)(milli meter) 毫米
メーカー(maker) 制造商,厂商
メディア(media) 媒介
モダン(modern) 现代,时髦

マスコミ(mass communication 的缩略语) 大众媒体
マッチ(match) 火柴
マラソン(marathon) 马拉松
ミシン(sewing machine) 缝纫机
ミスプリント(misprint) 印刷错误
ムード(mood) 气氛
メッセージ(message) 信息
メンバー(member) 成员
モノレール(monorail) 单轨铁路

[ヤ]

ヤング(young) 年轻人,年轻
ユニーク(unique) 独特
ヨーロッパ(Europe) 欧洲

ユーモア(humour) 幽默
ユニフォーム(uniform) 制服
ヨット(yacht) 游艇

打造实力方案　　名词

[ラ]

- ライス(rice)　米,饭
- ラッシュアワー(rush hour)　上下班高峰
- ランニング(running)　慢跑,跑步
- リズム(rhythm)　节奏
- ルーズ(loose)　松懈,散漫
- レース(race)　花边,比赛
- レジャー(leisure)　休闲
- レベル(level)　水平,水准
- ロープウェイ(ropeway)　索道,缆车
- ロッカー(locker)　保险柜

- ライター(writer)　作家,撰稿人
- ラベル(label)　标签,商标
- リード(lead)　领导
- リットル(liter)　公升
- ルール(rule)　规则
- レギュラー(regular)　有规则的,正式的
- レバー(lever)　杠杆,控制杆
- レントゲン(roentgen)　X光
- ロープ(rope)　粗绳,缆

[ワ]

- ワイシャツ(Y-shirt)　长袖衬衫
- ワット(watt)　瓦特

- ワイン(wine)　洋酒,葡萄酒
- ワンピース(one piece)　连衣裙

模拟习题——名词

問題1 ＿＿＿の言葉の読み方として最もよいものを、1・2・3・4から一つ選びなさい。

1 汚れた花の蜜より人工の<u>蜂蜜</u>のほうが健康にいいと思う。
　① はちみつ　　② むしみつ　　③ ほうみつ　　④ ぼうみつ

2 昔の人は竹の<u>筒</u>を水筒として使ったりした。
　① ひび　　② つつ　　③ どぶ　　④ つゆ

3 会社は不景気のため、退職を<u>勧奨</u>した。
　① けんしょう　　② けんじょう　　③ かんしょう　　④ かんじょう

4 <u>執権</u>政治についてのレポートが出された。
　① しっけん　　② しゅうけん　　③ しゅつけん　　④ しゅっけん

5 総理は外相を<u>更迭</u>した。
　① けいてつ　　② こうじつ　　③ こうしつ　　④ こうてつ

6 <u>倅</u>は父親と十数年振りに一緒に風呂に入った。
　① こよみ　　② くさり　　③ なまり　　④ せがれ

解析方案——名词

模拟习题

問題1 ＿＿＿の言葉の読み方として最もよいものを、1・2・3・4から一つ選びなさい。

问题1 请从1・2・3・4中选出画线词语的读音正确的一项。

1 汚れた花の蜜より人工の<u>蜂蜜</u>のほうが健康にいいと思う。
　① はちみつ　② むしみつ
　③ ほうみつ　④ ぼうみつ

1 我认为比起受到污染的花蜜，人工蜂蜜更有益健康。
答案　① 蜂蜜 蜂蜜
词汇　汚れる 污染　蜜 蜜　人工 人工　健康 健康

2 昔の人は竹の<u>筒</u>を水筒として使ったりした。
　① ひび　② つつ
　③ どぶ　④ つゆ

2 过去人们还曾经用竹筒当水筒来使用。
答案　② 筒 筒
词汇　昔 过去　竹 竹子　水筒 水筒　使う 使用　ひび 裂纹　どぶ 水沟　露 露水

3 会社は不景気のため、退職を<u>勧奨</u>した。
　① けんしょう　② けんじょう
　③ かんしょう　④ かんじょう

3 由于不景气，公司建议离职。
答案　③ 勧奨 建议
词汇　会社 公司　不景気 不景气　退職 离职

4 <u>執権</u>政治についてのレポートが出された。
　① しっけん　② しゅうけん
　③ しゅつけん　④ しゅっけん

4 关于当权政治的报告已出炉。
答案　① 執権 掌权，当权
词汇　政治 政治　～について 关于……　レポート 报告

5 総理は外相を<u>更迭</u>した。
　① けいてつ　② こうじつ
　③ こうしつ　④ こうてつ

5 总理更换了外务部长官。
答案　④ 更迭 更换
词汇　総理 总理　外相 外务部长官

6 <u>倅</u>は父親と十数年振りに一緒に風呂に入った。
　① こよみ　② くさり
　③ なまり　④ せがれ

6 相隔数十年后，儿子与爸爸一起洗了澡。
答案　④ 倅 儿子
词汇　父親 父亲　十数年 数十年　～振りに 相隔……　一緒に 一起　風呂に入る 洗澡　暦 日历　鎖 锁链　鉛 铅

模拟习题——名词

模拟习题

問題2 (　　　)に入れるのに最もよいものを、1・2・3・4から一つ選びなさい。

7　他者を(　　　)させるには武力よりやっぱり知恵でしょう。
　　① 窮屈　　　　② 退屈　　　　③ 屈折　　　　④ 屈服

8　健診を受けたが、(　　　)検査をする必要があると言われた。
　　① 厳重　　　　② 精密　　　　③ 厳密　　　　④ 過密

9　膝を立てて食事をしたら、(　　　)が悪いよと母に注意された。
　　① 行儀　　　　② 儀式　　　　③ 儀礼　　　　④ 儀典

10　公海上で鯨を(　　　)している国は日本以外にもあるだろう。
　　① 獲得　　　　② 獲物　　　　③ 捕獲　　　　④ 濫獲

11　取引上に、(　　　)的地位を不当に利用する企業もたくさんある。
　　① 優先　　　　② 優美　　　　③ 厳密　　　　④ 優越

12　一回会った相手に対して勝手な(　　　)で判断してはいけない。
　　① 憶説　　　　② 憶測　　　　③ 記憶　　　　④ 追憶

13　地方自治の(　　　)選挙権は、住民票を移してから3ヶ月経過しないと得ることができません。
　　① 獲　　　　　② 得　　　　　③ 被　　　　　④ 背

解析方案——名词

模拟习题

問題2 （ ）に入れるのに最もよいものを、1・2・3・4から一つ選びなさい。

問題2 请从1・2・3・4中选出最恰当的一项填入（ ）中。

7 他者を（ ）させるには武力よりやっぱり知恵でしょう。
① 窮屈　② 退屈
③ 屈折　④ 屈服

7 要想让他人屈服，比起武力，还是该用智慧吧。
答案 ④ 屈服 折服，屈服
词汇 他者 他人　武力 武力　知恵 智慧　窮屈 狭窄　退屈 无聊　屈折 折射

8 健診を受けたが、（ ）検査をする必要があると言われた。
① 厳重　② 精密
③ 厳密　④ 過密

8 虽然接受了体检，但被告知有必要进行细致的检查。
答案 ② 精密 细致
词汇 健診 体检　検査 检查　厳重 严重　厳密 严密　過密 过密

9 膝を立てて食事をしたら、（ ）が悪いよと母に注意された。
① 行儀　② 儀式
③ 儀礼　④ 儀典

9 因为跷起腿来吃饭，被妈妈批评没礼貌。
答案 ① 行儀 礼貌
词汇 膝 膝盖　立てる 支起　注意 批评　儀式 仪式　儀礼 礼仪　儀典 仪式

10 公海上で鯨を（ ）している国は日本以外にもあるだろう。
① 獲得　② 獲物
③ 捕獲　④ 濫獲

10 除了日本，应该还有其他在公海上捕获鲸鱼的国家。
答案 ③ 捕獲 捕获
词汇 公海上 公海上　鯨 鲸鱼　以外 以外　獲得 获得　獲物 猎物　濫獲 滥捕

11 取引上に、（ ）的地位を不当に利用する企業もたくさんある。
① 優先　② 優美
③ 厳密　④ 優越

11 也有很多在交易时非法利用优越地位的企业。
答案 ④ 優越 优越
词汇 取引上 交易　地位 地位　不当に 非法　利用 利用　企業 企业　優先 优先　優美 优美

12 一回会った相手に対して勝手な（ ）で判断してはいけない。
① 憶説　② 憶測
③ 記憶　④ 追憶

12 对只见过一面的对方，随便进行臆测并下结论是不可取的。
答案 ② 憶測 臆测
词汇 相手 对方　～に対して 对于……　勝手 随便　判断 判断　憶説 假说　記憶 记忆　追憶 追忆

13 地方自治の（ ）選挙権は、住民票を移してから3ヶ月経過しないと得ることができません。
① 獲　② 得
③ 被　④ 背

13 居民卡转卡后不到3个月的，不能获得地方自治的被选举权。
答案 ③ 被選挙権 被选举权
词汇 地方 地方　自治 自治　住民票 居民卡　移す 转移　経過 经过　得る 获得

模拟习题——名词

問題3 ＿＿＿の言葉に意味が最も近いものを、1・2・3・4から一つ選びなさい。

14 容疑者はとうとう犯行を<u>自白</u>した。
　　① 独白　　　　② 自供　　　　③ 断言　　　　④ 自立

15 法廷で傷害事件について<u>証言</u>することになった。
　　① 供給　　　　② 供述　　　　③ 愚痴　　　　④ 文句

16 国際<u>情勢</u>の変化にいち早く対応するため、インターネットを活用している。
　　① 情緒　　　　② 大勢　　　　③ 近況　　　　④ 状況

17 <u>誠意</u>が通じたのか、かたくなに拒否していた先方から相談に応じると言ってきた。
　　① 真心　　　　② 熱意　　　　③ 目盛　　　　④ 目方

18 <u>アンケート</u>は10分で終わりますので、お願いします。
　　① 調べ　　　　② 収集　　　　③ 加入　　　　④ 調達

19 誤解しないで。彼とはいとこの<u>間柄</u>だよ。
　　① 合間　　　　② 隙間　　　　③ 間隔　　　　④ 関係

解析方案——名词

模拟习题

問題3 ＿＿＿＿の言葉に意味が最も近いものを、1・2・3・4から一つ選びなさい。

问题3 请从1・2・3・4中选出与画线词语意义最接近的一项。

14 容疑者はとうとう犯行を<u>自白</u>した。
　① 独白　　② 自供
　③ 断言　　④ 自立

14 嫌疑犯最终坦白了罪行。
　答案　② 自白 坦白 / 自供 供认
　词汇　容疑者 嫌疑犯　とうとう 最终　犯行 罪行　独白 独白
　　　　断言 断言　自立 自立

15 法廷で傷害事件について<u>証言</u>することになった。
　① 供給　　② 供述
　③ 愚痴　　④ 文句

15 在法庭上为伤害事件作了证。
　答案　② 証言 作证 / 供述 口供
　词汇　法廷 法庭　傷害 伤害　事件 事件　供給 供给
　　　　愚痴 抱怨　文句 牢骚，不满

16 国際情勢の変化にいち早く対応するため、インターネットを活用している。
　① 情緒　　② 大勢
　③ 近況　　④ 状況

16 为了快速应对国际形势的变化，正在有效地利用互联网。
　答案　④ 情勢 形势 / 状況 状况
　词汇　国際 国际　変化 变化　いち早い 迅速　対応 应对
　　　　活用 有效地利用　情緒 情绪，情趣　大勢 一群人
　　　　近況 近况

17 <u>誠意</u>が通じたのか、かたくなに拒否していた先方から相談に応じると言ってきた。
　① 真心　　② 熱意
　③ 目盛　　④ 目方

17 也许是感受到了诚意，传来消息称曾固执地坚持反意见的对方答应进行磋商。
　答案　① 誠意 诚意 / 真心 真心
　词汇　通じる 理会　かたくなに 固执　拒否 否决　先方 对方
　　　　相談 磋商　応じる 答应　熱意 热心　目盛 刻度
　　　　目方 分量，重量

18 <u>アンケート</u>は10分で終わりますので、お願いします。
　① 調べ　　② 収集
　③ 加入　　④ 調達

18 问卷调查只需10分钟即可结束，所以拜托了。
　答案　① アンケート(enquete) 问卷调查 / 調べ 调查
　词汇　終わる 结束　収集 收集　加入 加入　調達 筹措

19 誤解しないで。彼とはいとこの<u>間柄</u>だよ。
　① 合間　　② 隙間
　③ 間隔　　④ 関係

19 不要误会。我和他是堂(表)兄弟关系。
　答案　④ 間柄 关系 / 関係 关系
　词汇　誤解 误会　いとこ 堂(表)兄弟　合間 闲暇　隙間 间隙
　　　　間隔 间隔

模拟习题——名词

問題4 次の言葉の使い方として最もよいものを、1・2・3・4から一つ選びなさい。

20 精密
① 精密検査の結果が出たので確認に行った。
② 政治家の問題行動はいつも精密注意で終わっているように思われる。
③ 彼の行為は精密に言えば詐欺でしょう。
④ 人口が増え、都市が精密するといろんな問題が出てくる。

21 活躍
① 脳を活躍に使用すると脳の動きがよくなるそうだ。
② 彼はいつも活躍にあふれていてうらやましいかぎりだ。
③ 彼の提案を新しい仕事に活躍することにした。
④ 山本選手の活躍のおかげで優勝を手にした。

22 更迭
① 携帯の機種更迭にはそんなにお金はかからないらしい。
② 非行少年を更迭させるため、いろんな人が努めている。
③ 専務は会社のお金を使い込んだとして更迭された。
④ パスポートの更迭期間が一週間も残ってない。

23 傾向
① 15度に傾向した坂を車が走り昇っている。
② 物価は減少の傾向を見せている。
③ 面接官の話には素直に傾向したほうがいい。
④ 精神世界に傾向してる人たちは言うことも変わっている。

24 うけもち
① この国は難民のうけもちの計画は全くないようだ。
② 図書館では図書のうけもちを一時停止した。
③ 池田先生は僕の3年生の時のうけもちの先生だった。
④ バイトはうまいうけもちで客に接しているので人気がある。

25 カテゴリー
① この音楽はどのカテゴリーにも属さない。
② スーツはカテゴリーにかけておいたほうがいいよ。
③ あの、すみません。試験のカテゴリーを教えてください。
④ その電車は東京カテゴリーに向かっている。

解析方案——名词

模拟习题

問題4 次の言葉の使い方として最もよいものを、1・2・3・4から一つ選びなさい。

问题4 请从1・2・3・4中选出与画线词语意义最接近的一项。

20 精密
　①精密検査の結果が出たので確認に行った。
　②政治家の問題行動はいつも精密注意で終わっているように思われる。
　③彼の行為は精密に言えば詐欺でしょう。
　④人口が増え、都市が精密するといろんな問題が出てくる。

20 答案 ① 精密 精细
　①精细检查的结果已经出来了，所以去确认一下。
　②我认为政客有问题的行为似乎总是以严重警告来收场。→ 厳重 严重
　③他的行为，严格来讲是欺诈吧？→ 厳密 严格
　④如果城市因人口增加而变得密度过高，就会出现各种问题。→ 過密 过密
　词汇　検査 检查　結果 结果　確認 确认　政治家 政客
　　　　行動 行为　注意 警告　行為 行为　詐欺 欺诈
　　　　人口 人口　増える 增加　都市 都市

21 活躍
　①脳を活躍に使用すると脳の動きがよくなるそうだ。
　②彼はいつも活躍にあふれていてうらやましいかぎりだ。
　③彼の提案を新しい仕事に活躍することにした。
　④山本選手の活躍のおかげで優勝を手にした。

21 答案 ④ 活躍 大显身手
　①据说灵活地使用大脑，可以促进大脑活动。→ 活発 灵活
　②他总是充满活力，非常令人羡慕。→ 活力 活力
　③决定将他的提案有效利用于新的工作上。→ 活用 有效利用
　④多亏山本选手大显身手，才获得了冠军。
　词汇　脳 大脑　使用 使用　動き 活动　あふれる 充满
　　　　～かぎりだ 非常……　提案 提案　選手 选手　優勝 获得冠军
　　　　手にする 取得，获得

22 更迭
　①携帯の機種更迭にはそんなにお金はかからないらしい。
　②非行少年を更迭させるため、いろんな人が努めている。
　③専務は会社のお金を使い込んだとして更迭された。
　④パスポートの更迭期間が一週間も残ってない。

22 答案 ③ 更迭 更换，调动
　①改换手机机型，好像不用花多少钱。→ 変更 改换
　②为使失足少年重新做人，很多人都在努力。→ 更生 重新做人
　③听说专务因为盗用公款而被调职了。
　④护照的更新期限仅剩一周。→ 更新 更新
　词汇　携帯 手机　機種 机型　非行 失足　少年 少年　努める 努力
　　　　専務 专务　使い込む 盗用　期間 期限　残る 剩

23 傾向
　①15度に傾向した坂を車が走り昇っている。
　②物価は減少の傾向を見せている。
　③面接官の話には素直に傾向したほうがいい。
　④精神世界に傾向してる人たちは言うことも変わっている。

23 答案 ② 傾向 倾向
　①汽车正行驶上15度的斜坡上。→ 傾斜 倾斜
　②物价呈现出下降的趋势。
　③最好老老实实地倾听面试官的话。→ 傾聴 倾听
　④热衷于精神世界的人连说话都与众不同。→ 傾倒 热衷
　词汇　坂 斜坡　走り昇る 驶上　物価 物价　減少 减少
　　　　面接官 面试官　素直 老实　精神 精神　世界 世界
　　　　変わる 变化，改变，与众不同

解析方案——名词　　模拟习题

24　うけもち
　①この国は難民のうけもちの計画は全くないようだ。
　②図書館では図書のうけもちを一時停止した。
　③池田先生は僕の3年生の時のうけもちの先生だった。
　④バイトはうまいうけもちで客に接しているので人気がある。

24　答案③ 受け持ち 主管，担任
　①这个国家似乎完全没有收容难民的计划。
　　→受け入れ 收容，收纳
　②图书馆暂停收纳图书。　→受け入れ 收纳，收容
　③池田老师是我3年级时的班主任。
　④实习生以接待客人应对出色，所以很受欢迎。
　　→受け答え 应酬，应对
　词汇　難民 难民　計画 计划　全く 完全　図書館 图书馆
　　　　一時 暂时　停止 停止　接する 接待　人気 受欢迎

25　カテゴリー
　①この音楽はどのカテゴリーにも属さない。
　②スーツはカテゴリーにかけておいたほうがいいよ。
　③あの、すみません。試験のカテゴリーを教えてください。
　④その電車は東京カテゴリーに向かっている。

25　答案① カテゴリー(category) 范畴
　①这音乐不属于任何范畴。
　②西装最好用衣架挂起来。→ハンガー 衣架
　③那个，不好意思。请告诉我考试范围吧。→範囲 范围
　④那辆电车开往东京方向。→方面 方向
　词汇　音楽 音乐　属す 属于　試験 考试　向かう 去往，面向

模拟习题——名词

模拟习题

問題1 ＿＿＿の言葉の読み方として最もよいものを、1・2・3・4から一つ選びなさい。

1 ここからだと<u>峰</u>はよく見えないだろう。
　① むら　　　② みね　　　③ めど　　　④ やみ

2 <u>岬</u>の上から朝日が昇った。
　① みさき　　② とうげ　　③ あられ　　④ かわら

3 敵が本陣を<u>急襲</u>、占領しました。
　① きゅうりょう　② きゅうりゅう　③ きゅうしょう　④ きゅうしゅう

4 この陶器はうちの<u>重宝</u>である。
　① じゅうぼう　② じゅうほう　③ ちょうぼう　④ ちょうほう

5 殺人事件が<u>連鎖</u>して起きた。
　① れんさい　② れんさ　　③ れんせ　　④ れんす

6 伝統的な<u>団扇</u>を作るために、材料を買いに行った。
　① うちりん　② ないわ　　③ うちわ　　④ ないりん

解析方案——名词

模拟习题

問題1 ＿＿＿の言葉の読み方として最もよいものを、1・2・3・4から一つ選びなさい。

1　ここからだと峰はよく見えないだろう。
　　① むら　　　② みね
　　③ めど　　　④ やみ

2　岬の上から朝日が昇った。
　　① みさき　　② とうげ
　　③ あられ　　④ かわら

3　敵が本陣を急襲、占領しました。
　　① きゅうりょう　② きゅうりゅう
　　③ きゅうしょう　④ きゅうしゅう

4　この陶器はうちの重宝である。
　　① じゅうぼう　② じゅうほう
　　③ ちょうぼう　④ ちょうほう

5　殺人事件が連鎖して起きた。
　　① れんさい　　② れんさ
　　③ れんせ　　　④ れんす

6　伝統的な団扇を作るために、材料を買いに行った。
　　① うちりん　　② ないわ
　　③ うちわ　　　④ ないりん

問題1　请从1・2・3・4中选出画线词语的读音正确的一项。

1　如果从这里看的话，也许会看不清山峰。
　　答案　② 峰 山峰
　　词汇　斑 斑驳　目処 目标　闇 黑暗，黑市

2　旭日从海角升起。
　　答案　① 岬 海角
　　词汇　朝日 旭日　昇る 升起　峠 山顶，山巅　霰 霰子　瓦 瓦

3　敌人突然袭击并占领了大本营。
　　答案　④ 急襲 突然袭击
　　词汇　敵 敌人　本陣 大本营　占領 占领

4　这款瓷器是我们家的宝贝。
　　答案　④ 重宝 宝贝
　　词汇　陶器 陶瓷

5　发生了连环杀人事件。
　　答案　② 連鎖 连环
　　词汇　殺人 杀人　事件 事件　起きる 发生

6　为了制作传统团扇，买材料去了。
　　答案　③ 団扇 团扇
　　词汇　伝統的 传统的　作る 制作　材料 材料

模拟习题——名词

問題2 （　　　）に入れるのに最もよいものを、1・2・3・4から一つ選びなさい。

7　取引先の社長を拉致、（　　　）した事件が起きた。
　　① 監督　　　　② 監禁　　　　③ 監察　　　　④ 監視

8　賃貸マンションで、（　　　）時、畳は汚れの有無を問わず全面取り替えるのです。
　　① 棄却　　　　② 却下　　　　③ 返却　　　　④ 退却

9　最近（　　　）な人物が家の周りをうろついています。
　　① 不審　　　　② 不服　　　　③ 不当　　　　④ 不吉

10　私のうちにはパソコンが一台あって家族（　　　）なんです。
　　① 兼任　　　　② 兼業　　　　③ 兼用　　　　④ 兼職

11　弁護団は（　　　）な顔触れだった。
　　① 豪雨　　　　② 豪華　　　　③ 豪快　　　　④ 強豪

12　近所の人とは会えば（　　　）はするのですが、特にそれ以上深入りしたくないのです。
　　① 釈放　　　　② 解釈　　　　③ 釈然　　　　④ 会釈

13　入学式の女の子の服装は紺やグレーなど（　　　）な色が多かった。
　　① シック　　　② カルテ　　　③ ストーブ　　　④ ダイヤ

解析方案——名词

問題2 （　）に入れるのに最もよいものを、1・2・3・4から一つ選びなさい。

问题2 请从1・2・3・4中选出最适合填入（　）中的一项。

7. 取引先の社長を拉致、（　）した事件が起きた。
   ① 監督　　② 監禁
   ③ 監察　　④ 監視

7. 发生了绑架、监禁往来公司社长的事件。
   答案 ② 監禁 监禁
   词汇 取引先 往来公司　拉致 绑架　監督 监督　監察 监察
   監視 监视

8. 賃貸マンションで、（　）時、畳は汚れの有無を問わず全面取り替えるのです。
   ① 棄却　　② 却下
   ③ 返却　　④ 退却

8. 离开出租公寓时，无论榻榻米上是否有污垢，全部都要更换。
   答案 ④ 退却 退却，离开
   词汇 賃貸 出租　畳 榻榻米　汚れ 污垢　有無 有无
   ～を問わず 不论……　全面 全部　取り替える 更换，交换
   棄却 抛弃　却下 驳回　返却 退还

9. 最近（　）な人物が家の周りをうろついています。
   ① 不審　　② 不服
   ③ 不当　　④ 不吉

9. 最近有可疑的人在家附近徘徊。
   答案 ① 不審 可疑
   词汇 周り 附近　うろつく 徘徊　不服 不服从　不当 非法
   不吉 不吉利

10. 私のうちにはパソコンが一台あって家族（　）なんです。
    ① 兼任　　② 兼業
    ③ 兼用　　④ 兼職

10. 我家只有一台电脑，是全家共用的。
    答案 ③ 兼用 共用
    词汇 一台 一台　家族 家人　兼任 兼任　兼業 兼营
    兼職 兼职

11. 弁護団は（　）な顔触れだった。
    ① 豪雨　　② 豪華
    ③ 豪快　　④ 強豪

11. 律师团有着豪华的班底。
    答案 ② 豪華 豪华
    词汇 弁護団 律师团　顔触れ 班底　豪雨 暴雨　豪快 豪爽
    強豪 有势力的人

12. 近所の人とは会えば（　）はするのですが、特にそれ以上深入りしたくないのです。
    ① 釈放　　② 解釈
    ③ 釈然　　④ 会釈

12. 见到邻居会打招呼，但并不想有特别的更深的交往。
    答案 ④ 会釈 关心，打招呼
    词汇 近所 近邻　特に 特别　以上 以上　深入り 太接近
    釈放 释放　解釈 解释　釈然 释然

13. 入学式の女の子の服装は紺やグレーなど（　）な色が多かった。
    ① シック　　② カルテ
    ③ ストーブ　　④ ダイヤ

13. 入学仪式时，女生的服装颜色多为深蓝色或灰色等雅致的颜色。
    答案 ① シック(chic) 时髦，雅致
    词汇 入学式 入学仪式　服装 服装　紺 深蓝(色)
    グレー(gray) 灰色　カルテ(karte) 病历记录
    ストーブ(stove) 炉子，暖炉　ダイヤ 图表，列车时刻表

模拟习题——名词

問題3 ＿＿＿の言葉に意味が最も近いものを、1・2・3・4から一つ選びなさい。

14 <u>礼儀</u>を知らないやつはどこに行っても成功できない。
　① 儀式　　　② 作法　　　③ 犠牲　　　④ 造作

15 若手に伝統の酒造りの<u>秘伝</u>を授けたいけど、習おうとする者がいない。
　① 極意　　　② 極度　　　③ 神秘　　　④ 口伝

16 10時間の話し合いでついに紛争が<u>解決</u>した。
　① 段落　　　② 決定　　　③ 落着　　　④ 勘定

17 彼にはもともと作家としての<u>素地</u>があった。
　① 簡素　　　② 率直　　　③ 下地　　　④ 素直

18 その女性は<u>エレガント</u>な身のこなしでわれわれを案内してくれた。
　① 優秀　　　② 秀麗　　　③ 豪華　　　④ 優雅

19 7月なのに<u>いただき</u>にはまだ雪が残っていた。
　① 頂上　　　② 山腹　　　③ ふもと　　　④ 岸辺

解析方案——名词　　　模拟习题

問題3　＿＿の言葉に意味が最も近いものを、1・2・3・4から一つ選びなさい。

问题3　请从1・2・3・4中选出与画线词语意义最接近的一项。

14　礼儀を知らないやつはどこに行っても成功できない。
　　① 儀式　　　② 作法
　　③ 犠牲　　　④ 造作

14　不懂礼节的家伙到哪里都不会成功。
　　答案　② 礼儀 礼仪 / 作法 礼节
　　词汇　成功 成功　儀式 仪式　犠牲 牺牲　造作 辛苦，费事，麻烦

15　若手に伝統の酒造りの秘伝を授けたいけど、習おうとする者がいない。
　　① 極意　　　② 極度
　　③ 神秘　　　④ 口伝

15　想传授给年轻人传统的酿酒秘诀，可是没有人想学。
　　答案　① 秘伝 秘传 / 極意 秘诀
　　词汇　若手 年轻人　伝統 传统　酒造り 酿酒　授ける 传授　習う 学习　極度 极度　神秘 神秘　口伝 口授

16　10時間の話し合いでついに紛争が解決した。
　　① 段落　　　② 決定
　　③ 落着　　　④ 勘定

16　经过10个小时的协商，终于解决了纷争。
　　答案　③ 解決 解决 / 落着 了解
　　词汇　話し合い 商谈　ついに 终于　紛争 纷争　段落 段落　決定 决定　勘定 计算

17　彼にはもともと作家としての素地があった。
　　① 簡素　　　② 率直
　　③ 下地　　　④ 素直

17　他原本就有作家的素质。
　　答案　③ 素地 底子 / 下地 素质，素养，底子
　　词汇　作家 作家　簡素 简朴　率直 直率　素直だ 坦率，天真

18　その女性はエレガントな身のこなしでわれわれを案内してくれた。
　　① 優秀　　　② 秀麗
　　③ 豪華　　　④ 優雅

18　那位女性以优雅的姿态为我们做向导。
　　答案　④ エレガント(elegant) 优雅 / 優雅 优雅
　　词汇　女性 女性　身のこなし 姿态，姿势　案内 向导　優秀 优秀　秀麗 秀丽　豪華 豪华

19　7月なのにいただきにはまだ雪が残っていた。
　　① 頂上　　　② 山腹
　　③ ふもと　　④ 岸辺

19　7月的山顶上依然残留着雪。
　　答案　① いただき 山顶 / 頂上 山巅
　　词汇　雪 雪　残る 残留　山腹 山腰　ふもと 山脚　岸辺 海边，岸边

模拟习题——名词

問題4 次の言葉の使い方として最もよいものを、1・2・3・4から一つ選びなさい。

20 実情
① 私は男性に傷つけられたことがなく実情な人と付き合ってきました。
② 万が一のため会社の実情をある程度知っておきたい。
③ 監督は、この映画は原作の実情度が高いと言った。
④ 最近の新入社員はレベルが下がったと実情したことがあります。

21 連鎖
① 日本が取った連鎖政策は今の日本から見て正解ではないでしょう。
② 銀行の倒産で今後、預金連鎖が行われる可能性がある。
③ あくびは連鎖反応を起こすから不思議ですね。
④ 勤めている会社が不渡りで連鎖することになりました。

22 辞意
① 私は優柔不断で、相手に辞意を持って対応できない。
② 自分が善意で接すれば、必ず相手も辞意で返してくれる。
③ 企業は辞意があってフレッシュな学生を求める。
④ 先輩は体調不良を理由に辞意を表明したそうだ。

23 踏襲
① 軍隊は敵の踏襲で全滅してしまった。
② 新入社員は日本の風土上「前例踏襲」をまずは徹底しなければ組織で孤立する。
③ ロシアで外国人への踏襲が多発しているそうだが、それこそ人種差別でしょう。
④ 日本の天皇の地位は踏襲制であります。

24 おもむき
① 京都の知的で落ち着いたおもむきのある庭が楽しめます。
② この店にはおもむきなインテリア家具がたくさんそろっている。
③ 銀行のおもむき側に大きなデパートがあります。
④ 電車の中ででかい声でおもむきする人がいました。

25 インテリ
① 教師としての10年のインテリがあります。
② あなたの考えるインテリな人というのはどういう人ですか。
③ 店の室内のインテリのため、業者を呼んだ。
④ インテリを積むために外国へ留学に行った。

解析方案——名词

問題4 次の言葉の使い方として最もよいものを、1・2・3・4から一つ選びなさい。

问题4 请从1・2・3・4中选出下列单词用法最准确的一项。

20 実情
① 私は男性に傷つけられたことがなく実情な人と付き合ってきました。
② 万が一のため会社の実情をある程度知っておきたい。
③ 監督は、この映画は原作の実情度が高いと言った。
④ 最近の新入社員はレベルが下がったと実情したことがあります。

20 答案 ② 実情 实际情况
① 我一直以来都与诚实的人交往，没有被男性伤害过。→ 誠実 诚实
② 为了以防万一，想对公司的实际情况进行一定的了解。
③ 导演曾表示这部电影对原著的忠实程度很高。→ 忠実 忠实
④ 确实感觉到最近的新进职员水平有所下降。→ 実感 确实感觉到
词汇 男性 男性 傷つける 受伤 付き合う 交往 万が一 万一
程度 程度 監督 导演 原作 原著 新入社員 新进职员
下がる 下降

21 連鎖
① 日本が取った連鎖政策は今の日本から見て正解ではないでしょう。
② 銀行の倒産で今後、預金連鎖が行われる可能性がある。
③ あくびは連鎖反応を起こすから不思議ですね。
④ 勤めている会社が不渡りで連鎖することになりました。

21 答案 ③ 連鎖 连锁
① 从当前日本的立场来看，日本所采取的锁国政策是不可取的。
→ 鎖国 锁国
② 由于银行破产，今后有可能实施存款封锁。→ 封鎖 封锁
③ 哈欠会引起连锁反应，真是不可思议。
④ (某某)就职的公司由于拒绝承兑而被迫关闭。→ 閉鎖 关闭
词汇 政策 政策 正解 答案 倒産 破产 今後 今后
預金 存款 行う 实施 可能性 可能性 あくび 哈欠
反応 反应 起こす 引起 不思議 不可思议 勤める 工作
不渡り 拒付（票据）

22 辞意
① 私は優柔不断で、相手に辞意を持って対応できない。
② 自分が善意で接すれば、必ず相手も辞意で返してくれる。
③ 企業は辞意があってフレッシュな学生を求める。
④ 先輩は体調不良を理由に辞意を表明したそうだ。

22 答案 ④ 辞意 辞职意图
① 优柔寡断的我无法用诚意对待对方。→ 誠意 诚意
② 自己善意对待对方，对方也一定会善意予以回报。
→ 善意 善意
③ 企业需要有热情又有新鲜感的学生。→ 熱意 热情
④ 听说师兄是因身体状态不好而表明了辞职意图。
词汇 優柔不断 优柔寡断 相手 对方 対応 应对 接する 对待
必ず 一定 返す 回报 企業 企业 求める 需要
先輩 前辈 体調 健康状态 不良 不好 理由 理由
表明 表明

23 踏襲
① 軍隊は敵の踏襲で全滅してしまった。
② 新入社員は日本の風土上「前例踏襲」をまずは徹底しなければ組織で孤立する。
③ ロシアで外国人への踏襲が多発しているそうだが、それこそ人種差別でしょう。
④ 日本の天皇の地位は踏襲制であります。

23 答案 ② 踏襲 沿用
① 由于敌人的突然袭击，部队全军覆没了。→ 急襲 突然袭击
② 新进职员如果在日本风土方面不先彻底"沿用旧例"，将会在组织中受到孤立。
③ 听说俄罗斯经常发生袭击外国人的事件，恐怕那就是所谓的种族歧视吧。
→ 襲撃 袭击
④ 日本天皇的地位为世袭制。→ 世襲 世袭
词汇 軍隊 部队 全滅 全军覆没 風土 风土方面 前例 旧例
徹底 彻底 組織 组织 孤立 孤立 外国人 外国人
多発 经常发生 人種差別 种族歧视 地位 地位

解题方案——名词　　　　　　　　　模拟习题

24 おもむき
① 京都の知的で落ち着いた<u>おもむき</u>のある庭が楽しめます。
② この店には<u>おもむき</u>なインテリア家具がたくさんそろっている。
③ 銀行の<u>おもむき</u>側に大きなデパートがあります。
④ 電車の中ででかい声で<u>おもむき</u>する人がいました。

25 インテリ
① 教師としての10年の<u>インテリ</u>があります。
② あなたの考える<u>インテリ</u>な人というのはどういう人ですか。
③ 店の室内の<u>インテリ</u>のため、業者を呼んだ。
④ <u>インテリ</u>を積むために外国へ留学に行った。

24 答案① 趣 情趣，韵味
① 可以欣赏京都那充满智慧和沉静韵味的庭院。
② 这家店里有很多漂亮的室内装饰家具。
　　→ おしゃれ 漂亮，装扮
③ 银行对面有很大的百货商店。→ 向かい 对面
④ 电车内有大声闲谈的人。→ おしゃべり 闲谈，喋喋不休
词汇　知的 智慧的　落ち着く 沉静，稳定　庭 庭院　楽しむ 欣赏
　　　家具 家具　そろう 齐备　でかい 大的　声 声音

25 答案② インテリ(intelligentsiya) 知识分子
① 具有10年从教经历。→ キャリア 经历
② 在你看来知识分子是什么样的人？
③ 为了店铺的室内装饰叫了从业人员。→ インテリア 室内装饰
④ 为了丰富经历，去国外留学。→ キャリア 经历
词汇　教师 教师　室内 室内　业者 从业人员　積む 积累
　　　留学 留学

打造实力方案　　い形容詞

- □ あくどい 恶毒，讨厌
  → あくどいやり方で勝ったのでだれもその勝利を認めてくれなかった。
  因为是通过恶毒的手段夺取的胜利，所以没有人认可。

- □ 浅ましい 哭笑不得
  → 友だちには浅ましい競争意識が強くて子どもにも勝とうとしている。
  朋友有着令人哭笑不得的强烈的竞争意识，甚至连对方是孩子也都要赢。

- □ 呆気ない 没劲的，没意思的
  → 嘘のような嘘であってほしいというか、人の死って呆気ないね。
  也许希望谎言能像个谎言吧。人的死亡其实是挺没劲的。

- □ 荒っぽい 粗暴，粗野
  → 彼女の普段の言葉は男っぽいし、荒っぽいのでたまに驚くこともあった。
  她平时说话很像男人，很粗野，所以偶尔也会被吓到。

- □ 慌しい 忙碌，慌忙
  → クリスマス会や忘年会といろいろ行事も多く、これから慌しい毎日になることでしょう。
  圣诞聚会，年终联欢会等各种活动越来越多，所以今后的每一天都会很忙碌。

- □ 著しい 显著，明显
  → 最近、青少年の犯罪率が著しくなってきた。
  最近，青少年的犯罪率明显上升。

- □ 卑しい 卑微的，贪婪的
  → 人のために、自己犠牲できない浅ましく卑しい自分に失望した。
  对无法为他人做出自我牺牲的、可怜而又卑微的自己感到失望。

- □ いやらしい 不正经，下流
  → 友だちは女子学生にいやらしいことを言う。
  朋友对女学生说了不正经的话。

- □ うっとうしい 阴郁，郁闷
  → うっとうしい天気が一週間も続いている。
  阴郁的天气竟然持续了一周。

- □ おっかない 可怕，令人害怕
  → ぼくの従来のおっかないイメージを少しでも改善しようと笑顔の練習をした。
  为了多少改善一下我过去留下的可怕印象，进行了微笑练习。

- □ 夥しい 大量，无数
  → 戦争は終わったが、夥しい人の命が失われてしまった。
  战争虽然已经结束，可很多人却失去了生命。

- □ 決まり悪い 难为情，不好意思
  → みんなの前で恥をかかされて決まり悪かった。
  在众人面前丢了脸，所以感到很难为情。

- □ くすぐったい 痒痒，难为情
  → 何でもないことで、みんなの前で褒められてくすぐったい。
  因为微不足道的事情而受到表扬，感到很难为情。

打造实力方案　　い形容词

- **くどい**（颜色，味道等）过于浓重，冗长，乏味
  → 私はこういうくどい色は好きじゃない。
  我不喜欢这种过于浓重的颜色。

- **汚らわしい** 肮脏，卑鄙
  → あんな汚らわしい人は名前を聞くだけで気分が悪くなる。
  那种卑鄙的人，就连听到名字都令人感到不快。

- **心強い** 意志坚强的
  → 心強い仲間たちのおかげで、危機を乗り越えることができた。
  多亏有意志坚强的同事，才得以度过危机。

- **心細い** 孤独，心中不安
  → 心細い一人旅だが、得られるものがたくさんあるだろう。
  虽然是孤独的单人旅行，但也许会收获到很多。

- **快い** 愉快，爽快
  → 嬉しいことに、彼は頼みを快く引き受けてくれました。
  令人高兴的是，他爽快地答应了我的请求。

- **好ましい** 令人满意，令人喜欢
  → 好ましい人間関係づくりについての講演があった。
  曾有过关于建立良好人际关系的讲座。

- **騒がしい**（＝騒々しい）嘈杂，喧闹
  → 周りが騒がしくてはっきり聞こえないから、もっと大きい声で言ってください。
  周围很嘈杂，所以无法听清楚，请您再大点声说话。

- **しつこい** 执拗，纠缠不休
  → あの男は彼女にしつこく付きまとっている。
  那男人一直对她纠缠不休。

- **渋い** 涩，涩味，吝啬，古雅
  → 彼ほど金に渋いやつは見たこともない。
  从没见过像他那样吝啬的家伙。

- **しぶとい** 顽强，纠缠不休，倔强
  → 受験生の息子は最後までしぶとく頑張った。
  儿子身为考生，坚持到了最后。

- **清々しい** 清爽，爽快
  → 朝の清々しい空気を胸いっぱい吸い込んだ。
  深深地吸入了早晨清爽的空气。

- **すばしこい** 灵敏，（行动）敏捷
  → 鳥はすばしこい生き物で、人の気配を感じるとさっと飛び去る。
  因为鸟是行动敏捷的动物，所以一有动静就会马上飞走。

- **素早い** 快速
  → このサイトからは全てのことを素早く検索できます。
  在该网站可以快速检索到所有事情。

- **そっけない** 冷淡，无情
  → 彼女は相変わらずそっけない態度で電話に出た。
  她依旧用冷淡的态度接了电话。

- **逞しい** 魁梧，强壮
  → 長男は明るく逞しい子に育てようと夫と話し合った。
  和老公商量着要把大儿子培养成开朗而又强壮的孩子。

打造实力方案　　い形容词

- □ たやすい 容易，轻易
  → 全国大会で予選通過は決してたやすいことではない。
  在全国大会的预选中获得通过绝非易事。

- □ だらしない 散漫，没规矩
  → あいまいな方針しか出せない会社側がだらしないと思った。
  觉得只会提出模棱两可方案的公司很没规矩。

- □ だるい 浑身乏力，慵懒的
  → 風邪でもないのに、一昨日あたりからずっと体がだるい。
  并没有感冒，可大概从前天开始就一直觉得浑身乏力。

- □ 尊い 珍贵，宝贵
  → 戦争は、お互いに尊い命を奪うとんでもないことだ。
  战争是夺取彼此宝贵生命的荒唐之举。

- □ 乏しい 缺乏，缺少
  → 不況なので危機感の乏しい社員を首にした。
  由于经济不景气，解雇了缺乏危机感的职员。

- □ 情け無い 悲惨，可悲
  → 友だちが大変なのに何もできない自分が情け無い。
  朋友有难处，可我却无能为力，觉得这样的自己很可悲。

- □ 情け深い 仁慈
  → おばあちゃんはかわいそうな人を見逃さず、情け深い人だ。
  奶奶是仁慈的人，不会对可怜的人视若无睹。

- □ 名高い 闻名
  → バンコクにはアジア最大のインターナショナル空港として名高い空港がある。
  曼谷有个亚洲最大的著名的国际机场。

- □ 何気ない 无意，泰然自若
  → 店員に水をこぼされたのに何気ない様子で座っていた。
  被店员撒了水，却依然泰然自若地坐着。

- □ 生臭い 腥，不守规矩
  → 海から生臭い風が吹いてきたが、これこそ港の匂いだと思った。
  虽然从海上吹来了带着腥味的风，可我却认为这才是港口的味道。

- □ 生温い 马马虎虎，不够彻底
  → あんな生温いやり方ではだめだ。もっとはっきりしなさい。
  那种马马虎虎的方法是不可以的。请干得再彻底些。

- □ 悩ましい 苦恼，烦恼，痛苦
  → 給料は少ないのに税金は多いというのは悩ましいことだ。
  工资少而税金多是件令人苦恼的事情。

- □ 馴れ馴れしい 亲密无间，自来熟
  → 初対面なのにこんな馴れ馴れしい人はどうでしょうか。
  初次见面就这样自来熟的人，你觉得怎么样？

- □ 鈍い 迟钝，迟缓
  → 責任が怖くて決断の鈍い部長は上司としての資格がない。
  由于害怕负责任而不能当机立断的部长，不具备作为上司的资格。

打造实力方案　　い形容词

- 温い 微温，温和
  → そんな温い態度は何だ？男らしくはっきり決めろ。
  那样温和的态度算什么？像个男人一样痛快决定吧。

- 望ましい 最好，最理想的
  → けんかせずに話し合いで解決することが望ましい。
  不要吵架，最好是通过对话来解决。

- 儚い 虚幻，不可靠
  → 若者の間では現状を把握せずに儚い夢をみるものが多いらしい。
  年轻人中似乎有很多人都做着不切实际的虚幻的梦。

- 捗々しい 进展顺利，满意
  → 今年は輸出不振で捗々しい成果があがっていない。
  今年由于出口萎缩，未能取得令人满意的成果。

- 華々しい 华丽，灿烂
  → 華々しい活躍をしながら、不運にも試合で敗れてしまうこともある。
  有时虽然在比赛中能大显身手，但也会不幸输掉比赛。

- 紛らわしい 容易混淆，不易分辨
  → 当社の新製品のデザインは他社のと紛らわしい。
  我公司新产品的设计容易与其他公司的混淆。

- 待ち遠しい 翘首企盼
  → また再会できる日を待ち遠しく思っている。
  翘首企盼重逢之日。

- 真ん丸い 溜圆，非常圆
  → 真ん丸い月が出てくると、みんな願い事をした。
  圆圆的月亮一升起来，大家便许起了愿望。

- 見苦しい 难看，不体面
  → そんな身なりでは見苦しいから着替えてよ。
  那样的打扮很难看，所以快换下来吧！

- みすぼらしい 寒碜，破旧
  → みすぼらしい家だが、家族みんなは幸せです。
  家虽然很破旧，但是家人都很幸福。

- 空しい 徒劳无益，白费
  → 意見が多くて結論が出せなかった。空しい論議をした。
  由于意见过多无法得出结论，进行的讨论无功而返。

- 物足りない 美中不足，不能令人十分满意，不够充分
  → すべてよかったが、物足りなかったのは酒を用意してくれなかったことだ。
  都很好，可美中不足的是没有准备酒水。

- 脆い 脆弱，不坚强，多愁善感
  → 普通女性は雰囲気に脆いというが、彼女はそうではないらしい。
  普通女性都多愁善感，可她似乎并不那样。

- ややこしい 复杂，难办
  → 上司の指示どおりにすると問題はややこしくなるだろう。
  按照上司的指示去做，也许问题会变得很复杂。

文字/词汇

语法

实战模拟测试

打造实力方案　　い形容词

- □ 欲深い 贪得无厌
  → 弟は何と言うか食に関しては欲深いです。

  说弟弟什么好呢，对于吃的总是没有够。

- □ 煩わしい 麻烦，烦人
  → 思春期の子どもは親の忠告を煩わしく思っているらしい。

  青春期的孩子似乎觉得父母的忠告很烦人。

模拟习题——い形容词

問題1 ＿＿＿の言葉の読み方として最もよいものを、1・2・3・4から一つ選びなさい。

1 データをもとにして書類を作成するのが苦手で<u>煩わしかった</u>。
① まぎらわしかった　　② こがらわしかった
③ けがらわしかった　　④ わずらわしかった

2 工事の進み方が<u>捗々しく</u>ない。
① こうごうしく　② はなばなしく　③ はかばかしく　④ そうぞうしく

3 詩人は桜は<u>儚い</u>ものだと例えた。
① はかない　② あえない　③ あきない　④ いとけない

4 旦那は自分を置いて実家に帰ったりすることを<u>快く</u>思わないようだ。
① いろよく　② いさぎよく　③ きもちよく　④ こころよく

5 年末も近くなり、いろいろ<u>慌しく</u>なるので、引越しは年明けにすることにした。
① いかめしく　② いたわしく　③ いぶかしく　④ あわただしく

6 今までコンピュータは<u>著しい</u>発展を遂げてきた。
① うるわしい　② おぞましい　③ いちじるしい　④ おろかしい

解析方案——い形容词

模拟习题

問題1 ＿＿＿の言葉の読み方として最もよいものを、1・2・3・4から一つ選びなさい。

问题1 请从1·2·3·4中选出画线词语的读音正确的一项。

1 データをもとにして書類を作成するのが苦手で煩わしかった。
① まぎらわしかった
② こがらわしかった
③ けがらわしかった
④ わずらわしかった

1 由于不擅长根据数据制作文件，所以感到很烦。
答案 ④ 煩わしい 麻烦，烦人
词汇 ～をもとにして 根据……，以……为基础　書類 文件
作成 制作　苦手だ 不擅长
紛らわしい 不易分辨，容易混淆　汚らわしい 污秽，肮脏

2 工事の進み方が捗々しくない。
① こうごうしく　② はなばなしく
③ はかばかしく　④ そうぞうしく

2 工程进行得不顺利。
答案 ③ 捗々しい 满意，进展顺利
词汇 工事 工程　進み方 进行方法　神々しい 神圣，庄严
華々しい 华丽，灿烂　騒々しい 嘈杂

3 詩人は桜は儚いものだと例えた。
① はかない　② あえない
③ あきない　④ いとけない

3 诗人比喻樱花是无常的。
答案 ① 儚い 虚幻，无常
词汇 詩人 诗人　桜 樱花　例える 举例　敢ない 可悲，令人失望　商い 买卖，生意　稚い 年幼，幼稚

4 旦那は自分を置いて実家に帰ったりすることを快く思わないようだ。
① いろよく　② いさぎよく
③ きもちよく　④ こころよく

4 丈夫似乎对我留下他回娘家什么的感到很不满意。
答案 ④ 快い 满意，爽快
词汇 旦那 丈夫　置く 留下，放下　実家 娘家，本家
色好い 令人满意的，符合心意的　潔い 清白，纯洁

5 年末も近くなり、いろいろ慌しくなるので、引越しは年明けにすることにした。
① いかめしく　② いたわしく
③ いぶかしく　④ あわただしく

5 也快到年末了，加上要忙于这样那样的事情，所以决定年初再搬家。
答案 ④ 慌しい 匆忙，不稳定
词汇 年末 年末　引越し 搬家　年明け 年初
厳めしい 威严，厉害
労しい 可怜，悲惨　訝しい 愚蠢，糊涂

6 今までコンピュータは著しい発展を遂げてきた。
① うるわしい　② おぞましい
③ いちじるしい　④ おろかしい

6 截至目前，电脑取得了显著的发展。
答案 ③ 著しい 显著，明显
词汇 発展 发展　遂げる 达到　麗しい 美丽，优美
鈍しい 讨厌，令人厌烦　愚かしい 愚蠢，糊涂

模拟习题——い形容詞

模拟习题

問題2 （　　）に入れるのに最もよいものを、1・2・3・4から一つ選びなさい。

7　トイレに行ってきて、手も洗わずにご飯を食べるなんて、（　　）人だ。
　　① きまりわるい　　② でかい　　③ しぶい　　④ けがらわしい

8　彼は今、会社では上司に叱られ、恋人には誤解され、（　　）毎日を送っている。
　　① けがらわしい　　② いやらしい　　③ なやましい　　④ たやすい

9　池田さんは女性の胸のところばかりジロジロ見る本当に（　　）男だ。
　　① よくぶかい　　② はなばなしい　　③ みぐるしい　　④ いやらしい

10　大学卒業後、サークルの人と会わなくなってから（　　）。
　　① すばしこい　　② ひさしい　　③ たやすい　　④ けむたい

11　食欲の季節。いくら食べても（　　）感じるのは、なぜだろうか。
　　① しぶとく　　② なさけなく　　③ まぎらわしく　　④ ものたりなく

12　新人の派手な演技と玄人の（　　）演技がうまくかみ合って、その演劇はすばらしい作品となった。
　　① でかい　　② だるい　　③ しぶい　　④ ひらたい

13　受験に失敗して日本の大学進学の夢は、（　　）消えてしまった。
　　① いちじるしく　　② はかなく　　③ めざましい　　④ こころぼそく

解析方案——い形容词　模拟习题

問題2 （　）に入れるのに最もよいものを、1・2・3・4から一つ選びなさい。

7　トイレに行ってきて、手も洗わずにご飯を食べるなんて、（　）人だ。
　①きまりわるい　　②でかい
　③しぶい　　　　　④けがらわしい

8　彼は今、会社では上司に叱られ、恋人には誤解され、（　）毎日を送っている。
　①けがらわしい　　②いやらしい
　③なやましい　　　④たやすい

9　池田さんは女性の胸のところばかりジロジロ見る本当に（　）男だ。
　①よくぶかい　　　②はなばなしい
　③みぐるしい　　　④いやらしい

10　大学卒業後、サークルの人と会わなくなってから（　）。
　①すばしこい　　　②ひさしい
　③たやすい　　　　④けむたい

11　食欲の季節。いくら食べても（　）感じるのは、なぜだろうか。
　①しぶとく　　　　②なさけなく
　③まぎらわしく　　④ものたりなく

12　新人の派手な演技と玄人の（　）演技がうまくかみ合って、その演劇はすばらしい作品となった。
　①でかい　　　　②だるい
　③しぶい　　　　④ひらたい

13　受験に失敗して日本の大学進学の夢は、（　）消えてしまった。
　①いちじるしく　　②はかなく
　③めざましい　　　④こころぼそく

問題2 请从1·2·3·4中选出最恰当的一项填入（　）中。

7　听说那人去过卫生间之后连手都不洗就吃饭，真是<u>不干净</u>。
　答案　④けがらわしい　不干净，肮脏
　词汇　洗う　洗　～なんて　说是……　決まり悪い　害羞，难为情
　　　　でかい　好大的　渋い　涩，苦

8　他现在每天都过着既受公司的上司责骂，又被恋人误解的<u>苦闷</u>日子。
　答案　③悩ましい　苦闷
　词汇　上司　上司　叱る　责骂　恋人　恋人　誤解　误解　送る
　　　　いやらしい　讨厌，下作　たやすい　轻易的，容易的

9　池田只会盯着女人胸部看，真是个<u>下流</u>男人。
　答案　④いやらしい　讨厌，下流
　词汇　女性　女性　胸　胸部　ジロジロ　盯着看　欲深い　贪得无厌
　　　　華々しい　华丽，灿烂　見苦しい　难看

10　大学毕业后，与课外活动小组的人<u>好久</u>都没有见面了。
　答案　②久しい　好久，许久
　词汇　大学　大学　卒業後　毕业后　すばしこい　敏捷
　　　　煙たい　呛人，不易亲近

11　食欲旺盛的季节，为什么怎么吃都觉得<u>美中不足</u>呢?
　答案　④物足りない　不能令人十分满意，美中不足，不够充分
　词汇　食欲　食欲　季節　季节　感じる　感觉　しぶとい　顽固，倔强
　　　　情け無い　令人遗憾　紛らわしい　容易混淆

12　新人华丽的表演和行家<u>老练</u>的演技相得益彰，使这部戏剧成为优秀的作品。
　答案　③渋い　涩，吝啬，老练，细腻
　词汇　新人　新人　派手だ　华丽　演技　演技　玄人　行家
　　　　かみ合う　吻合　作品　作品　だるい　慵懒　平たい　平坦

13　升学考试失败使得升入日本大学的梦想<u>虚幻</u>地破灭了。
　答案　②儚い　虚幻，变化无常
　词汇　受験　应试　失敗　失败　進学　升学　夢　梦　消える　消失
　　　　著しい　显著　めざましい　异常显著　心細い　惴惴不安

模拟习题——い形容词

問題3 ＿＿＿の言葉に意味が最も近いものを、1・2・3・4から一つ選びなさい。

14 その弁護士は、依頼人の悩みはさておき、お金しか知らない<u>あくどい</u>奴だ。
　① 迅速な　　② 鋭敏な　　③ 悪質な　　④ 露骨な

15 私は中国語を勉強して1年になりますが、最近進歩が<u>いちじるしくなった</u>気がします。
　① 悪くなった　　② 目立った　　③ やり遂げた　　④ 目覚めた

16 私は人間の感情の中で最も汚く<u>いやしい</u>感情は嫉妬だと思います。
　① 厄介な　　② 高貴な　　③ 質素な　　④ 下品な

17 最近、<u>しつこい</u>迷惑メールに悩まされています。
　① 頻繁な　　② 厄介な　　③ 多様な　　④ 緊迫な

18 歯を磨くのがいやなので、子供は大人たちの間を<u>すばしこく</u>逃げ回った。
　① 敏速に　　② 快速に　　③ 急速に　　④ 特急に

19 自分の職業を給料で決めるなんて、なんと<u>あさましい</u>ことか。
　① 不当な　　② 残酷な　　③ 軽薄な　　④ 巧妙な

解析方案——い形容詞

問題3 _____の言葉に意味が最も近いものを、1・2・3・4から一つ選びなさい。

14 その弁護士は、依頼人の悩みはさておき、お金しか知らない<u>あくどい</u>奴だ。
　① 迅速な　　② 鋭敏な
　③ 悪質な　　④ 露骨な

15 私は中国語を勉強して1年になりますが、最近進歩が<u>いちじるしく</u>なった気がします。
　① 悪くなった　② 目立った
　③ やり遂げた　④ 目覚めた

16 私は人間の感情の中で最も汚く<u>いやしい</u>感情は嫉妬だと思います。
　① 厄介な　　② 高貴な
　③ 質素な　　④ 下品な

17 最近、<u>しつこい</u>迷惑メールに悩まされています。
　① 頻繁な　　② 厄介な
　③ 多様な　　④ 緊迫な

18 歯を磨くのがいやなので、子供は大人たちの間を<u>すばしこく</u>逃げ回った。
　① 敏速に　　② 快速に
　③ 急速に　　④ 特急に

19 自分の職業を給料で決めるなんて、なんと<u>あさましい</u>ことか。
　① 不当な　　② 残酷な
　③ 軽薄な　　④ 巧妙な

问题3 请从1・2・3・4中选出与画线词语意义最接近的一项。

14 该辩护律师是不顾委托人的苦恼而只认钱的<u>卑鄙</u>家伙。
　答案 ③ あくどい 讨厌，恶毒，卑鄙 / 悪質だ 恶劣
　词汇 弁護士 辩护律师　依頼人 委托人　悩み 苦恼
　　　～はさておき 抛开……　奴 家伙　迅速だ 迅速
　　　鋭敏だ 敏锐　露骨だ 露骨

15 我学习中文已有1年，可最近才感觉到实力有<u>明显</u>提高。
　答案 ② 著しい 显著，明显 / 目立つ 引人注目
　词汇 最近 最近　進歩 进步　やり遂げる 达成　目覚める 睡醒

16 我认为人类情感中最肮脏、最卑鄙的感情就是嫉妒。
　答案 ④ 卑しい 卑微，下贱 / 下品だ 卑鄙，下贱
　词汇 感情 感情　最も 最　汚い 肮脏　嫉妬 嫉妒
　　　厄介だ 麻烦　高貴だ 高贵　質素だ 朴素

17 最近正在为<u>讨厌</u>的垃圾邮件而苦恼。
　答案 ② しつこい 讨厌，纠缠不休 / 厄介 麻烦，难对付
　词汇 迷惑メール 垃圾邮件　頻繁 频繁　多様 多种多样
　　　緊迫 紧迫

18 因为不愿意刷牙，孩子<u>敏捷</u>地在大人之间跑来跑去。
　答案 ① すばしこい（行动）敏捷，利落 / 敏速だ 敏捷
　词汇 歯 牙齿　磨く 刷　大人 大人　逃げ回る 乱跑
　　　快速 快速　急速 急速　特急 特快

19 用薪水来决定自己的职业，难道不是件<u>荒唐</u>的事情吗？
　答案 ③ 浅ましい 荒唐 / 軽薄 轻薄
　词汇 職業 职业　決める 决定　～なんて ……之类的
　　　不当 非法　残酷 残酷　巧妙 巧妙

模拟习题——い形容词

問題4 次の言葉の使い方として最もよいものを、1・2・3・4から一つ選びなさい。

20 くすぐったい
① ちょっと字が下手でくすぐったいです。
② 大人がそんなことをして、くすぐったいと思わないのか。
③ 苦手な歌を歌わされてくすぐったい。
④ 少しの親切で丁寧にお礼を言われてくすぐったい感じがした。

21 おっかない
① 女性一人の夜道の歩きはおっかない。
② 恋愛の手紙を送ったのにおっかない返事にがっかりした。
③ 彼女は僕の誘いをおっかない態度で断った。
④ 決勝戦はおっかない勝負がついてしまった。

22 うっとうしい
① うっとうしい責任を負わせて逃げたい気持ちばかりです。
② こんなうっとうしい荷物は一人では運べない。
③ 伸ばしかけのうっとうしい前髪を切った。
④ 大地震によって神戸はうっとうしい被害を受けた。

23 こころぼそい
① 雨に打たれてたたずんでいるこころぼそい犬が目の前にいた。
② 大事な仕事なのに、彼が手伝ってくれないなんて、こころぼそいかぎりだ。
③ いつもあいつに先を越されてこころぼそい思いをしてきた。
④ 一言も反論できない自分がこころぼそい。

24 しぶとい
① アメリカの選手はしぶとく先頭集団にくっついている。
② この肉はしぶとくて歯の弱い僕には食べられない。
③ このガラスはしぶとくてあまり割れないそうです。
④ 合格はしぶといから心配しなくてもいいです。

25 たやすい
① そういう彼の心境は想像にたやすくない。
② 全国で50チームも参加するので優勝するのはたやすいものではない。
③ 不景気なのでたやすい結婚式を挙げるつもりです。
④ 共稼ぎなので朝はいつもたやすい食事で済ましている。

解析方案——い形容詞　　模擬習題

問題4 次の言葉の使い方として最もよいものを、1・2・3・4から一つ選びなさい。

20 くすぐったい
① ちょっと字が下手で<u>くすぐったい</u>です。
② 大人がそんなことをして、<u>くすぐったい</u>と思わないのか。
③ 苦手な歌を歌わされて<u>くすぐったい</u>。
④ 少しの親切で丁寧にお礼を言われて<u>くすぐったい</u>感じがした。

21 おっかない
① 女性一人の夜道の歩きは<u>おっかない</u>。
② 恋愛の手紙を送ったのに<u>おっかない</u>返事にがっかりした。
③ 彼女は僕の誘いを<u>おっかない</u>態度で断った。
④ 決勝戦は<u>おっかない</u>勝負がついてしまった。

22 うっとうしい
① <u>うっとうしい</u>責任を負わせて逃げたい気持ちばかりです。
② こんな<u>うっとうしい</u>荷物は一人では運べない。
③ 伸ばしかけの<u>うっとうしい</u>前髪を切った。
④ 大地震によって神戸は<u>うっとうしい</u>被害を受けた。

23 こころぼそい
① 雨に打たれてたたずんでいる<u>こころぼそい</u>犬が目の前にいた。
② 大事な仕事なのに、彼が手伝ってくれないなんて、<u>こころぼそい</u>かぎりだ。
③ いつもあいつに先を越されて<u>こころぼそい</u>思いをしてきた。
④ 一言も反論できない自分が<u>こころぼそい</u>。

问题4　请从1・2・3・4中选出下列词语的使用方法最恰当的一项。

20 答案 ④ くすぐったい 难为情，不好意思
① 字写得有些拙劣，所以感到很惭愧。→ 恥ずかしい 惭愧
② 大人居然会做出这种事情，不觉得惭愧吗？→ 恥ずかしい 惭愧
③ 唱了不擅长的歌曲，所以很不自在。→ 照れる 不自在
④ 一点好意却换来恭敬的回礼，感到很难为情。
词汇 字 字　大人 大人　苦手だ 不擅长
　　丁寧 恭恭敬敬，亲切　お礼 回礼

21 答案 ① おっかない 可怕，令人提心吊胆
① 女人独自走夜路，令人提心吊胆。
② 寄出的情书换来了无情的回复，感到心灰意冷。
　→ そっけない 冷淡，无情
③ 她用冷淡的态度拒绝了我的诱惑。→ そっけない 冷淡，无情
④ 决赛很没意思地决出了胜负。→ あっけない 没劲，没意思
词汇 女性 女性　夜道 夜路　恋愛 恋爱　返事 回复
　　がっかりする 失望　誘い 邀请，诱惑，伙伴　態度 态度
　　断る 拒绝　決勝戦 决赛　勝負がつく 一决胜负

22 答案 ③ うっとうしい 郁闷，碍事
① 由于肩负的责任过重，一心只想逃离。→ 過重だ 过重
② 这么重的货物一个人无法搬运。→ 重い 重
③ 剪掉了没留起来的碍事的刘海儿。
④ 因为大地震，神户遭受了很严重的灾害。→ 甚だしい 严重
词汇 責任を負う 肩负责任　逃げる 逃离　荷物 货物
　　運ぶ 搬运　伸ばす 留　动词ます型+かけ 动作未完而中断
　　大地震 大地震　被害 遭灾

23 答案 ② 心細い 惴惴不安，心中没底
① 眼前有只伫立在雨中略显凄凉的小狗。→ 寂し気だ 凄凉
② 事情重大，他却不帮忙，真令我惴惴不安。
③ 总被那个家伙超前，真令人气愤。→ 悔しい 委屈，令人气愤
④ 觉得连一句反驳的话都说不出的自己很没出息。
　→ 情けない 没出息，令人遗憾
词汇 雨に打たれる 被雨淋　たたずむ 伫立
　　～かぎりだ ……极了　先 先　越す 超过　一言 一句
　　反論 反驳

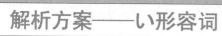

解析方案——い形容词

24 しぶとい
① アメリカの選手は<u>しぶとく</u>先頭集団にくっついている。
② この肉は<u>しぶとくて</u>歯の弱い僕には食べられない。
③ このガラスは<u>しぶとくて</u>あまり割れないそうです。
④ 合格は<u>しぶとい</u>から心配しなくてもいいです。

25 たやすい
① そういう彼の心境は想像に<u>たやすく</u>ない。
② 全国で50チームも参加するので優勝するのは<u>たやすい</u>ものではない。
③ 不景気なので<u>たやすい</u>結婚式を挙げるつもりです。
④ 共稼ぎなので朝はいつも<u>たやすい</u>食事で済ましている。

24 答案 ① しぶとい 顽强，顽固，坚韧
① 美国选手顽强地紧跟着先头部队。
② 我的牙齿不好，不能吃这么艮的肉。→ 堅い 艮
③ 听说这个玻璃很坚固不易破碎。→ 堅い 坚固
④ 确定无疑已经合格，所以不必再担心了。→ 堅い 确定无疑
词汇 選手 选手 先頭 先头 集団 集团
くっつく 紧跟着，紧随着 肉 肉 割れる 破碎
合格 合格 心配 担心

25 答案 ② たやすい 容易，轻易
① 不难想象他的那种心境。→ 〜にかたくない 不难……
② 全国有50多个小组参加比赛，因此取得冠军并非易事。
③ 因为不景气，所以想举行简朴的婚礼。→ 簡素だ 简朴
④ 因为是双职工，所以每天早餐总是简单地对付。
→ 手軽だ 简单，简便
词汇 心境 心境 想像 想象 全国 全国 参加 参加
優勝 取得冠军 不景気 不景气 結婚式 结婚仪式
挙げる 举行 共稼ぎ 双职工 食事 饮食
済ます 对付，做完

模拟习题——い形容词

模拟习题

問題1 _____の言葉の読み方として最もよいものを、1・2・3・4から一つ選びなさい。

1 お金はピカピカ光っている美しいものなのに汚らわしいと言われる。
　　① わずらわしい　　② まぎらわしい　　③ こがらわしい　　④ けがらわしい

2 人の失敗を期待してしまう、卑しい自分をどうにかしたい。
　　① いやしい　　② さかしい　　③ せわしい　　④ つましい

3 清々しい青空を満喫しながら道路を走った。
　　① かいがいしい　　② かどかどしい　　③ くだくだしい　　④ すがすがしい

4 夫婦ゲンカの素早い解決法は一方が譲ることでしょう。
　　① すはやい　　② すばやい　　③ そはやい　　④ そばやい

5 筋肉の筋が見えるような逞しい体がほしいのです。
　　① たくましい　　② かぐわしい　　③ けたたましい　　④ つつましい

6 他人との会話が苦手な人、会話が乏しい人って不幸だと思う。
　　① ひとしい　　② ひさしい　　③ とぼしい　　④ こいしい

解析方案——い形容詞　模拟习题

問題1　＿＿＿の言葉の読み方として最もよいものを、1・2・3・4から一つ選びなさい。

1　お金はピカピカ光っている美しいものなのに汚らわしいと言われる。
　①わずらわしい　　②まぎらわしい
　③こがらわしい　　④けがらわしい

2　人の失敗を期待してしまう、卑しい自分をどうにかしたい。
　①いやしい　　②さかしい
　③せわしい　　④つましい

3　清々しい青空を満喫しながら道路を走った。
　①かいがいしい　　②かどかどしい
　③くだくだしい　　④すがすがしい

4　夫婦ゲンカの素早い解決法は一方が譲ることでしょう。
　①すはやい　　②すばやい
　③そはやい　　④そばやい

5　筋肉の筋が見えるような逞しい体がほしいのです。
　①たくましい　　②かぐわしい
　③けたたましい　　④つつましい

6　他人との会話が苦手な人、会話が乏しい人って不幸だと思う。
　①ひとしい　　②ひさしい
　③とぼしい　　④こいしい

問題1　请从1・2・3・4中选出画线词语的读音正确的一项。

1　钱虽然是闪闪发光的漂亮东西，但也会被说成是肮脏的。
　答案　④ 汚らわしい 肮脏，污秽
　词汇　光る 发光　煩わしい 腻烦，繁琐　紛らわしい 混淆

2　想为盼着别人失败的卑鄙的自己做点什么。
　答案　① 卑しい 卑鄙，卑劣
　词汇　失敗 失败　期待 期待　賢しい 聪明，精明
　　　　忙しい 繁忙，无暇　倹しい 节俭，朴素

3　享受着湛蓝的天空带来的清爽感受，奔跑在道路上。
　答案　④ 清々しい 凉爽，清爽
　词汇　青空 湛蓝的天空　満喫 享受　甲斐甲斐しい 勤快
　　　　角々しい 生硬，不圆滑　くだくだしい 冗长，累赘

4　夫妻吵架最快速的解决方法就是一方让步。
　答案　② 素早い 快速，（处理或应对能力）迅速
　词汇　夫婦 夫妻　解決法 解决方法　一方 一方　譲る 让步

5　希望拥有肌腱发达的健壮身体。
　答案　① 逞しい 健壮，强壮
　词汇　筋肉 肌肉　筋 筋　体 身体　芳しい 芳香
　　　　けたたましい 喧嚣　慎ましい 谦虚，文静，彬彬有礼

6　我认为不善于与他人对话，缺乏交流的人是不幸的。
　答案　③ 乏しい 缺少，不足
　词汇　他人 他人　会話 谈话，对话　苦手 不善于　不幸 不幸
　　　　等しい 相同　久しい 许久　恋しい 眷恋

模拟习题――い形容词 模拟习题

問題 2 （　　　）に入れるのに最もよいものを、1・2・3・4から一つ選びなさい。

7 自分なりに一生懸命やったし、合格発表の日が今から（　　　）。
① まちどおしい　　② ひさしい　　③ なやましい　　④ くすぐったい

8 温泉で有名な別府市は、歴史にも（　　　）観光の名所である。
① なれなれしい　　② なだかい　　③ よくぶかい　　④ なさけぶかい

9 誕生日にもらった新しい靴を履いたら、足の裏が（　　　）。
① くすぐったかった　　② すばしこかった
③ とぼしかった　　④ もろかった

10 去年に比べ、物価の上昇率は（　　　）アップした。
① すばしこく　　② いちじるしく　　③ すばやく　　④ あらっぽく

11 いつも時間に厳しい岡本さんが遅刻した。彼は（　　　）な表情をしていた。
① きまりわるそう　　② そっけなさそう
③ うっとうしそう　　④ ものたりなさそう

12 みんなには昨日のことは話さない方がいいよ。問題解決どころか、（　　　）なるだけだから。
① はかなく　　② ややこしく　　③ けがらわしく　　④ こころよく

13 私は日本留学を通じて、母国では決して得られないであろう（　　　）経験を積むことができた。
① みすぼらしい　　② やすっぽい　　③ とうとい　　④ なだかい

解析方案——い形容词

模拟习题

問題 2 （　）に入れるのに最もよいものを、1・2・3・4から一つ選びなさい。

7　自分なりに一生懸命やったし、合格発表の日が今から（　）。
　①まちどおしい　②ひさしい
　③なやましい　　④くすぐったい

8　温泉で有名な別府市は、歴史にも（　）観光の名所である。
　①なれなれしい　②なだかい
　③よくぶかい　　④なさけぶかい

9　誕生日にもらった新しい靴を履いたら、足の裏が（　）。
　①くすぐったかった
　②すばしこかった
　③とぼしかった
　④もろかった

10　去年に比べ、物価の上昇率は（　）アップした。
　①すばしこく　　②いちじるしく
　③すばやく　　　④あらっぽく

11　いつも時間に厳しい岡本さんが遅刻した。彼は（　）な表情をしていた。
　①きまりわるそう
　②そっけなさそう
　③うっとうしそう
　④ものたりなさそう

12　みんなには昨日のことは話さない方がいいよ。問題解決どころか、（　）なるだけだから。
　①はかなく　　　②ややこしく
　③けがわらしく　④こころよく

13　私は日本留学を通じて、母国では決して得られないであろう（　）経験を積むことができた。
　①みすぼらしい　②やすっぽい
　③とうとい　　　④なだかい

問題 2 请从1・2・3・4中选出最恰当的一项填入（　）中。

7　我已经竭尽了全力，现在就开始盼望着公布及格的日子了。
　答案　①待ち遠しい　盼望
　词汇　～なりに……那样　一生懸命 努力　合格 及格　発表 公布
　　　　久しい 许久　悩ましい 苦恼　くすぐったい 痒痒

8　因温泉而闻名的别府市，历来就是著名的旅游胜地。
　答案　②名高い　著名
　词汇　温泉 温泉　歴史 历史　観光 观光　名所 名胜
　　　　馴れ馴れしい 过分亲昵
　　　　欲深い 贪得无厌　情け深い 热心肠

9　穿上生日时收到的新鞋，感觉脚底痒痒的。
　答案　①くすぐったい　痒痒，难为情
　词汇　誕生日 生日　靴 鞋　履く 穿　足の裏 足底
　　　　すばしこい 敏捷　乏しい 不足　脆い 脆，脆弱，没有耐力

10　与去年相比，物价上涨幅度明显提高。
　答案　②著しい　显著，明显
　词汇　去年 去年　比べる 比较　物価 物价　上昇率 上涨幅度
　　　　素早い 麻利，敏捷　荒っぽい 粗暴

11　一向守时的冈本先生迟到了。于是他露出了不好意思的表情。
　答案　①決まり悪い　磨不开，不好意思
　词汇　～に厳しい 对……严格　遅刻 迟到　表情 表情
　　　　そっけない 冷淡，不客气　うっとうしい 忧郁
　　　　物足りない 不够充分，不能令人感到十分满意

12　最好不要向大家说起昨天的事情。因为那样非但不能解决问题，反而会使问题变得越来越复杂。
　答案　②ややこしい　复杂
　词汇　問題 问题　解決 解决　～どころか 非但……反而……
　　　　儚い 无常　汚らわしい 污秽，肮脏　快い 爽快，愉快

13　我通过到日本留学积累了绝不可能在祖国获得的宝贵经验。
　答案　③尊い　宝贵，珍贵
　词汇　留学 留学　～を通じて 通过……　母国 祖国　決して 绝对
　　　　得る 得到　経験 经验　積む 积累　みすぼらしい 寒碜
　　　　安っぽい 不值钱；庸俗　名高い 著名

模拟习题——い形容词

模拟习题

問題3 ＿＿＿の言葉に意味が最も近いものを、1・2・3・4から一つ選びなさい。

14 <u>みすぼらしい</u>服装の男が家に訪ねてきたのでびっくりした。
　　① 無様な　　② 無駄な　　③ 奇妙な　　④ 未熟な

15 この類の商品名は全部英語で<u>まぎらわしい</u>。
　　① 簡潔である　　② 信頼できる　　③ 覚えやすい　　④ 混同しやすい

16 研究の進み具合が<u>はかばかしくない</u>。
　　① 強調でない　　② 猛烈でない　　③ 順調でない　　④ 厳密でない

17 外国への留学はシャボン玉のように<u>はかなく</u>消えてしまった。
　　① なやましく　　② むなしく　　③ とぼしく　　④ たくましく

18 盗みをした人にそんな叱り方では<u>なまぬるい</u>。
　　① だるい　　② このましい　　③ あまい　　④ くどい

19 松島は日本三景として<u>なだかい</u>ところである。
　　① 有名な　　② 温和な　　③ 神聖な　　④ 親切な

解析方案——い形容词

模拟习题

問題3 ＿＿＿の言葉に意味が最も近いものを、1・2・3・4から一つ選びなさい。

问题3 请从1・2・3・4中选出与画线词语意义最接近的一项。

14 みすぼらしい服装の男が家に訪ねてきたのでびっくりした。
① 無様な ② 無駄な
③ 奇妙な ④ 未熟な

14 衣衫褴褛的男人来到家里，让我吓了一跳。
答案 ① みすぼらしい 寒酸，褴褛 / 無様 不像样，难看
词汇 服装 服装 訪ねる 访问 無駄 没用 奇妙 奇妙
未熟 未成熟

15 この類の商品名は全部英語でまぎらわしい。
① 簡潔である ② 信頼できる
③ 覚えやすい ④ 混同しやすい

15 这类产品的名称都是英语，所以容易混淆。
答案 ④ 紛らわしい 容易混淆，不易分辨 / 混同しやすい 不易分辨
词汇 商品名 产品名称 簡潔 简洁 信頼 信赖 覚える 记住，背诵

16 研究の進み具合いがはかばかしくない。
① 強調でない ② 猛烈でない
③ 順調でない ④ 厳密でない

16 研究的进程并不顺利。
答案 ③ 捗々しい 进展顺利，称心如意 / 順調 顺利
词汇 研究 研究 進む 进程 具合い 状态，情形 強調 强调
猛烈 猛烈 厳密 严密

17 外国への留学はシャボン玉のようにはかなく消えてしまった。
① なやましく ② むなしく
③ とぼしく ④ たくましく

17 到国外留学一事，就像肥皂泡一样幻灭了。
答案 ② 儚い 虚幻，渺茫 / 空しい 空虚
词汇 シャボン玉 肥皂泡 消える 消失
悩ましい 痛苦，苦恼，难过 乏しい 不足，缺乏
逞しい 魁梧，健壮

18 盗みをした人にそんな叱り方ではなまぬるい。
① だるい ② このましい
③ あまい ④ くどい

18 对于偷盗的人，那种斥责方式也太温和了。
答案 ③ 生温い 温乎，不很热 / 甘い 安逸，姑息
词汇 盗み 偷盗 叱り方 斥责方式 だるい 倦怠，发酸
好ましい 称心，有好感 くどい 啰嗦，腻，色彩太浓

19 松島は日本三景としてなだかいところである。
① 有名な ② 温和な
③ 神聖な ④ 親切な

19 松岛作为日本三景之一而闻名。
答案 ① 名高い 有名 / 有名 闻名
词汇 三景 三景 穏和 温和 神聖 神圣 親切 亲切

模拟习题——い形容词

問題4 次の言葉の使い方として最もよいものを、1・2・3・4から一つ選びなさい。

20 だらしない
① 先輩はどう見ても生活態度がだらしない。
② 今度同じことをやったらだらしない目にあわせるぞ。
③ 世間のだらしない仕打ちに耐えるしかなかった。
④ 知っているのに教えてくれないとはだらしない。

21 とうとい
① このテキストではここがとうといポイントだ。
② この企画のとうとい特長は以下の2点です。
③ 今回の失敗でとうとい教訓を得た。
④ とうといミスを犯してしまってすごく叱られた。

22 なにげない
① 一度くらいなにげない言い方をされたからといってくよくよするな。
② 泣いているところを見ると、どうやらなにげなく叱られたらしい。
③ 近ごろは警察がなにげないので路上駐車は控えたほうがいい。
④ 彼のなにげない一言で彼女は泣きそうになった。

23 なれなれしい
① 数学の先生は点がなれなれしいので、今度のテストの結果が心配だ。
② 父は子供の時からしつけになれなれしかった。
③ なれなれしい学校で学んでいるので、一度も遅刻したことがない。
④ 初対面なのになれなれしい態度で話しかけた。

24 ものたりない
① 給料日前はふところがものたりない。
② 材料を買うのには1000円もあればものたりないだろう。
③ 将来結婚したい相手だけど、恋人としてはものたりない。
④ 今回の作品はものたりないできばえだし、評判もいい。

25 ややこしい
① ややこしい顔をしてどうしたんだい。
② 話がややこしくてさっぱり分からない。
③ バスを降りようとした拍子に転んでややこしかった。
④ 彼はいつもややこしい目つきで私を見るので気持ち悪い。

解析方案——い形容詞

模拟习题

問題4　次の言葉の使い方として最もよいものを、1・2・3・4から一つ選びなさい。

20　だらしない

① 先輩はどう見ても生活態度が<u>だらしない</u>。

② 今度同じことをやったら<u>だらしない</u>目にあわせるぞ。

③ 世間の<u>だらしない</u>仕打ちに耐えるしかなかった。

④ 知っているのに教えてくれないとは<u>だらしない</u>。

21　とうとい

① このテキストではここが<u>とうとい</u>ポイントだ。

② この企画の<u>とうとい</u>特長は以下の2点です。

③ 今回の失敗で<u>とうとい</u>教訓を得た。

④ <u>とうとい</u>ミスを犯してしまってすごく叱られた。

22　なにげない

① 一度くらい<u>なにげない</u>言い方をされたからといってくよくよするな。

② 泣いているところを見ると、どうやら<u>なにげなく</u>叱られたらしい。

③ 近ごろは警察が<u>なにげない</u>ので路上駐車は控えたほうがいい。

④ 彼の<u>なにげない</u>一言で彼女は泣きそうになった。

23　なれなれしい

① 数学の先生は点が<u>なれなれしい</u>ので、今度のテストの結果が心配だ。

② 父は子供の時からしつけに<u>なれなれしかった</u>。

③ <u>なれなれしい</u>学校で学んでいるので、一度も遅刻したことがない。

④ 初対面なのに<u>なれなれしい</u>態度で話しかけた。

問題4　请从1・2・3・4中选出下列词语的使用方法最恰当的一项。

20　答案 ① だらしない 散漫，没规矩

① 怎么看都觉得前辈的生活态度很散漫。

② 以后再干同样的事情，可是要吃大亏的。
　　→ ひどい目にあう 吃大亏

③ 对无情的世事也只能忍气吞声。→ 心無い 不通情理，无情

④ 明明知道居然还不告诉，心眼真坏。→ 意地悪い 心眼坏

词汇　態度 态度　世間 世间　仕打ち 处事　耐える 忍受
　　　～とは 居然……

21　答案 ③ 尊い 珍贵，宝贵

① 这是这本教材的重点。→ 大事 重要

② 这个企划的主要特点在于以下两点。→ 主な 主要

③ 因为这次失败，得到了宝贵的经验。

④ 因为犯了重大的错误而受到了严厉的斥责。→ 重大 重大

词汇　企画 规划　特長 特点，特色　教訓 教训　犯す 犯
　　　叱る 斥责

22　答案 ④ 何気ない 无意，泰然自若

① 不要因为听了一次严厉的话，就愁眉不展。→ きつい 严厉

② 他还在哭，看来多半是受到了严厉的斥责。→ ひどい 严厉

③ 最近警察很麻烦，所以最好控制一下，不要在街上停车。
　　→ うるさい 麻烦

④ 他无意间说出的一句话，快要让她哭出来了。

词汇　～からといって 不要因为……就……
　　　くよくよ 因为小事烦恼或愁眉不展的样子
　　　泣く 哭　どうやら 多半　近ごろ 最近　警察 警察
　　　路上 街上　駐車 停车　控える 控制

23　答案 ④ 馴れ馴れしい 亲密无间，自来熟

① 数学老师打分严格，所以很担心这次考试的结果。
　　→ 辛い 严格，辣

② 爸爸对孩子从小就管教严格。→ ややこしい 复杂，严格

③ 因为是在管理严格的学校学习，所以一次都没有迟到过。
　　→ 厳しい 严格

④ 虽然是第一次见面，可是却自来熟地搭起了话。

词汇　数学 数学　点 分数　結果 结果　しつけ 管教　学ぶ 学习
　　　遅刻 迟到　初対面 初次见面

文字/词汇

语法

实战模拟测试

解析方案——い形容词

模拟习题

24 ものたりない

① 給料日前はふところが<u>ものたりない</u>。
② 材料を買うのには1,000円もあれば<u>ものたりない</u>だろう。
③ 将来結婚したい相手だけど、恋人としては<u>ものたりない</u>。
④ 今回の作品は<u>ものたりない</u>できばえだし、評判もいい。

24 答案 ③ 物足りない 美中不足，不能令人十分满意，不够充分
① 在发薪日到来之前，手头有点紧。→ 懐がさびしい 手头紧
② 买材料的话，只要一千日元就应该足够了。→ 足りる 足够
③ 虽然是将来想要结婚的对象，可是作为恋人有些美中不足。
④ 这次的作品实在是无可挑剔，而且评价也很好。
　→ 申し分ない 无可挑剔
词汇　給料日 发薪日　材料 材料　～もあれば 只要有……就……
　　　将来 将来　相手 对象　恋人 恋人　作品 作品
　　　できばえ 手艺，成果　評判 评价

25 ややこしい

① <u>ややこしい</u>顔をしてどうしたんだい？
② 話が<u>ややこしくて</u>さっぱり分からない。
③ バスを降りようとした拍子に転んで<u>ややこしかった</u>。
④ 彼はいつも<u>ややこしい</u>目つきで私を見るので気持ち悪い。

25 答案 ② ややこしい 复杂，严格
① 怎么一副愁眉苦脸的表情？→ 浮かない顔 愁眉苦脸的表情
② 故事太复杂，压根儿就弄不明白。
③ 就在下车的一刹那跌倒了，真是不好意思。
　→ 決まり悪い 磨不开，不好意思
④ 他总是用令人不快的眼神来看我，所以很不舒服。
　→ いやらしい 令人不快，下流
词汇　さっぱり 一点也……（不）　降りる（从交通工具上）下来
　　　动词过去形 + 拍子に ——……的时候，……的一刹那
　　　転ぶ 跌倒

打造实力方案 — 形容动词（な形容词）

- **鮮やか** 鲜艳，鲜明
  → 鮮やかに色づいた日本の紅葉を楽しみましょう。
  欣赏一下染得鲜红的日本枫叶吧。

- **大げさ** 夸张
  → 大げさな身ぶりをしなくても分かるから落ち着いてよ。
  即使不做那么夸张的动作也知道，所以沉着点。

- **大まか** 大方，粗略
  → リフォームに最低かかる大まかな費用を教えてください。
  请粗略地告诉我翻新所需的最低费用。

- **厳か** 庄严
  → 宗教儀式は厳かに行われた。
  庄严地举行了宗教仪式。

- **疎か** 马马虎虎
  → 親、いや自分自身のためにも勉強を疎かにしない。
  为了父母，不，即使为了我自己也不想马马虎虎地学习。

- **微か** 微弱，模糊
  → その知らせを聞いた彼女の手は微かに震えていた。
  听到那个消息，她的手微微颤抖起来。

- **気軽** 轻松
  → 旅行でも行って気軽にのんびり過ごしたい毎日だ。
  希望能过上旅游，每天轻松惬意的日子。

- **几帳面** 一丝不苟，规规矩矩
  → 夫の几帳面な性格が妻の規則正しい生活を支えている。
  丈夫一丝不苟的性格支撑着妻子有规律的生活。

- **生真面目** 一本正经，非常认真
  → 後輩は生真面目で、教授の指示にしたがって研究に専念している。
  师弟非常认真，正在按教授的指示专心致志地搞研究。

- **窮屈** 窄小，不舒畅，不自由
  → 窮屈な社会の中での余裕を見つけるために旅行に出た。
  为了在不自由的社会里寻找一份从容而外出旅行。

- **清らか** 清澈，清纯
  → 豊かで清らかな水資源を確保するのが急務である。
  当务之急是要确保充足而干净的水资源。

- **きらびやか** 灿烂夺目
  → 新宿通りの夜景がきらびやかに映った。
  新宿大街灿烂夺目的夜景映入眼帘。

- **細やか** 详细，细致，仔细
  → 細やかなコンサルティングによる効果的な計画を提供します。
  会根据详细的调查，提供有效的计划。

- **淑やか** 斯文，娴淑
  → かわいくて活発な女性と、美人で淑やかな女性とどちらが好きですか。
  活泼可爱的女性和端庄美丽的女性中更喜欢哪一种？

- **しなやか** 柔软，优美
  → しなやかな体つきにするために、毎日ダイエットと運動をしている。
  为了塑造优美的身材，每天都在减肥和运动。

打造实力方案　　形容动词（な形容词）

- **健やか** 健壮，健康，健全
  → 青少年が健やかに成長するためには、大人の責任が大きい。
  要想让青少年健康成长，大人要负起很大的责任。

- **速やか** 快，迅速，快速
  → 入金が確認出来しだい速やかに商品を発送します。
  一旦确认收到了款项，将迅速发送产品。

- **月並み** 普通，老一套
  → 月並みな質問ですが、あなたはどうして日本語が好きですか。
  是个很老套的问题，请问您为什么喜欢日语？

- **つぶら** 圆，圆而可爱
  → 清純でつぶらな瞳を持っている彼女が好きだ。
  喜欢清纯的、眼睛圆圆的她。

- **手軽** 简便，简单，容易
  → アンケートによると会社員の朝食は、食べないか、手軽にとるかだそうです。
  根据调查得知，公司职员要么不吃早饭，要么吃得很简单。

- **手近** 眼前，手边
  → 遠大な仕事や夢も手近な物事から始まる。
  再远大的事情或梦想也是从眼前的事情开始的。

- **滑らか** 光滑，滑润
  → 肌の表面を滑らかに整えることで清潔感が維持できる。
  将皮肤表面打理得光滑细腻，可以保持洁净。

- **長閑か** 悠闲，晴朗
  → そよ風が体を優しく包む長閑かな日だ。
  是个微风轻抚全身的晴朗的日子。

- **華やか** 华丽，盛大，显赫
  → 無地の着物では寂しいので他の物で華やかにしたいと思っているのです。
  素色的衣服有些单调，所以想用别的弄得华丽一点。

- **遥か** 遥远，远远
  → 普通に考えても、この遥かな宇宙の無数にある惑星の中に生物は存在すると思う。
  通常都会认为，在遥远宇宙的无数行星上会有生物存在。

- **半端** 不完整，愚蠢
  → 多くのことを半端に知るよりは何も知らないほうがいい。
  与其对很多事情一知半解，倒不如什么都不知道。

- **無茶** 毫无道理，荒唐
  → 職場の先輩に時々無茶なことをやらされることがある。
  有时经常会遭到职场前辈的无理对待。

- **むやみ** 胡乱，随便
  → 国家はむやみに国民を戦争に引きずり込んだりしてはいけない。
  国家不可以随随便便地将人民拖入战争当中。

- **緩やか** 缓慢，宽松
  → 緩やかな傾斜になっているところを、水平にするために工事をした。
  施工是为了把稍微倾斜的地方弄平。

- **ろく** 出色，像样
  → 相手のチームがあまりにも強くてろくに手もつけなかった。
  因为对方队伍太强，都没来得及像样地出手。

模拟习题——形容动词（な形容词） 模拟习题

問題1 ＿＿＿＿の言葉の読み方として最もよいものを、1・2・3・4から一つ選びなさい。

1 マリリンモンローのような鮮やかな赤の唇にしたいものです。
　① あでやか　　② きわやか　　③ ささやか　　④ あざやか

2 血液型でA型は几帳面だといわれる。
　① きちょうつら　② ぎちょうつら　③ きちょうめん　④ ぎちょうめん

3 淑やかな女性を見ると魅力を感じる。
　① しとやか　　② すがやか　　③ なごやか　　④ はれやか

4 僕の趣味は月並みですが、音楽鑑賞です。
　① げつなみ　　② つきなみ　　③ がつなみ　　④ かつなみ

5 外国で、美しい海で、長閑かで、小さな島と言って思いつく島を教えてください。
　① こまか　　② かすか　　③ のどか　　④ おろか

6 嫌いな男性のタイプは生真面目な人です。
　① きまじめ　　② なままじめ　　③ いきまじめ　　④ はえまじめ

解析方案——形容动词(な形容词) 模拟习题

問題1 ＿＿＿の言葉の読み方として最もよいものを、1・2・3・4から一つ選びなさい。

1 マリリンモンローのような鮮やかな赤の唇にしたいものです。
① あでやか ② きわやか
③ ささやか ④ あざやか

2 血液型でA型は几帳面だといわれる。
① きちょうつら ② ぎちょうつら
③ きちょうめん ④ ぎちょうめん

3 淑やかな女性を見ると魅力を感じる。
① しとやか ② すがやか
③ なごやか ④ はれやか

4 僕の趣味は月並みですが、音楽鑑賞です。
① げつなみ ② つきなみ
③ がつなみ ④ かつなみ

5 外国で、美しい海で、長閑かで、小さな島と言って思いつく島を教えてください。
① こまか ② かすか
③ のどか ④ おろか

6 嫌いな男性のタイプは生真面目な人です。
① きまじめ ② なまままじめ
③ いきまじめ ④ はえまじめ

問題1 请从1・2・3・4中选出画线词语的读法最正确的一项。

1 想做成像玛丽莲・梦露那样鲜艳的红唇。
答案 ④ 鮮(あざ)やか 鲜艳，漂亮
词汇 唇(くちびる) 嘴唇 艶(あで)やか 娇艳，妖艳 際(きわ)やか 非常显著，泾渭分明 ささやか 细小，微小，简陋

2 听说A型血的人一丝不苟。
答案 ③ 几帳面(きちょうめん) 规规矩矩，一丝不苟
词汇 血液型(けつえきがた) 血型 ～型(がた) ……型

3 看到娴淑的女性，就觉得很有魅力。
答案 ① 淑(しと)やか 斯文，娴淑
词汇 女性(じょせい) 女性 魅力(みりょく) 魅力 感(かん)じる 感觉 清(すが)やか 利落，流利 和(なご)やか 温和，(气氛或态度)友好 晴(は)れやか 愉快，舒畅

4 我有个很普通的爱好，那就是欣赏音乐。
答案 ② 月並(つきな)み 普通，老一套
词汇 趣味(しゅみ) 爱好 音楽(おんがく) 音乐 鑑賞(かんしょう) 欣赏

5 请告诉我能让人想起美丽的大海和宁静小岛的国外岛屿。
答案 ③ 長閑(のど)か 宁静，悠闲
词汇 外国(がいこく) 外国 海(うみ) 大海 島(しま) 岛屿 思いつく 想起 教(おし)える 指教 細(こま)か 细微，详细 微(かす)か 微弱，模糊 愚(おろ)か 愚蠢

6 (我)讨厌的男性类型是一本正经的人。
答案 ① 生真面目(きまじめ) 非常认真，一本正经
词汇 嫌(きら)い 讨厌 男性(だんせい) 男性 タイプ 类型

120

模拟习题——形容动词（な形容词）

問題2 （　　　）に入れるのに最もよいものを、1・2・3・4から一つ選びなさい。

7　谷川の（　　　）水を飲んで、元気になった。
　　① うつろな　　　② きよらかな　　　③ はなやかな　　　④ つぶらな

8　最近は、料理する時間がなくて、（　　　）コンビニ弁当ばかり食べている。
　　① きざな　　　　② きよらかな　　　③ てぢかな　　　　④ おおまかな

9　夜は、一人でトイレにもいけない（　　　）彼女である。
　　① めいりょうな　② きゃしゃな　　　③ えんきょくな　　④ おくびょうな

10　会場を間違えて、となりの結婚式に出たなんて、いかにも彼らしい（　　　）話だ。
　　① ゆううつな　　② こっけいな　　　③ めいりょうな　　④ えんきょくな

11　病気のためか、仕事中も彼女は（　　　）目をしていた。
　　① かすかな　　　② つぶらな　　　　③ うつろな　　　　④ きざな

12　夜遅く帰ってくる父親にとって、子どもの（　　　）寝顔が一番の元気の元だ。
　　① すこやかな　　② あやふやな　　　③ いいかげんな　　④ のどかな

13　あの星の光は、何万光年という（　　　）ところから地球に届いたものだそうだ。
　　① あやふやな　　② はるかな　　　　③ てがるな　　　　④ てぢかな

問題 2 （　）に入れるのに最もよいものを、1・2・3・4から一つ選びなさい。

问题 2 请从1・2・3・4中选出最恰当的一项填入（　）中。

7　谷川の（　）水を飲んで、元気になった。
　①うつろな　　②きよらかな
　③はなやかな　④つぶらな

7　喝了清澈的溪水就变健康了。
　答案　②きよらか 清澈，干净，清纯
　词汇　谷川 溪流　うつろ 迷惘，发呆，空虚
　　　　華やか 华丽，盛大，显赫　つぶら 圆，圆而可爱

8　最近は、料理する時間がなくて、（　）コンビニ弁当ばかり食べている。
　①きざな　　②きよらかな
　③てぢかな　④おおまかな

8　最近没有时间做饭，所以只吃附近便利店卖的盒饭。
　答案　③手近 眼前，近旁
　词汇　最近 最近　料理 菜肴　弁当 盒饭　きざ 不顺眼，令人讨厌
　　　　大まか 马马虎虎，粗略

9　夜は、一人でトイレにもいけない（　）彼女である。
　①めいりょうな　②きゃしゃな
　③えんきょくな　④おくびょうな

9　她非常胆小，晚上都不能独自上厕所。
　答案　④臆病 胆小
　词汇　夜 夜晚　明瞭 明确　きゃしゃ 纤细，苗条　婉曲 婉转，委婉

10　会場を間違えて、となりの結婚式に出たなんて、いかにも彼らしい（　）話だ。
　①ゆううつな　②こっけいな
　③めいりょうな　④えんきょくな

10　居然弄错了会场，参加了隔壁的结婚仪式，这可真是非他而不能的笑话。
　答案　②滑稽 可笑，滑稽
　词汇　会場 会场　間違える 弄错，搞错　結婚式 结婚仪式
　　　　いかにも 实在，完全　ゆううつ 忧郁

11　病気のためか、仕事中も彼女は（　）目をしていた。
　①かすかな　②つぶらな
　③うつろな　④きざな

11　不知是不是因为患病的缘故，她在工作时也是目光呆滞。
　答案　③うつろ 迷惘，发呆，空虚
　词汇　病気 疾病　仕事中 工作中　微か 微弱

12　夜遅く帰ってくる父親にとって、子どもの（　）寝顔が一番の元気の元だ。
　①すこやかな　②あやふやな
　③いいかげんな　④のどかな

12　对于深夜归来的父亲而言，最大的力量源泉就是孩子健康熟睡的脸蛋。
　答案　①健やか 健壮，健康，健全
　词汇　夜遅い 深夜　父親 父亲　～にとって 对……来说　寝顔 睡脸
　　　　元 根源，源泉　あやふや 含糊，不明确
　　　　いい加減 适当，敷衍　長閑か 悠闲，晴朗

13　あの星の光は、何万光年という（　）ところから地球に届いたものだそうだ。
　①あやふやな　②はるかな
　③てがるな　④てぢかな

13　据说那道星光是从距离地球几万光年的遥远的地方投射过来的。
　答案　②遥か 遥远，远远
　词汇　光 光，火光　届く 达，到达　手軽 简便，轻易

122

模拟习题——形容动词(な形容词)　模拟习题

問題3 ＿＿＿の言葉に意味が最も近いものを、1・2・3・4から一つ選びなさい。

14 「この靴であなたの足の健康はまったく心配ありません」などおおげさな広告はたくさんあります。

① 肝心な　　② 素朴な　　③ 静的な　　④ 大仰な

15 準備がおろそかで、明日のテストがとても心配である。

① いいかげんで　② きゃしゃで　③ きまぐれで　④ たくみで

16 小学校の頃はかすかな記憶しかありません。

① 騒々しい　② 図々しい　③ 弱々しい　④ 華々しい

17 通販で購入した椅子が届いたのだが、座ってみると窮屈そうだった。

① 楽そうだった　② せまそうだった　③ ひろそうだった　④ 簡易そうだった

18 心がきよらかな人ほど、騙されやすいんですよね。

① ゆたかな　② けがらわしい　③ まずしい　④ きれいな

19 いかにも上品でしとやかな女性が子犬を連れて公園を散歩していた。

① 静寂な　② 質素な　③ 単調な　④ 怠慢な

解析方案——形容动词（な形容词） 模拟习题

問題3 ＿＿の言葉に意味が最も近いものを、1・2・3・4から一つ選びなさい。

问题3 请从1・2・3・4中选出与画线词语意义最接近的一项。

14 「この靴であなたの足の健康はまったく心配ありません」などおおげさな広告はたくさんあります。
① 肝心な　　② 素朴な
③ 静的な　　④ 大仰な

14 "有了这双鞋，您完全不必担心腿部健康"，这样的夸张广告有很多。
答案 ④ 大げさ 夸张 / 大仰 夸大，夸张
词汇 靴 鞋　健康 健康　広告 广告　肝心 重要　素朴 朴素
　　 静的 静态的

15 準備がおろそかで、明日のテストがとても心配である。
① いいかげんで　　② きゃしゃで
③ きまぐれで　　　④ たくみで

15 因为准备得不彻底，所以非常担心明天的考试。
答案 ① 疎か 草率 / いい加減 马马虎虎，不彻底
词汇 準備 准备　きゃしゃ 纤细，苗条　気まぐれ 反复无常
　　 巧み 巧妙

16 小学校の頃はかすかな記憶しかありません。
① 騒々しい　　② 図々しい
③ 弱々しい　　④ 華々しい

16 巧妙小学时代，只剩下模糊的记忆。
答案 ③ 微か 微弱，模糊 / 弱々しい 软弱
词汇 記憶 记忆　騒々しい 嘈杂　図々しい 无耻　華々しい 华丽

17 通販で購入した椅子が届いたのだが、座ってみると窮屈そうだった。
① 楽そうだった
② 狭そうだった
③ 広そうだった
④ 簡易そうだった

17 收到了邮购的椅子，但是坐上去好像很窄。
答案 ② 窮屈 窄，狭窄，受拘束 / 狭い 狭窄
词汇 通販 邮购　購入 购买　届く 收到，到　座る 坐　楽 舒服
　　 簡易 简易

18 心がきよらかな人ほど、騙されやすいんですよね。
① ゆたかな
② けがらわしい
③ まずしい
④ きれいな

18 越是心灵纯洁的人越容易受骗。
答案 ④ 清らか 清澈，干净，清纯 / きれい 干净，漂亮
词汇 騙す 欺骗　豊か 丰富　汚わらしい 肮脏　貧しい 贫穷

19 いかにも上品でしとやかな女性が子犬を連れて公園を散歩していた。
① 静寂な　　② 質素な
③ 単調な　　④ 怠慢な

19 非常文雅而又娴淑的女人带着一条小狗在公园散步。
答案 ① 淑やか 斯文，娴淑 / 静寂 沉静
词汇 いかにも 的确，实在　上品 文雅　子犬 小狗　連れる 带着
　　 質素 俭朴　単調 单调　怠慢 怠慢

模拟习题——形容动词（な形容词）   模拟习题

問題4 次の言葉の使い方として最もよいものを、1・2・3・4から一つ選びなさい。

20　つぶら
① 小さな子のつぶらな目を見ると、優しい気持ちになれる。
② ウィスキーのつぶらな味と甘い香りが好きです。
③ つぶらな飲みやすいビールが発売された。
④ 毎日毎日雨ばかりでつぶらである。

21　多忙
① メールを送っても多忙する彼は返信が遅くなることが多い。
② 通勤時間では皆が多忙に駅の階段を上り下りしている。
③ 何かを待っている時間と、朝多忙に過ぎる時間は本当に同じ1秒なのだろうか。
④ 仕事に追われ、多忙な毎日を送っている。

22　おごそか
① 上下関係のおごそかな組織でも、ゆとりは必要である。
② 結婚式は、とてもおごそかな雰囲気の中で行われた。
③「君はボクのすべてだ！」なんて、まるで映画のようなおごそかなセリフは言えない。
④ はっきり言うと失礼になるので、おごそかにお断りした。

23　明瞭
① 日本大使館についての明瞭な情報をお願いします。
② 日本が資源に乏しい島国であることは明瞭な事実である。
③ 実際に現場を見ないと明瞭なところは分からない。
④ 私の時計は明瞭だから直さなくてもいい。

24　いいかげん
① この品物は、お客様のお求めやすいいいかげんな値段になっています。
② 忘年会にふさわしいいいかげんな所を探している。
③ 時間にもお金にもいいかげんな彼に友達はいない。
④ 修学旅行で京都に行くんですが、いいかげんな良いお土産を教えてください。

25　きまじめ
① 必ず、授業開始5分前には席についているきまじめな彼は、級友からの信頼も厚い。
② 汚職を起こした政治家は財産をきまじめに隠しているようだ。
③ 私がとなりの席に座ると、彼女はきまじめにいやな顔をした。
④ 彼女の第一印象は、とてもきまじめで今もあのときの彼女の笑顔を忘れられない。

模拟习题

問題4 次の言葉の使い方として最もよいものを、1・2・3・4から一つ選びなさい。

20 つぶら
① 小さな子の<u>つぶら</u>な目を見ると、優しい気持ちになれる。
② ウィスキーの<u>つぶら</u>な味と甘い香りが好きです。
③ <u>つぶら</u>な飲みやすいビールが発売された。
④ 毎日毎日雨ばかりで<u>つぶら</u>である。

21 多忙
① メールを送っても<u>多忙</u>する彼は返信が遅くなることが多い。
② 通勤時間では皆が<u>多忙</u>に駅の階段を上り下りしている。
③ 何かを待っている時間と、朝<u>多忙</u>に過ぎる時間は本当に同じ1秒なのだろうか。
④ 仕事に追われ、<u>多忙</u>な毎日を送っている。

22 おごそか
① 上下関係の<u>おごそか</u>な組織でも、ゆとりは必要である。
② 結婚式は、とても<u>おごそか</u>な雰囲気の中で行われた。
③ 「君はボクのすべてだ!」なんて、まるで映画のような<u>おごそか</u>なセリフは言えない。
④ はっきり言うと失礼になるので、<u>おごそか</u>にお断りした。

23 明瞭
① 日本大使館についての<u>明瞭</u>な情報をお願いします。
② 日本が資源に乏しい島国であることは<u>明瞭</u>な事実である。
③ 実際に現場を見ないと<u>明瞭</u>なところは分からない。
④ 私の時計は<u>明瞭</u>だから直さなくてもいい。

问题4 请从1・2・3・4中选出下列词语的使用方法最恰当的一项。

20 答案 ① つぶら 圆,圆而可爱
① 看到孩子又圆又可爱的眼睛,就会变得很温柔。
② 喜欢威士忌醇和的味道和甜甜的芳香。→ 円やか 味道醇和
③ 出售味道醇和而又好喝的啤酒。→ 円やか 味道醇和
④ 每天都下雨,真郁闷。→ ゆううつ 郁闷
词汇 優しい 温柔 味 味道 香り 芳香,香气 発売 出售

21 答案 ④ 多忙 特别忙（形容动词）
① 就算发送电子邮件,忙碌的他多数也会是很晚才回信。
→ 多忙な 非常忙
② 通勤时间大家都在匆匆忙忙地上下车站楼梯。
→ 慌ただしい 匆匆忙忙,慌慌张张
③ 为某事等待的时间和早上匆匆忙忙流逝的时间,真的是同样的1秒吗?
→ 慌ただしい 匆匆忙忙,慌慌张张
④ 因为被工作追赶着,所以每天都过得特别忙。
词汇 送る 寄 返信 回信 通勤 上下班 皆 大家 階段 台阶
上り下り 上下 過ぎる 度过 秒 秒 追う 撵

22 答案 ② 厳か 庄严
① 即使是具有严格的上下级关系的组织也需要一定空间。
→ 厳しい 严
② 结婚仪式在非常庄严的气氛当中举行。
③ "你是我的全部!"像这样如同电影那样装腔作势而又老套的对白,我可说不出口。
→ きざ 装腔作势
④ 明确地说出来会很失礼,所以委婉地拒绝了。
→ 婉曲 婉转,委婉
词汇 上下 上下 関係 关系 組織 组织 ゆとり 余地 雰囲気 气氛
行う 举行 セリフ 老一套的说法 断る 拒绝

23 答案 ② 明瞭 明确
① 请求得到有关日本大使馆的准确信息。→ 正確 准确
② 日本是资源匮乏的岛国,这是很明确的事实。
③ 如果不实际看一下现场,就不可能知道准确的地点。
→ 正確 准确
④ 我的表很准,所以不修也行。→ 正確 准确
词汇 大使館 大使馆 情報 信息 資源 资源 乏しい 匮乏 島国 岛国
事実 事实 実際に 实际 現場 现场 直す 修理

解析方案——形容动词（な形容词） 模拟习题

24 いいかげん
① この品物は、お客様のお求めやすい<u>いいかげん</u>な値段になっています。
② 忘年会にふさわしい<u>いいかげん</u>な所を探している。
③ 時間にもお金にも<u>いいかげん</u>な彼に友達はいない。
④ 修学旅行で京都に行くんですが、<u>いいかげん</u>な良いお土産を教えてください。

25 きまじめ
① 必ず、授業開始5分前には席についている<u>きまじめ</u>な彼は、級友からの信頼も厚い。
② 汚職を起こした政治家は財産を<u>きまじめ</u>に隠しているようだ。
③ 私がとなりの席に座ると、彼女は<u>きまじめ</u>にいやな顔をした。
④ 彼女の第一印象は、とても<u>きまじめ</u>で今もあのときの彼女の笑顔を忘れられない。

24 答案 ③ いい加減(かげん) 适当(带有这也不是那也不是的语感)，马马虎虎
① 这个商品的价格适合客人购买。→ 手頃(てごろ) 正合适，正相当
② 正在寻找适合开年终联欢会的场地。→ 手頃 正合适，正相当
③ 对时间和金钱都马马虎虎的他，是不会有朋友的。
④ 我要去京都研修旅行，请告诉我什么礼物既好又合适。→ 手頃 正合适，正相当
词汇 品物(しなもの) 商品　求める(もとめる) 购买　値段(ねだん) 价格　忘年会(ぼうねんかい) 年终联欢会　相応しい(ふさわしい) 相称　探す(さがす) 寻找　修学(しゅうがく) 研修　旅行(りょこう) 旅行　お土産(みやげ) 土特产

25 答案 ① 生真面目(きまじめ) 死心眼儿，非常认真
① 他非常认真，上课前5分钟一定会坐到座位上，而且同班同学也十分信赖他。
② 贪污的政客好像在巧妙地隐藏财产。→ 巧妙(こうみょう) 巧妙
③ 当我坐到旁边座位时，她毫不掩饰地露出了厌恶的表情。→ 露骨(ろこつ) 露骨地
④ 对她的第一印象过于深刻，至今也无法忘记当时她那面带笑容的脸。→ 強烈(きょうれつ) 强烈
词汇 必ず(かならず) 必须　授業(じゅぎょう) 上课　開始(かいし) 开始　席につく(せきにつく) 坐到座位上　級友(きゅうゆう) 班同学　信頼(しんらい) 信赖　厚い(あつい) 深厚　汚職(おしょく) 贪污　起こす(おこす) 引起　政治家(せいじか) 政客　財産(ざいさん) 财产　隠す(かくす) 隐藏　第一印象(だいいちいんしょう) 第一印象　笑顔(えがお) 笑脸　忘れる(わすれる) 忘记

模拟习题——形容动词(な形容词)

問題1 ＿＿＿の言葉の読み方として最もよいものを、1・2・3・4から一つ選びなさい。

1　入金確認後、<u>速やかに</u>発送をいたします。
　　① ひややかに　　② すみやかに　　③ ひろやかに　　④ まろやかに

2　ものすごく<u>厳かな</u>雰囲気の中で音楽が流れた。
　　① おろそかな　　② ゆるやかな　　③ おごそかな　　④ こまかな

3　最近のCMって<u>大げさ</u>すぎると思わない？
　　① だいげさ　　② おうげさ　　③ たいげさ　　④ おおげさ

4　セール中ですので<u>気軽な</u>値段でご利用になれます。
　　① ききょうな　　② きかるな　　③ きけいな　　④ きがるな

5　自分の性格、資質に合っていない仕事に就くのは<u>窮屈</u>なのだ。
　　① きゅうこつ　　② きゅうくつ　　③ きゅうとつ　　④ きゅうそつ

6　あなたは女性に美しさと<u>清らかさ</u>とどちらをより求めますか。
　　① きよらかさ　　② あきらかさ　　③ なめらかさ　　④ つぶらかさ

128

解析方案——形容动词（な形容词） 模拟习题

問題1 ＿＿の言葉の読み方として最もよいものを、1・2・3・4から一つ選びなさい。

问题1 请从1・2・3・4中选出画线词语的读法最准确的一项。

1 入金確認後、<u>速やか</u>に発送をいたします。
　①ひややかに　　②すみやかに
　③ひろやかに　　④まろやかに

1 一旦确认收到了钱款，会迅速派送商品。
　答案　②　速やか　快，迅速，快捷
　词汇　入金 收入钱款　確認後 确认后　発送 派送
　　　　冷やや 冷淡，冷冰冰　広やか 宽敞
　　　　円やか 圆圆的，味道醇和

2 ものすごく<u>厳か</u>な雰囲気の中で音楽が流れた。
　①おろそかな　　②ゆるやかな
　③おごそかな　　④こまかな

2 在非常庄严的氛围中音乐流淌出来。
　答案　③　厳か 庄严
　词汇　雰囲気 氛围　音楽 音乐　流れる 流淌　疎か 马马虎虎
　　　　緩やか 缓慢，宽松　細か 细微，详细

3 最近のCMって<u>大げさ</u>すぎると思わない?
　①だいげさ　　②おうげさ
　③たいげさ　　④おおげさ

3 不觉得最近的CM太夸张了吗?
　答案　④　大げさ 夸张
　词汇　最近 最近

4 セール中ですので<u>気軽</u>な値段でご利用になれます。
　①ききょうな　　②きかるな
　③きけいな　　　④きがるな

4 因为正在大减价，所以可以用毫无负担的价格来使用。
　答案　④　気軽 毫无负担
　词汇　値段 价格　利用 利用

5 自分の性格、資質に合っていない仕事に就くのは<u>窮屈</u>なのだ。
　①きゅうこつ　　②きゅうくつ
　③きゅうとつ　　④きゅうそつ

5 从事不适合自己性格和资质的工作，是非常不舒服的事情。
　答案　②　窮屈 狭小，不舒畅，不自由
　词汇　性格 性格　資質 资质　就く 从事

6 あなたは女性に美しさと<u>清らかさ</u>とどちらをより求めますか。
　①きよらかさ　　②あきらかさ
　③なめらかさ　　④つぶらかさ

6 对于女性的美丽与清纯，您对哪方面更有要求?
　答案　①　清らか 清澈，干净，清纯
　词汇　女性 女性　求める 要求，追求　明らか 分明，显然
　　　　滑らか 光滑，滑润　つぶらか 圆

文字/词汇

语法

实战模拟测试

文字/词汇_129

模擬習題——形容動詞（な形容詞）

問題2 （　　）に入れるのに最もよいものを、1・2・3・4から一つ選びなさい。

7　ここから町の中心部に向かって（　　）坂道が続いています。
　① たくみな　　② うつろな　　③ ゆるやかな　　④ すこやかな

8　彼の話は聞くだけ無駄だ。本当に（　　）話じゃない。
　① あやふや　　② はるかな　　③ かすかな　　④ ろくな

9　うちの弟は、まだ14歳だが、身長180センチの（　　）中学生だ。
　① おおはばな　　② つぶらな　　③ おおがらな　　④ ゆるやかな

10　またA会社が（　　）値下げに踏み切った。
　① おおまかな　　② きまぐれな　　③ なごやかな　　④ おおはばな

11　予習復習を（　　）していつもテストの点数がよくない。
　① おろかに　　② おろそかに　　③ ゆるやかに　　④ はなやかに

12　こんなとき、（　　）相談できるのは親友しかいない。
　① きまぐれに　　② きがるに　　③ きよらかに　　④ はるかに

13　時間にも正確だし借りたものは必ず返す（　　）性格の彼があんなことをしたなんて。
　① おろかな　　② きざな　　③ ものずきな　　④ きちょうめんな

解析方案——形容动词（な形容词） 模拟习题

問題2 （　）に入れるのに最もよいものを、1・2・3・4から一つ選びなさい。

问题2 请从1・2・3・4中选出最适合填入（　）中的一项。

7　ここから町の中心部に向かって（　）坂道が続いています。
　① たくみな　　② うつろな
　③ ゆるやかな　④ すこやかな

7　从这里开始，向着村子中心延续着平缓的斜坡。
　答案 ③ 緩やか 缓慢，宽松
　词汇 中心部 中心　向かう 向着　坂道 坡道　続く 继续
　　　巧み 巧妙　うつろ 迷惘，发呆，空虚　健やか 健康，健全

8　彼の話は聞くだけ無駄だ。本当に（　）話じゃない。
　① あやふや　　② はるかな
　③ かすかな　　④ ろくな

8　他的话全都是废话。真是没有一句像样的。
　答案 ④ ろく 出色，像样
　词汇 無駄 白费　本当に 真　あやふや 暧昧，模棱两可
　　　遥か 遥远，远远　微か 微弱，模糊

9　うちの弟は、まだ14歳だが、身長180センチの（　）中学生だ。
　① おおはばな　② つぶらな
　③ おおがらな　④ ゆるやかな

9　我的弟弟虽然才只有14岁，可却是个身高足有180厘米的大个子中学生。
　答案 ③ 大柄 大个子
　词汇 弟 弟弟　身長 身高　大幅 大幅度　つぶら 圆，圆而可爱

10　またA会社が（　）値下げに踏み切った。
　① おおまかな　② きまぐれな
　③ なごやかな　④ おおはばな

10　A公司再一次下决心大幅降价。
　答案 ④ 大幅 大幅度，宽幅
　词汇 値下げ 降价　踏み切る 决心干　大まか 大方，粗略
　　　気まぐれ 反复无常　和やか 温和

11　予習復習を（　）していつもテストの点数がよくない。
　① おろかに　　② おろそかに
　③ ゆるやかに　④ はなやかに

11　马马虎虎地预习、复习，所以考试分数一向都不好。
　答案 ② 疎か 马马虎虎
　词汇 予習 预习　復習 复习　点数 分数　愚か 愚蠢
　　　華やか 华丽，盛大，显赫

12　こんなとき、（　）相談できるのは親友しかいない。
　① きまぐれに　② きがるに
　③ きよらかに　④ はるかに

12　这个时候他能轻松商量的也只有亲密的朋友了。
　答案 ② 気軽 轻松，爽快
　词汇 相談 商量　親友 亲密的朋友　清らか 清澈，清白，干净

13　時間にも正確だし借りたものは必ず返す（　）性格の彼があんなことをしたなんて。
　① おろかな　　② きざな
　③ ものずきな　④ きちょうめんな

13　不仅守时，而且有借必还，性格这样规规矩矩的他居然会干出那样的事情。
　答案 ④ 几帳面 一丝不苟，规规矩矩
　词汇 正確 正确　借りる 借　必ず 必须　性格 性格
　　　愚か 愚蠢　きざ 不顺眼，令人讨厌　物好き 好奇

模拟习题——形容动词（な形容词）

問題3 ＿＿＿の言葉に意味が最も近いものを、1・2・3・4から一つ選びなさい。

14 すこやかな結婚生活に必要な「重要ポイント」はお互いの愛でしょう。
　　① 健全な　　　　② 動的な　　　　③ 勇敢な　　　　④ 透明な

15 僕は、デートは動物園に行ったり食事に行ったりする、つきなみなことしか思いつきません。
　　① 露骨な　　　　② 鈍感な　　　　③ 独特な　　　　④ 平凡な

16 文化祭終了後、実行委員はすみやかに会場を片付け、元どおりにしてください。
　　① すこやかに　　② きまぐれに　　③ なにげなく　　④ すばやく

17 効率がよくて、手軽にできるダイエットはないです。
　　① 誠実に　　　　② 簡単に　　　　③ 短気に　　　　④ 良好に

18 はるかな宇宙の中、無数にある惑星の中で、わざわざ地球に向かってくる宇宙人がいると思いますか。
　　① 広々とした　　② 遠く離れた　　③ 重んじる　　　④ かけがえのない

19 最近、好景気で株価がゆるやかに上がっています。
　　① うなぎのぼりに　② のんびり　　③ ゆっくり　　　④ 急激に

解析方案——形容动词（な形容词） 模拟习题

問題3　＿＿＿の言葉に意味が最も近いものを、1・2・3・4から一つ選びなさい。

问题3　请从1・2・3・4中选出最接近画线词语意义的一项。

14　すこやかな結婚生活に必要な「重要ポイント」はお互いの愛でしょう。
　　① 健全な　　② 動的な
　　③ 勇敢な　　④ 透明な

14　健康的婚姻生活所必备的"要点"，恐怕就是彼此之间的爱吧。
　　答案　① 健やか 健壮，健康，健全 / 健全 健全
　　词汇　重要 重要　お互い 彼此　愛 爱　動的 动态的　勇敢 勇敢
　　　　　透明 透明

15　僕は、デートは動物園に行ったり食事に行ったりする、つきなみなことしか思いつきません。
　　① 露骨な　　② 鈍感な
　　③ 独特な　　④ 平凡な

15　提起约会，我只会想起去动物园或吃饭这些老一套。
　　答案　④ 月並み 平凡，老一套 / 平凡 平凡
　　词汇　動物園 动物园　食事 吃饭　露骨 露骨　鈍感 感觉迟钝
　　　　　独特 独特

16　文化祭終了後、実行委員はすみやかに会場を片付け、元どおりにしてください。
　　① すこやかに　② きまぐれに
　　③ なにげなく　④ すばやく

16　文化节结束后，请执行委员迅速整理会场将其恢复原样。
　　答案　④ 速やか 快，迅速，快速 / 素早い 快
　　词汇　文化祭 中学生、高中生的学校庆典　終了後 结束后
　　　　　実行 执行　委員 委员　片付ける 收拾，整理　元 原来
　　　　　気まぐれ 反复无常　何気ない 若无其事，泰然自若

17　効率がよくて、手軽にできるダイエットはないです。
　　① 誠実に　　② 簡単に
　　③ 短気に　　④ 良好に

17　没有既有效又简便易行的减肥（方法）。
　　答案　② 手軽 简便，简单，容易 / 簡単 简单
　　词汇　効率 效率　誠実 诚实　短気 性急　良好 良好

18　はるかな宇宙の中、無数にある惑星の中で、わざわざ地球に向かってくる宇宙人がいると思いますか。
　　① 広々とした　② 遠く離れた
　　③ 重んじる　　④ かけがえのない

18　您认为在遥远宇宙的无数行星中会有故意冲向地球的外星人吗？
　　答案　② 遥か 遥远，远远 / 遠く離れる 遥远
　　词汇　宇宙 宇宙　無数 无数　惑星 行星　わざわざ 故意　地球 地球
　　　　　向かう 冲着　宇宙人 宇宙人　広々 广阔无垠　重んじる 注重
　　　　　かけがえのない 不可替代

19　最近、好景気で株価がゆるやかに上がっています。
　　① うなぎのぼりに　② のんびり
　　③ ゆっくり　　　　④ 急激に

19　最近市场很景气，所以股价在缓慢上涨。
　　答案　③ 緩やか 缓慢，宽松 / ゆっくり 慢慢地
　　词汇　最近 最近　好景気 好景气　株価 股价
　　　　　うなぎのぼり 直线上升　のんびり 悠闲　急激 急剧

模拟习题——形容动词（な形容词）

模拟习题

問題4 次の言葉の使い方として最もよいものを、1・2・3・4から一つ選びなさい。

20 のどか
① 私の職場は、忙しい人と<u>のどか</u>な人の差が激しいです。
② この村は都会の喧騒とは無縁で緑豊かで、<u>のどか</u>な小さな村です。
③ 私はいつも<u>のどか</u>な時は、コンピュータか読書をしています。
④ 土日はかなり込み合うので<u>のどか</u>をもって出かけたほうがいい。

21 半端
① なぜ神は地震などによって人間に<u>半端</u>な試練を与えるのでしょうか。
② 親は中国人の彼との交際を<u>半端</u>に反対しています。
③ コンピュータは<u>半端</u>な資料の保存を可能にした。
④ <u>半端</u>な立場は止めなさい。もっと自分の意見をはっきり言え。

22 質素
① 父の遺言は、<u>質素</u>な葬儀を行うことでした。
② 会長の山田さんより、息子の社長が会社の<u>質素</u>的な権力を持っている。
③ ほとんど毎日、食事はご飯とみそ汁に一品料理だけという<u>質素</u>な生活を送る。
④ 私の「<u>質素</u>な行動で」、多くの人に迷惑をかけてしまった。

23 好調
① 日本車が中国の輸入車市場の20％を超えるほど、<u>好調</u>に売れています。
② <u>好調</u>なリズムを使ったこの曲はすごい人気を呼んだ。
③ <u>好調</u>のいい会社で面接を受けたが悔しくも落ちてしまった。
④ 前回の小説でみなさんからご<u>好調</u>を頂いたので、もう一つ書いて見ました。

24 ざつ
① 作業員が<u>ざつ</u>な仕事をすると、結局、2倍の時間が必要になる。
② 生徒は先生の<u>ざつ</u>な心配りに感動した。
③ 欲しかったカメラを<u>ざつ</u>な値段で売っていたので購入を断念しました。
④ 一週間も続く雨のせいで計画が<u>ざつ</u>になった。

25 早急
① 会議で各分野の専門家が<u>早急</u>に意見を交換しました。
② 文書が届きしだい、<u>早急</u>に処理させていただきます。
③ 部長はもうすぐ定年なのにいつも<u>早急</u>的に動き回る。
④ 砂浜の清掃は近くの小学生たちが<u>早急</u>的に始めたものです

解析方案——形容动词(な形容词) 模拟习题

問題 4 次の言葉の使い方として最もよいものを、1・2・3・4から一つ選びなさい。

问题 4 请从1・2・3・4中选出下列词语的使用方法最恰当的一项。

20 のどか

① 私の職場は、忙しい人と<u>のどか</u>な人の差が激しいです。
② この村は都会の喧騒とは無縁で緑豊かで、<u>のどか</u>な小さな村です。
③ 私はいつも<u>のどか</u>な時は、コンピュータか読書をしています。
④ 土日はかなり込み合うので<u>のどか</u>をもって出かけたほうがいい。

20 答案 ② 長閑か 悠闲(空间或情景)，晴朗
① 在我的工作单位,忙的人和闲的人差异很大。→ 暇 闲暇(时间的)
② 这个村庄远离城市的嘈杂，是个资源丰富而又悠闲的小村庄。
③ 我在闲暇时总是打电脑或读书。→ 暇 闲暇
④ 因为星期六和星期天非常拥挤，所以最好提前出门。
　→ ゆとり 星期六和星期天

词汇 職場 工作单位　差 差别　激しい 激烈，严重　都会 城市
　　　喧騒 嘈杂　無縁 无关　緑 草绿，自然　豊か 丰富，富裕
　　　読書 读书　土日 星期六和星期天　込み合う 拥挤

21 半端

① なぜ神は地震などによって人間に<u>半端</u>な試練を与えるのでしょうか。
② 親は彼との交際を<u>半端</u>に反対しています。
③ コンピュータは<u>半端</u>な資料の保存を可能にした。
④ <u>半端</u>な立場は止めなさい。もっと自分の意見をはっきり言え。

21 答案 ④ 半端 不完整，愚蠢
① 为什么神会用地震等带给人类残酷的考验呢? → 過酷 残酷
② 父母强行反对我与他交往。→ 強硬 强行
③ 电脑使庞大的资料得以保存。→ 膨大 庞大
④ 放弃愚蠢的观点，更加明确地说出自己的见解吧。

词汇 神 神　地震 地震　試練 考验　与える 给　交際 交往
　　　資料 资料　保存 保存　可能 可能　立場 观点　止める 作罢
　　　意見 见解

22 質素

① 父の遺言は、<u>質素</u>な葬儀を行うことでした。
② 会長の山田さんより、息子の社長が会社の<u>質素</u>的な権力を持っている。
③ ほとんど毎日、食事はご飯とみそ汁に一品料理だけという<u>質素</u>な生活を送る。
④ 私の「<u>質素</u>な行動で」、多くの人に迷惑をかけてしまった。

22 答案 ③ 質素 俭朴(生活方面)
① 爸爸的遗言是举行简朴的葬礼。→ 簡素 简朴
② 比起身为会长的山田先生，倒是身为社长的山田先生的儿子掌握着实权。
　→ 実質 实质
③ 几乎每天过着只吃米饭和酱汤，外加一个小菜的俭朴生活。
④ 因为我轻率的行为，给很多人带去了麻烦。→ 軽率 轻率

词汇 遺言 遗言　葬儀 葬礼　権力 权力　一品料理 一个小菜
　　　迷惑 麻烦

23 好調

① 日本車が中国の輸入車市場の20％を超えるほど、<u>好調</u>に売れています。
② <u>好調</u>なリズムを使ったこの曲はすごい人気を呼んだ。
③ <u>好調</u>のいい会社で面接を受けたが悔しくも落ちてしまった。
④ 前回の小説でみなさんからご<u>好調</u>を頂いたので、もう一つ書いて見ました。

23 答案 ① 好調 顺利
① 日本汽车占了中国进口车辆市场的20%以上，销售很顺利。
② 运用单一节奏的这支曲子，受到了极大的欢迎。→ 単調 单调
③ 到一家口碑很好的公司去面试，却遗憾地落选了。→ 評判 评价
④ 上次的小说受到了各位的好评，所以又试着写了本书。
　→ 好評 好评

词汇 輸入車 进口车　超える 超过　売れる 畅销　曲 曲子
　　　人気 欢迎　面接 面试　悔しい 委屈，悲愤　落ちる 落选
　　　前回 上次　小説 小说　頂く 受到

解析方案——形容动词（な形容词） 模拟习题

24 ざつ
① 作業員が<u>ざつ</u>な仕事をすると、結局、2倍の時間が必要になる。
② 生徒は先生の<u>ざつ</u>な心配りに感動した。
③ 欲しかったカメラを<u>ざつ</u>な値段で売っていたので購入を断念しました。
④ 一週間も続く雨のせいで計画が<u>ざつ</u>になった。

25 早急
① 会議で各分野の専門家が<u>早急</u>に意見を交換しました。
② 文書が届きしだい、<u>早急</u>に処理させていただきます。
③ 部長はもうすぐ定年なのにいつも<u>早急的</u>に動き回る。
④ 砂浜の清掃は近くの小学生たちが<u>早急的</u>に始めたものです。

24 答案 ① ざつ 混杂，掺杂，草率
① 操作员如果草率地做事，就会导致需要双倍的时间。
② 学生被老师无微不至的关怀所感动。
→ 細やか 详细，细致，仔细
③ 曾经希望得到的相机正以荒唐的价格出售，于是断了购买的念头。
→ 無茶苦茶 毫无道理，荒唐
④ 因为连续下了一个星期雨，所以计划变得乱七八糟。
→ 無茶苦茶 毫无道理，荒唐
词汇 作業員 作业人员 結局 结局 生徒 学生 心配り 照顾
感動 感动 欲しい 希望得到的 値段 价格 購入 买 断念 死心

25 答案 ② 早急 赶快
① 在会上各个领域的专家活跃地交换了意见。→ 活発 活跃
② 文件一到，就会赶快处理。
③ 部长先生虽然已经快退休了，却总是精力充沛地活动。
→ 精力的 精力充沛地
④ 清扫海滨沙滩是由附近的小学生们自发开始的。
→ 自発的 自发的
词汇 各分野 各个领域 専門家 专家 交換 交换 文書 文件
届く 达，到达 动词ます形+しだい 立刻…… 処理 处理
动词使役形+ていただきます 会……（谦逊语） 定年 退休
動き回る 活动 砂浜 海滨沙滩 清掃 清扫

打造实力方案　　副词

- **敢えて** 决(不)，敢于，特意
  → 最近は敢えて結婚しない女性もけっこういる。
  最近有相当多的女性坚决不结婚。

- **あっさり** 干脆，素净
  → あなたは男性に浮気されたら、あっさり別れますか。
  要是男人拈花惹草，您能干脆地与他分手吗？

- **あらかじめ** 预先，事先
  → プロレスはあらかじめシナリオがあって、その通りにやっているんだそうだ。
  听说职业摔跤会事先有个脚本，并照此执行。

- **いかにも** 真，果然
  → 弟の分まで食べるなんて、いかにも彼のやりそうなことだ。
  连弟弟那份都吃，果然是他的风格。

- **幾多** 无数，许多
  → 21世紀の科学万能の時代でも不思議な事件が幾多も起きている。
  即使是在21世纪科学万能的时代，也会发生无数不可思议的事件。

- **いたって** 非常，很
  → 彼女はいたって陽気な性格で、何事にも肯定的だ。
  她的性格非常阳光，所以对任何事情都是肯定的。

- **一気に** 一口气
  → 一気に痩せる方法はない。毎日規則的に運動しなさい。
  没有一口气瘦下来的方法。还是每天有规律地做运动吧。

- **一挙に** 一举，一下子
  → このプログラムを使うと、一挙に迷惑メールを消去できます。
  使用这个程序，就可以一举删除垃圾邮件。

- **一斉に** 同时
  → どうして群れを成す魚や鳥は一斉に同じ方向に向かうのか。
  为什么成群的鱼或鸟会同时朝着一个方向去呢？

- **いっそ** 倒不如，索性
  → 悩まないで、いっそ彼のことを忘れられたら、大変気が楽なのに。
  不要苦恼，倒不如忘了他，心里会舒服得多。

- **一体** 究竟
  → 一体どうしたら歯の痛みを堪えられるのでしょうか。
  究竟怎么做才能忍住牙疼呢？

- **一遍に** 同时
  → 就職活動をするとき一遍に数十ヵ所の会社に応募します。
  找工作的时候，会同时到数十家公司应聘。

- **いまさら** 事到如今
  → いまさら発言を取り消しても無駄だ。
  事到如今就算取消发言也无济于事。

- **いまだ** 还，迄今，到现在
  → こんな生意気なやつはいまだかつて見たことがない。
  迄今为止还从未见到过这么狂妄的家伙。

打造实力方案 — 副词

- **うんざり** 腻烦
  → 友だちの卑怯な行動にうんざりした。
  腻烦了朋友卑劣的行径。

- **遅くとも** 最晚
  → 夜は早くて11時遅くとも1～2時に寝ることにしている。
  晚上最早11点，最晚也会在一两点钟睡下。

- **おどおど** 提心吊胆，恐惧不安，胆怯
  → 他人に考えを読まれまいとして、最近はかえって人前でおどおどするようになってしまいました。
  因为不想让别人看出我的想法，所以最近反而在别人面前变得很胆怯。

- **自ずから** 自然而然地
  → 学ぶ姿勢のある者には、自ずから知識や知恵が与えられます。
  有学习态度的人，自然而然地就会拥有知识和智慧。

- **且つ** 同时
  → 寿司は日本特有の食べ物で、且つ世界に通ずるものでもある。
  寿司是日本特有的食品，同时也是传遍世界的食品。

- **がっくり** 颓时(垂头丧气)，突然(颓丧)，立刻(泄气)
  → 年金の支給予定金額のお知らせがきたのですが、あまりの小額にがっくりです。
  收到养老金预付金额的相关通知，却因数额太小而马上颓丧起来。

- **がっしり** 健壮，坚固，结实
  → 最近は、筋肉質でがっしりしている男性よりスリムな男性のほうが人気がある。
  最近比起肌肉结实的男人，苗条的男人更受欢迎。

- **がっちり** 严实，结实
  → 父親は身長が高くてがっちりした体格をしている。
  爸爸个子又高，身体又结实。

- **かつて** 曾经，从前，从未
  → かつて繁栄した日本の大都市といえば、京都、川崎などがある。
  提起曾经繁荣一时的日本大都会，有京都、川崎等。

- **予て** 事先，老早
  → 先生に叱られるのは予てから覚悟していた。
  老早就做好了被老师批评的思想准备。

- **がやがや** 吵吵嚷嚷，叽里呱啦
  → がやがやうるさい大人数の飲み会では隣の人の話もろくに聞き取れない。
  在吵吵嚷嚷嘈杂不已的众人酒会上，就连旁边的人说些什么都听不清楚。

- **仮に** 假定，暂时
  → 仮に入社できても、そのあとがまた心配になるのです。
  假定能进公司，可那之后还是会令人担心。

- **かろうじて** 好不容易才，勉勉强强
  → 私の提案はかろうじて過半数を得て通過した。
  我的提案勉勉强强超过半数，获得了通过。

- **代わる代わる** 轮流，轮班
  → 親戚たちに代わる代わるお金を借りた。
  向亲戚们轮流借钱。

打造实力方案　　副词

- **きちっと** 分明地, 正儿八经地
  → お互いきちっと話し合って決めたんですが、どうでしょうか。
  是彼此正儿八经地商量之后做出的决定，怎么样？

- **きっかり** 明显, 分明, 整
  → 塩をきっかり100グラム入れてから砂糖を50グラム入れてください。
  请放入整100克食盐之后，再放入50克砂糖。

- **きっちり** 正合适, 满满的
  → 高校の制服は、入学当初はきっちりしたんですが、今はすごくきついです。
  高中校服在入学之初十分合身，如今却变得非常小了。

- **きっぱり** 斩钉截铁地, 断然
  → 飲酒運転をきっぱりやめる方法は酒を断つことです。
  严格杜绝酒后驾车的方法就是戒酒。

- **極めて** 极其, 非常
  → 彼にとって杉本は極めて強力なライバルです。
  对他而言，杉本是极其强劲的竞争对手。

- **くっきり** 清清楚楚, 显眼
  → 遠くの山がくっきり見えて嬉しかった。
  能清清楚楚地看到远山，所以很开心。

- **ぐったり** 精疲力尽, 有气无力
  → 愛犬が低体温でぐったりしています。
  爱犬因为体温低而有气无力。

- **ぐっと** 一口气, 使劲, 猛力
  → 薬を飲んだらぐっと体温が下がった。
  吃了药，结果体温猛地降了下来。

- **げっそり** 骤然消瘦
  → 一年ぶりに会った友だちがげっそり痩せていてびっくりしました。
  时隔一年才见到的朋友消瘦得令人大吃一惊。

- **煌々と** 耀眼
  → 選挙期間中の事務所の電灯は一晩中煌々とついたままでした。
  选举期间办公室里彻夜亮着耀眼的灯光。

- **ことごとく** 所有, 全部
  → わが校からの出場選手はことごとく入賞した。
  我校的参赛选手全部都获得了奖项。

- **殊に** 尤其
  → 果物が好きですが、殊にリンゴが好きです。
  喜欢水果，尤其是苹果。

- **ことによると** 说不定, 也许
  → 会議には出席するつもりでおりますが、ことによると多少遅れるかもしれません。
  我想出席会议，不过也许会晚一会儿。

- **粉々** 粉碎
  → ボールが飛んできてガラスが粉々になった。
  玻璃被飞来的球砸得粉碎。

- **さぞ**(=さぞかし, さぞや) 也许, 想必
  → 三年もアメリカに行っていたなら、さぞかし英語はうまくなっただろう。
  既然在美国呆了三年，想必英语应该很熟练了吧。

打造实力方案　副词

- **さっと** 迅速，一下子，唰地
  → 宿題がなかなかさっと終わらせられない。
  怎么也不能迅速完成作业。

- **さほど**（多与否定语句呼应）那么，那样
  → 九州の気温は関東とさほど差がないです。
  九州的气温和关东地区没什么差异。

- **さも** 非常，实在
  → 部長は僕の性格を勝手に、さも分かっているかのように言っている。
  部长先生好像对我非常了解似的，肆意谈论着我的性格。

- **しいて** 强迫，强逼
  → しいて言うなら、広い家より駅から近い家に住みたい。
  非说不可的话，我觉得比起宽敞的房子，更想住离车站近的房子。

- **じっくり** 稳当地，仔细地
  → じっくり仕事に取り組める会社に勤めたい。
  想在能稳稳当当专注于工作的公司做事。

- **種々（しゅしゅ）** 各种
  → 人を評価する基準は、マナー、能力など種々考えられます。
  评价人的标准，可以从作风、能力等各方面予以考虑。

- **ずらっと** 一大排
  → 駅のエスカレーターにずらっと人が並んでいる。
  车站的自动扶梯前站了一大排人。

- **ずるずる** 拖拉着，耷拉着
  → 彼らは何か重い物をずるずる引きずっていった。
  他们拖着一些很重的东西走了。

- **すんなり** 光滑，顺利地，轻易地
  → 何事でも経験した事のある事ならわりとすんなり始められる。
  无论什么事情，只要曾经经历过，就可以比较容易开始。

- **それゆえ** 所以
  → 母が茶道をしている。それゆえ子どものころからお茶になじみがある。
  妈妈在做茶道，所以我从小就对茶有亲切感。

- **だぶだぶ（＝ぶかぶか）** 又肥又大
  → このズボンはお腹周りにだぶだぶ感があります。
  感觉这条裤子的腰围又肥又大。

- **ちょくちょく** 时常，常常
  → 妊娠中に夫がいないときはちょくちょく実家へ帰りたいなと思っている。
  我怀孕时，如果丈夫不在家，就会时常想回娘家。

- **ちらっと** 一闪，稍微，一晃
  → 病院でちらっと見た看護婦の名前が覚えられなかった。
  想不起来在医院一晃而过的护士叫什么名字。

- **てんで** 压根儿，很，非常
  → 子どもだからといっててんで相手にしてくれなかった。
  因为是孩子，所以压根儿就没搭理。

打造实力方案　副词

- とうとう 终于
  → みんなのおかげでとうとうたばこを止めることができた。
  托大家的福，终于把烟戒掉了。

- 堂々 堂堂正正
  → 教授の間違った説明に堂々と反論する者はいなかった。
  对教授错误的说明，没有人堂堂正正地予以反驳。

- どうにか 好歹，设法
  → 数学は才能が必要とされず、暗記や努力でどうにかなるものだと思う。
  我认为数学并非需要才能，通过背诵和努力完全可以学好。

- どうやら 总觉得，好像是
  → どうやら彼女も僕のことが好きみたいだ。
  总觉得她好像也喜欢我。

- とかく 不管怎样，总之
  → 誰が何と言ってもとかく私はやりたくない。
  无论别人怎么说，我都不想做。

- とっさに 一瞬间，即刻
  → 左利きの人はとっさに左右の判断ができないって。
  据说左撇子的人不能即刻判断出左右。

- 突如 突然
  → 突如左折する車に追突して怪我をした。
  被突然左转的车追尾，受了伤。

- とりわけ 尤其，特别
  → 仏教では奇数、とりわけ3の倍数に意味があることが多い。
  在佛教中，奇数，尤其是3的倍数多半是具有某种寓意的。

- とんだ 意想不到的
  → 取引先のとんだ要求にどうしようもなかった。
  对客户提出的意想不到的要求感到无可奈何。

- なおさら 更
  → 「ゆとりの教育」で、なおさら馬鹿が急増したとも言います。
  听说因为"宽松教育"反而骤增了许多傻瓜。

- 長々 冗长
  → 長々と意味のない演説を聞く観衆は誰もいないよ。
  没有观众会听冗长而又毫无意义的演讲。

- なにとぞ 设法，请（千万）
  → なにとぞご協力のほどお願い致します。
  请设法协助我们。

- なるたけ 尽可能
  → コンピュータの初心者なのでなるたけ分かりやすく教えてほしいです。
  因为是电脑初学者，所以希望尽可能说明得通俗易懂一些。

- 何だか 总觉得，不知为什么
  → 昨日行ったカラオケは何だか変な雰囲気でした。
  昨天去的练歌房不知为什么气氛很奇怪。

打造实力方案　　副词

- **なんだかんだ** 这个那个
  → 人生についてなんだかんだと言っても、最後は「死」です。
  虽然对人生说这说那，最终也难逃一"死"。

- **何と** 敢情，原来是，真是
  → 社長は何と40歳なのにまだ結婚していないらしい。
  社长都40岁了，好像还没结婚似的。

- **なんなり** 无论什么
  → もし、追加で情報が要る場合にはなんなりと言ってください。
  如果需要补充信息，无论什么请尽管讲。

- **甚だ** 非常，极其
  → 夜遅くピアノを弾くのは近所に甚だ迷惑です。
  钢琴弹到深夜是对邻居极大的骚扰。

- **はらはら** 非常担心貌，簌簌下落貌
  → 花びらがはらはら落ちている街を彼女と歩いた。
  和她一起走在簌簌飘落着花瓣的街道上。

- **ひいては** 更进一步
  → 人のために尽くすことが、ひいては自分のためになる。
  为了别人竭尽全力，其实更进一步讲也是为了自己。

- **ひたすら** 只顾，一味
  → 友人はひたすら先生の説教を聞くだけだった。
  朋友只是一味地听从老师的说教而已。

- **びっしょり** 湿透
  → 私は緊張したり、気温が高いと手にびっしょり汗をかいてしまいます。
  只要紧张或气温高，我就会满手都是湿漉漉的汗。

- **ひょっと** 突然
  → ひょっと営業部の池田さんならお金を貸してくれるかもしれないと思った。
  突然想起来，要是营业部的池田先生的话，没准儿会借钱给我。

- **ぺこぺこ** 饥肠辘辘，点头哈腰
  → 誰に対しても必要以上にぺこぺこするのは悪い印象を与える。
  毫无必要地对谁都点头哈腰，会给人留下不好的印象。

- **ほっと** 轻微叹气貌，放心貌
  → 論文を締め切りまで終えてほっとした。
  论文收了尾，总算放心了。

- **ぼつぼつ** 渐渐，慢慢
  → 暑かったので上着を脱いでぼつぼつ歩きました。
  因为热，所以脱了上衣慢慢地走。

- **まことに** 的确
  → 子どもが病気のため、まことに勝手ながらお休みさせていただきます。
  因为孩子病了，所以虽然的确有些随便，但是还请准许我休假。

- **まさしく** 确实，诚然
  → 写真に写っている男はまさしく私の弟です。
  相片里的男人，确实是我弟弟。

打造实力方案 副词

□ まして 更
→ 国内旅行でも、5万円以上かかる。まして海外旅行ならもっとかかるだろう。
就算是国内旅行都需要5万日元以上，海外旅行就需要更多了。

□ まるっきり 根本，全然
→ お医者さんの指示どおりに薬を飲んだのに、まるっきり病状は改善されない。
按照医嘱吃的药，但病情根本就没有得到改善。

□ 丸々 全部，胖胖的，滚圆
→ この仕事をするのに丸々一週間かかった。
做这件事情整整用了一个星期。

□ むしろ 倒是
→ 私は苦手な、むしろ嫌いなタイプの男性にばかり好かれます。
我反倒只对我不待见的、讨厌的那一类男性才具有吸引力。

□ 無論 当然
→ 僕も行かせてください。無論経費は払います。
请让我也去吧。当然，我会支付费用的。

□ もしくは 或者
→ デザインを専門にしている方、もしくはファッションに興味がある方に質問します。
要向以设计为专业的或对时装感兴趣的人提问。

□ もっぱら 只
→ 僕の今の先生は、もっぱらネットの中の見えざる先生です。
我现在的老师只有在网络上才能见得到。

□ もはや 已经，早就
→ この単語はもはや死語になって、知ってる人はあんまりいない。
这个词语已经成为死了的单词，因此几乎没有人知道。

□ もろに 彻底，正面
→ 朝日がもろに当たる部屋はいつも暖かい感じがする。
直射进朝阳的房间，总会给人以温暖的感觉。

□ やけに 过于，很
→ 最近、やけにギャンブル関連のサイトが増えてきたような気がする。
最近感觉到与赌博相关的场所似乎增加了不少。

□ 故に 所以，因此
→ 僕は他の人たちに変な噂を流されている。故にみんなに嫌われるんだよ。
关于我的奇怪传闻正在很多人之间传播。所以大家都很讨厌我。

□ 余程 相当，颇
→ 余程厳しい練習をしない限りはスポーツドリンクではなく水のほうがいい。
既然没有进行非常严格的训练，那么水会比运动饮料更好一些。

□ わざわざ 特意
→ 本人のいないところで聞いた悪口を、わざわざ本人に伝えるのは間違っていると思います。
我觉得把当事人没在场时听到的坏话传给当事人听是不对的。

* 副词几乎不可能在问题1（读汉字）中出现，所以没有必要特别准备。但是汉字副词在阅读理解部分会出现，所以需要背下来。

模拟习题——副词

問題2 （　　）に入れるのに最もよいものを、1・2・3・4から一つ選びなさい。

7 彼とは（　　）してはいけないと思い、今は付き合える状態ではないから別れを告げた。
　① しゅしゅ　　② こうこう　　③ ざあざあ　　④ ずるずる

8 （　　）こんな美しい光景を見たことがない。
　① いまだ　　② きわめて　　③ さも　　④ かつ

9 事故を何回も起こすと保険料が（　　）上がる。
　① しいんと　　② そっと　　③ ぐっと　　④ ずっと

10 私が見つけたときには彼は意識を失って（　　）床に倒れていた。
　① ぐったり　　② さっぱり　　③ きっぱり　　④ どっしり

11 少年が（　　）しながら犬に近づいた。
　① ながなが　　② どうどう　　③ ちやほや　　④ おどおど

12 子どもたちが（　　）騒いでいる。
　① かちかち　　② からから　　③ がやがや　　④ がさがさ

13 部屋の飾り付けは（　　）していた。
　① きっかり　　② あっさり　　③ うんざり　　④ さっぱり

解析方案——副词　模拟习题

問題2 （　）に入れるのに最もよいものを、1・2・3・4から一つ選びなさい。

问题2 请从1・2・3・4中选出最恰当的一项填入（　）中。

7 彼とは（　）してはいけないと思い、今は付き合える状態ではないから別れを告げた。
① しゅしゅ　② こうこう
③ ざあざあ　④ ずるずる

7 考虑到跟他不能拖拖拉拉的，而且现在并不是能交往的状态，于是提出了分手。
答案 ④ ずるずる 拖拖拉拉
词汇 付き合う 交往　状態 状态　別れ 分手　告げる 告诉
　　種々 各种　煌々と 耀眼　ざあざあ 哗哗地（下雨、流水声）

8 （　）こんな美しい光景を見たことがない。
① いまだ　② きわめて
③ さも　　④ かつ

8 至今都没有见到过这么美丽的景象。
答案 ① いまだ 还，至今，到现在
词汇 光景 景象　極めて 极其，非常　さも 非常，实在　且つ 并且

9 事故を何回も起こすと保険料が（　）上がる。
① しいんと　② そっと
③ ぐっと　　④ ずっと

9 如果多次引起事故，保险费就会一下子上涨。
答案 ③ ぐっと 一口气，使劲，猛力
词汇 事故 事故　起こす 引起　保険料 保险费　上がる 上涨
　　しいんと 静悄悄，静静地　そっと 悄悄地，轻轻地
　　ずっと 更，一直

10 私が見つけたときには彼は意識を失って（　）床に倒れていた。
① ぐったり　② さっぱり
③ きっぱり　④ どっしり

10 当我发现时，他已经失去了意识，少气无力地倒在了地板上。
答案 ① ぐったり 精疲力尽，少气无力
词汇 見つける 发现　意識 意识　失う 失去　床 地板　倒れる 倒下
　　さっぱり 清淡，干净　きっぱり 斩钉截铁地，断然
　　どっしり 沉重，稳重

11 少年が（　）しながら犬に近づいた。
① ながなが　② どうどう
③ ちやほや　④ おどおど

11 少年提心吊胆地靠近了狗。
答案 ④ おどおど 提心吊胆，恐惧不安，胆怯
词汇 少年 少年　犬 狗　近づく 靠近　長々 冗长　堂々 堂堂正正
　　ちやほや 奉承

12 子どもたちが（　）騒いでいる。
① かちかち　② からから
③ がやがや　④ がさがさ

12 孩子们叽里呱啦地吵闹着。
答案 ③ がやがや 吵吵嚷嚷，叽里呱啦
词汇 騒ぐ 吵闹　かちかち 硬梆梆，滴答滴答
　　からから 干巴巴，空空　がさがさ 沙沙地响

13 部屋の飾り付けは（　）していた。
① きっかり　② あっさり
③ うんざり　④ さっぱり

13 房间装饰得很素净。
答案 ② あっさり 干脆，素净
词汇 飾り付け 装饰　きっかり 明显，分明，整　うんざり 腻烦
　　さっぱり 清淡，干净

模拟习题——副词 模拟习题

問題3 ＿＿＿の言葉に意味が最も近いものを、1・2・3・4から一つ選びなさい。

14 挑戦者はチャンピオンにあっさりと負けた。
　① うんざりと　　② がっしりと　　③ ころりと　　④ きっかりと

15 ダムの建設にあたって、きわめて困難な問題に直面した。
　① いたって　　② いっせいに　　③ すんなり　　④ とうとう

16 どうやらベテランと若手の間で意見が食い違っているらしい。
　① どうも　　② どうにか　　③ とかく　　④ とっさに

17 ぼつぼつたまった仕事を片付けようか。
　① はらはら　　② そろそろ　　③ どうどう　　④ ぶかぶか

18 社会学も哲学もこの世界が直面している現実を前にしてはまるっきり役に立たない。
　① まして　　② まさしく　　③ まったく　　④ ひょっと

19 準備に時間がかかったのは、ひとえに私のだんどりの悪さです。
　① むしろ　　② ひいては　　③ なるたけ　　④ もっぱら

解析方案——副詞　模擬習題

問題3　＿＿＿＿の言葉に意味が最も近いものを、1・2・3・4から一つ選びなさい。

14　挑戦者はチャンピオンにあっさりと負けた。
　①うんざりと　②がっしりと
　③ころりと　　④きっかりと

15　ダムの建設にあたって、きわめて困難な問題に直面した。
　①いたって　　②いっせいに
　③すんなり　　④とうとう

16　どうやらベテランと若手の間で意見が食い違っているらしい。
　①どうも　　　②どうにか
　③とかく　　　④とっさに

17　ぼつぼつたまった仕事を片付けようか。
　①はらはら　　②そろそろ
　③どうどう　　④ぶかぶか

18　社会学も哲学もこの世界が直面している現実を前にしてはまるっきり役に立たない。
　①まして　　　②まさしく
　③まったく　　④ひょっと

19　準備に時間がかかったのは、ひとえに私のだんどりの悪さです。
　①むしろ　　　②ひいては
　③なるたけ　　④もっぱら

问题3　请从1・2・3・4中选出与画线词语意义最相近的一项。

14　挑战者彻底输给了卫冕者。
　　答案　③　あっさり 干脆，素净／ころりと 彻底
　　词汇　挑戦者 挑战者　負ける 败，输　うんざり 腻烦
　　　　　がっしり 健壮，坚固，结实　きっかり 明显，分明，整

15　在建设水库的时候，面临了极其困难的问题。
　　答案　①　極めて 极其，非常／いたって 非常，很
　　词汇　建設 建设　〜にあたって 在……的时候　困難 困难　直面 面临
　　　　　一斉に 同时　すんなり 光滑，顺利地，轻易地　とうとう 终于

16　总觉得老行家与年轻人之间的意见好像存在着分歧。
　　答案　④　どうやら 总觉得，好像是／どうも 总觉得，有点儿
　　词汇　若手 年轻人　間 中间　食い違う 分歧　どうにか 好歹，设法
　　　　　とかく 不管怎样，总之　とっさに 一瞬间，即刻

17　慢慢处理一下堆积的工作吧。
　　答案　②　ぼつぼつ 渐渐，慢慢／そろそろ 慢慢，徐徐
　　词汇　片付ける 处理，整理　はらはら 非常担心貌，簌簌下落貌
　　　　　堂々 堂堂正正　ぶかぶか 飘飘摇摇

18　社会学也好，哲学也好，在这个世界所面临的现实面前，根本没有帮助。
　　答案　③　まるっきり 根本，全然／全く 全然
　　词汇　社会学 社会学　哲学 哲学　現実 现实　役に立つ 有帮助
　　　　　まして 更　まさしく 确实，诚然　ひょっと 偶然

19　准备工作花了很多时间，完全是由于我没有把事情处理好。
　　答案　①　ひとえに 唯有，完全／もっぱら 只
　　词汇　準備 准备　だんどり（事情的）顺序，方法　むしろ 莫如
　　　　　ひいては 进一步　なるたけ 尽可能

 模拟习题

問題4 次の言葉の使い方として最もよいものを、1・2・3・4から一つ選びなさい。

20 あらかじめ
① 批判的な内容を語るということをあらかじめご了承ください。
② 年賀状で、あらかじめの友人の結婚を知ったのです。
③ あらかじめ、大学で原子力発電の安全性は、証明されたことがないという講座を受けたことがある。
④ あらかじめ池田さんという方から電話がありました。

21 いまさら
① もうちょっと調べた上でいまさらお電話いたします。
② 山は危険なのになぜいまさら登るのか分からない。
③ いまさら君がどんなに嘆いてももうどうしようもないだろう。
④ いまさら見に行っただけの価値はある、面白い映画だった。

22 いまだ
① 水道の蛇口からいまだ水があふれそうだ。
② 3月なのに周囲の山々はいまだ冬の装いである。
③ 一夫多妻制の国がいまだもあるようです。
④ いまだ今年も2カ月しか残ってない。

23 おどおど
① 事故にあって助手席側のガラスがおどおどになりました。
② 大人数の飲み会はおどおどしてすごくうるさい。
③ 借金を返してくれる期限が過ぎたのに、おどおどと期限を伸ばした。
④ 私は自分に自信がないために何をするにもおどおどしてしまいます。

24 がっくり
① 信頼していた友だちに裏切られてがっくりきた。
② がっくりした体型を目指して毎日運動をしている。
③ がっくりと決まった時間に服用しなければ病気は治らない。
④ 仕事をがっくりと辞めてしまいたくなる時があります。

25 くっきり
① 最近、残業が続いて大体の従業員は疲れてくっきりしています。
② 生まれた時にはくっきり二重の目でしたが。
③ 分からないことがございましたらくっきり聞いてください。
④ 先生が出した課題を一日中くっきり考えた。

解析方案——副词　模拟习题

問題4　次の言葉の使い方として最もよいものを、1・2・3・4から一つ選びなさい。

问题4　请从1・2・3・4中选出下列词语的使用方法最恰当的一项。

20　あらかじめ

① 批判的な内容を語るということを<u>あらかじめ</u>ご了承ください。
② 年賀状で、<u>あらかじめ</u>の友人の結婚を知ったのです。
③ <u>あらかじめ</u>、大学で原子力発電の安全性は、証明されたことがないという講座を受けたことがある。
④ <u>あらかじめ</u>池田さんという方から電話がありました。

20　答案　① あらかじめ 预先，事先
① 首先请原谅我要对您讲批判性的话。
② 通过明信片得知以前的朋友已结婚。→ かつて 曾经，从前，从未
③ 大学时曾经听过有关"发展原子能的安全性尚未被证明"的讲座。
　→ かつて 曾经，从前，从未
④ 刚才有位自称是池田的先生来过电话。→ 先ほど 刚才

词汇　批判的 批判性　語る 讲　了承 谅解，知道　年賀状 贺年卡　原子力 原子能　発電 发电　安全性 安全性　証明 证明　講座 讲座

21　いまさら

① もうちょっと調べた上で<u>いまさら</u>お電話いたします。
② 山は危険なのになぜ<u>いまさら</u>登るのか分からない。
③ <u>いまさら</u>君がどんなに嘆いてももうどうしようもないだろう。
④ <u>いまさら</u>見に行っただけの価値はある、面白い映画だった。

21　答案　③ いまさら 事到如今
① 多了解一点之后再给您打电话。→ 改めて 再次，重新
② 山上很危险，真不知道为什么要特意爬上去。→ わざわざ 特意
③ 事到如今，你再怎么叹气也已经无济于事。
④ 是一部值得特意去看的有意思的电影。→ わざわざ 特意

词汇　調べる 调查　上で ……之后　危険 危险　登る 攀登　嘆く 叹息　価値 价值

22　いまだ

① 水道の蛇口から<u>いまだ</u>水があふれそうだ。
② 3月なのに周囲の山々は<u>いまだ</u>冬の装いである。
③ 一夫多妻制の国が<u>いまだ</u>もあるようです。
④ <u>いまだ</u>今年も2カ月しか残ってない。

22　答案　② いまだ 还，迄今
① 好像眼看就要从水龙头里溢出水来。→ いまにも 眼看
② 都已经3月份了，可周围的群山还是冬天的样子。
③ 好像现在还有一夫多妻制的国家。→ いまでも 现在还
④ 不知不觉今年也只剩下两个月了。→ いつしか 不知不觉

词汇　水道 下水道　蛇口 水龙头　あふれる 溢出　周囲 周围　装い 装束　一夫多妻 一夫多妻

23　おどおど

① 事故にあって助手席側のガラスが<u>おどおど</u>になりました。
② 大人数の飲み会は<u>おどおど</u>してすごくうるさい。
③ 借金を返してくれる期限が過ぎたのに、<u>おどおど</u>と期限を伸ばした。
④ 私は自分に自信がないために何をするにも<u>おどおど</u>してしまいます。

23　答案　④ おどおど 提心吊胆，恐惧不安，胆怯
① 因为出了事故，副驾驶一侧的玻璃已经粉碎。→ 粉々 粉碎
② 人多的酒席总是吵吵嚷嚷的，很嘈杂。
　→ がやがや 吵吵嚷嚷，叽里呱啦
③ 已经过了还债的期限，可还在拖拖拉拉地拖延时间。
　→ ずるずる 拖拉着，耷拉着
④ 因为我对自己没有信心，所以无论做什么事情都很胆怯。

词汇　事故 事故　助手席 助手席　側 侧　大人数 人多　借金 借款　返す 偿还，归还　期限 期限　過ぎる 超过　伸ばす 拖延　自信 信心

解析方案——副词 模拟习题

24 がっくり
① 信頼していた友だちに裏切られてがっくりきた。
② がっくりした体型を目指して毎日運動をしている。
③ がっくりと決まった時間に服用しなければ病気は治らない。
④ 仕事をがっくりと辞めてしまいたくなる時があります。

25 くっきり
① 最近、残業が続いて大体の従業員は疲れてくっきりしています。
② 生まれた時にはくっきり二重の目でしたが。
③ 分からないことがございましたらくっきり聞いてください。
④ 先生が出した課題を一日中くっきり考えた。

24 答案　① がっくり 顿时（垂头丧气），突然（颓丧），立刻（泄气）
① 被曾经信赖的朋友出卖，所以顿时颓丧起来。
② 以强健体魄为目标，每天都在做运动。→ がっちり 健硕
③ 不准时服用药物，病是不会好的。→ きっちり 正合适，满满的
④ 有时候会想干脆辞掉工作算了。→ きっぱり 斩钉截铁地，断然
词汇　信頼 信任　裏切る 出卖　体型 体型　目指す 以……为目标
服用 服用　治る 痊愈　辞める 辞（职）

25 答案　② くっきり 清清楚楚，显眼
① 因为最近连续加班，所以大部分职工都累得精疲力尽了。
→ ぐったり 精疲力尽，少气无力
② 出生时眼睛明显是双眼皮。
③ 如果有不明白的地方，无论是什么请尽管提问。
→ なんなり 无论什么
④ 仔细地想了一整天老师布置的任务。
→ じっくり 稳当地，仔细地
词汇　残業 加班　続く 继续　大体 大致，大部分　従業員 职工
疲れる 累　生まれる 出生　二重の目 双眼皮　課題 任务

模拟习题——副词

模拟习题

問題2 （　　　）に入れるのに最もよいものを、1・2・3・4から一つ選びなさい。

7　行方不明になった友だちに昨日、駅前で（　　　）会った。
　　① ばったり　　　② ぴったり　　　③ ぐったり　　　④ きっかり

8　池田さんは一人で（　　　）言うくせがある。
　　① おどおど　　　② ぶらぶら　　　③ ずるずる　　　④ ぶつぶつ

9　日本へ来たばかりだから何も知りません。（　　　）日本の習慣など知るはずがないでしょう。
　　① とかく　　　② まして　　　③ かろうじて　　　④ つとめて

10　また今日も徹夜だ、（　　　）夜が明けてきたらしい。
　　① どうにか　　　② どうやら　　　③ どうか　　　④ いまさら

11　うちの子は運転が乱暴で、事故を起こすのではないかと、わたしはいつも（　　　）している。
　　① おどおど　　　② しみじみ　　　③ はらはら　　　④ ぼつぼつ

12　ゲーム中に（　　　）コンピュータ画面が真っ暗になってしまった。
　　① とりわけ　　　② とうとう　　　③ どうにか　　　④ とつじょ

13　どっちもいいが、（　　　）言えば赤のほうが好きだ。
　　① しいて　　　② かねて　　　③ いっそ　　　④ いたって

解析方案——副词　模拟习题

問題2 （　）に入れるのに最もよいものを、1・2・3・4から一つ選びなさい。

问题2 请从1・2・3・4中选择最恰当的一项填入（　）中。

7　行方不明になった友だちに昨日、駅前で（　）会った。
　①ばったり　　②ぴったり
　③ぐったり　　④きっかり

7　昨天在车站前突然见到了曾经下落不明的朋友。
　答案 ① ばったり 突然停止貌，突然倒下貌，突然相遇貌
　词汇 行方不明 下落不明　駅前 站前
　　　ぴったり 紧紧地，准确无误，正中，恰好
　　　ぐったり 精疲力尽，少气无力　きっかり 明显，分明，整

8　池田さんは一人で（　）言うくせがある。
　①おどおど　　②ぶらぶら
　③ずるずる　　④ぶつぶつ

8　池田先生有自己嘟嘟囔囔的毛病。
　答案 ④ ぶつぶつ 嘟嘟囔囔，唠唠叨叨
　词汇 おどおど 提心吊胆　ぶらぶら 晃荡，溜达
　　　ずるずる 拖拉着，牵拉着

9　日本へ来たばかりだから何も知りません。（　）日本の習慣など知るはずがないでしょう。
　①とかく　　　②まして
　③かろうじて　④つとめて

9　刚来日本，所以什么都不知道。更不可能知道日本的习惯。
　答案 ② まして 更
　词汇 習慣 习惯　〜はずがない 不可能……　とかく 不管怎样，总之
　　　かろうじて 好不容易才，勉勉强强　つとめて 竭力，尽力

10　また今日も徹夜だ、（　）夜が明けてきたらしい。
　①どうにか　　②どうやら
　③どうか　　　④いまさら

10　今天又是通宵。好像天已经亮起来了。
　答案 ② どうやら 总觉得，好像是
　词汇 徹夜 通宵　夜が明ける 天亮，天明　どうにか 总算，好歹
　　　どうか 请，设法　いまさら 事到如今

11　うちの子は運転が乱暴で、事故を起こすのではないかと、わたしはいつも（　）している。
　①おどおど　　②しみじみ
　③はらはら　　④ぼつぼつ

11　我们家孩子开车太野蛮，所以我总是很担心会出事故。
　答案 ③ はらはら 非常担心貌，簌簌下落貌
　词汇 乱暴 野蛮　事故 事故　起こす 引起　しみじみ 深切
　　　ぼつぼつ 渐渐，慢慢

12　ゲーム中に（　）コンピュータ画面が真っ暗になってしまった。
　①とりわけ　　②とうとう
　③どうにか　　④とつじょ

12　在打游戏的过程中，电脑画面突然变得一片漆黑。
　答案 ④ 突如 突然
　词汇 画面 画面　真っ暗 漆黑　とりわけ 尤其，特别
　　　とうとう 终于

13　どっちもいいが、（　）言えば赤のほうが好きだ。
　①しいて　　　②かねて
　③いっそ　　　④いたって

13　哪一个都好，但是非要说的话，更喜欢红色的。
　答案 ① しいて 强逼，强迫
　词汇 赤 红色　予て 事先，以前　いっそ 倒不如，索性
　　　いたって 非常，很

152

模拟习题——副词

問題3　＿＿＿＿＿の言葉に意味が最も近いものを、1・2・3・4から一つ選びなさい。

14　後進国は先進国の不景気を<u>もろに</u>受けてしまうような経済構造である。
　　① もはや　　　② まともに　　　③ よほど　　　④ なおさら

15　相手チームが強すぎて<u>てんで</u>試合にならなかった。
　　① 一遍に　　　② 一挙に　　　③ 一向に　　　④ 一気に

16　生活が苦しすぎて生きていくよりも<u>いっそ</u>死んだほうが楽になれるって思ってます。
　　① かつ　　　② かえって　　　③ かつて　　　④ かりに

17　あのどろぼうは<u>よりによって</u>警察官の財布を盗んだそうだ。
　　① もしかしたら　　　② ひょっとすると　　　③ こともあろうに　　　④ ことごとく

18　家の鍵を<u>くまなく</u>探したが見付からなかった。
　　① しかたなく　　　② 一日中　　　③ 一人で　　　④ 隅々まで

19　とれた魚を、その場で刺身にして食べたら<u>さぞ</u>うまいだろうな。
　　① おそらく　　　② さほど　　　③ かならず　　　④ ぜひ

解析方案——副词 模拟习题

問題3 _____ の言葉に意味が最も近いものを、1・2・3・4から一つ選びなさい。

14 後進国は先進国の不景気を<u>もろに</u>受けてしまうような経済構造である。
① もはや　② まともに
③ よほど　④ なおさら

15 相手チームが強すぎて<u>てんで</u>試合にならなかった。
① 一遍に　② 一挙に
③ 一向に　④ 一気に

16 生活が苦しすぎて生きていくよりも<u>いっそ</u>死んだほうが楽になれるって思ってます。
① かつ　② かえって
③ かつて　④ かりに

17 あのどろぼうは<u>よりによって</u>警察官の財布を盗んだそうだ。
① もしかしたら
② ひょっとすると
③ こともあろうに
④ ことごとく

18 家の鍵を<u>くまなく</u>探したが見付からなかった。
① しかたなく　② 一日中
③ 一人で　④ 隅々まで

19 とれた魚を、その場で刺身にして食べたら<u>さぞ</u>うまいだろうな。
① おそらく　② さほど
③ かならず　④ ぜひ

问题3 请从1・2・3・4中选出与画线词语意义最接近的一项。

14 不发达国家的经济结构似乎<u>完全</u>承受着发达国家的大萧条。
答案 ② もろに 彻底地，完全地 / まともに 正面
词汇 後進国 不发达国家　先進国 发达国家　不景気 萧条
　　 経済 经济　構造 结构　もはや 已经，早就　余程 相当，颇
　　 なおさら 更

15 由于对手实力过于强大，<u>根本</u>无法进行比赛。
答案 ③ てんで 压根儿，很，非常 / 一向に 完全，根本
词汇 相手 对方　試合 比赛　一遍に 一下子　一挙に 一举
　　 一気に 一口气

16 由于生活过于艰辛，感觉与其活着，<u>倒不如</u>死了会更舒服些。
答案 ② いっそ 倒不如，索性 / かえって 反而
词汇 苦しい 艰辛　生きる 活　楽 舒服　且つ 并且
　　 かつて 从前，曾经，从未　仮に 假设，暂且

17 听说那个小偷<u>偏巧</u>偷了警察的钱包。
答案 ③ よりによって 偏偏 / こともあろうに 偏偏
词汇 警察官 警察　財布 钱包　盗む 偷盗
　　 もしかしたら（=ひょっとすると）或许
　　 ことごとく 所有，全部

18 <u>到处</u>寻找家门钥匙，却没有找到。
答案 ④ くまなく 到处，普遍 / 隅々まで 所有地方
词汇 鍵 钥匙　探す 寻找　見付かる 发现　仕方ない 没办法
　　 一日中 整日

19 把捕来的鱼当场做成生鱼片，<u>想必</u>会很好吃吧。
答案 ① さぞ 也许，想必 / 恐らく 也许
词汇 場 地方，场所　刺身 生鱼片
　　 さほど（多与否定语句呼应）那么，那样　必ず 一定
　　 ぜひ 务必，一定

模拟习题——副词

問題4 次の言葉の使い方として最もよいものを、1・2・3・4から一つ選びなさい。

20 ちょくちょく
① 酔ってしまい、好きな人に<u>ちょくちょく</u>前会った彼についての話をしてしまいました。
② 別れてからもう1年くらい経つ元カレから、<u>ちょくちょく</u>電話がきて困っている。
③ 片想いの彼女にアメリカで会うなんて、不思議な<u>ちょくちょく</u>の一致だった。
④ 元旦に一年の計画を立てて<u>ちょくちょく</u>と進んでいます。

21 とりわけ
① みなさんのお勧めの本、<u>とりわけ</u>作家さんを教えてください。
② 将来のため、生命保険<u>とりわけ</u>個人年金の加入を検討している。
③ マスコミ、<u>とりわけ</u>新聞社に入って記者になりたいのです。
④ <u>とりわけ</u>犯人はもう外国へ逃げたかもしれない。

22 はなはだ
① この掲示板で変な内容のものが発見された際には、<u>はなはだ</u>削除いたします。
② 他人の物を<u>はなはだ</u>使ってはいけないでしょう。
③ 時間はだいぶあるから<u>はなはだ</u>考えてみましょう。
④ こんなすばらしい作品を10才の子どもが書いたなんて、<u>はなはだ</u>疑問です。

23 突如
① 私は将来への<u>突如</u>とした不安で夜眠れないことが多い。
② 就職のため、<u>突如</u>と何か資格を取ろうと思っています。
③ パソコンを使っていたら<u>突如</u>画面が消えてしまった。
④ 貧しい家庭で生まれ、高校も<u>突如</u>出ていなかった。

24 ほっと
① 大変な仕事が終わって<u>ほっと</u>した頃に体調を崩してしまった。
② 先日、<u>ほっと</u>見た人の携帯がとても素敵でした。
③ 屋根の尖った教会みたいなビルが<u>ほっと</u>が並んでいた。
④ 疲れがたまったせいなのか、朝、<u>ほっと</u>起きれない。

25 やけに
① 本人と<u>やけに</u>話したほうがいちばんいいよ。
② 冬でも<u>やけに</u>寒い日とそうでもない日があります。
③ 父親が若くしてはげ、自分は<u>やけに</u>その影響を受けました。
④ <u>やけに</u>担当者が来なかったらどうしますか。

解析方案——副词　模拟习题

問題4　次の言葉の使い方として最もよいものを、1・2・3・4から一つ選びなさい。

20　ちょくちょく
① 酔ってしまい、好きな人に<u>ちょくちょく</u>前会った彼についての話をしてしまいました。
② 別れてからもう1年くらい経つ元カレから、<u>ちょくちょく</u>電話がきて困っている。
③ 片想いの彼女にアメリカで会うなんて、不思議な<u>ちょくちょく</u>の一致だった。
④ 元旦に一年の計画を立てて<u>ちょくちょく</u>と進んでいます。

21　とりわけ
① みなさんのお勧めの本、<u>とりわけ</u>作家さんを教えてください。
② 将来のため、生命保険<u>とりわけ</u>個人年金の加入を検討している。
③ マスコミ、<u>とりわけ</u>新聞社に入って記者になりたいのです。
④ <u>とりわけ</u>犯人はもう外国へ逃げたかもしれない。

22　はなはだ
① この掲示板で変な内容のものが発見された際には、<u>はなはだ</u>削除いたします。
② 人の物を<u>はなはだ</u>使ってはいけないでしょう。
③ 時間はだいぶあるから<u>はなはだ</u>考えてみましょう。
④ こんなすばらしい作品を10才の子どもが書いたなんて、<u>はなはだ</u>疑問です。

23　突如
① 私は将来への<u>突如</u>とした不安で夜眠れないことが多い。
② 就職のため、<u>突如</u>と何か資格を取ろうと思っています。
③ パソコンを使っていたら<u>突如</u>画面が消えてしまった。
④ 貧しい家庭で生まれ、高校も<u>突如</u>出ていなかった。

問題4　请从1・2・3・4中选出下列词语的使用方法最恰当的一项。

20　答案　② ちょくちょく 时常，常常
① 喝醉了酒，无意中跟喜欢的人提起了过去的恋人。
　→ つい 无意中
② 分手1年左右的前男友时常会打来电话，所以很苦恼。
③ 在美国居然见到了她——我的单恋对象，真是不可思议的偶遇。
　→ 偶然 偶然
④ 元旦时制定了一年的计划之后，正一步一步地执行着。
　→ 着々と 一步一步，稳步而顺利地
词汇　酔う 喝醉　別れる 分开　経つ 经过　困る 为难　片想い 单恋　不思議 不可思议　元旦 元旦　計画を立てる 制定计划

21　答案　③ とりわけ 尤其，特别
① 请告诉我各位推荐的书或作家。→ あるいは 或者
② 为将来打算，正在考虑加入人寿保险或者养老金。
　→ あるいは 或者
③ 想进入大众媒体，尤其是报社成为一名记者。
④ 或许犯人已经逃到国外也未可知。→ もしかしたら 或许
词汇　お勧め 推荐　作家 作家　将来 将来　生命保険 人寿保险　個人 个人　年金 养老金　検討 研究　新聞社 报社　記者 记者　犯人 犯人　逃げる 逃跑

22　答案　④ 甚だ 非常，极其
① 发现这个公告栏上有奇怪的内容时，就会马上删除。
　→ ただちに 立即，马上
② 不能随便使用他人的东西。→ やたらに 胡乱地，随便地
③ 还有很多时间，仔细想想看。→ じっくり 稳当地，仔细地
④ 如此出色的作品说是10岁孩子写的，非常令人怀疑。
词汇　掲示板 公告栏　変 奇怪　発見 发现　～際 ……时　削除 删除　だいぶ 很，相当　作品 作品　～なんて 说是……　疑問 怀疑

23　答案　③ 突如 突然
① 我会因为不明确的未来所带来的不安感而经常在夜里睡不着。
　→ 漠然 不明确
② 为了就业，只是茫然地想拿个资格证什么的。→ 漠然 漠然
③ 正在用电脑，可画面突然消失了。
④ 因为出生在贫穷的家庭里，所以连高中都没有好好读完。
　→ ろくに 很好地
词汇　将来 将来　不安 不安　眠る 睡觉　就職 找工作　資格を取る 取得资格(证)　画面 画面　消える 消失　貧しい 贫穷　家庭 家庭　生まれる 出生　高校 高中

解析方案——副词　模拟习题

24　ほっと

① 大変な仕事が終わって<u>ほっと</u>した頃に体調を崩してしまった。

② 先日、<u>ほっと</u>見た人の携帯がとても素敵でした。

③ 屋根の尖った教会みたいなビルが<u>ほっと</u>が並んでいた。

④ 疲れがたまったせいなのか、朝、<u>ほっと</u>起きれない。

25　やけに

① 本人と<u>やけに</u>話したほうがいちばんいいよ。

② 冬でも<u>やけに</u>寒い日とそうでもない日があります。

③ 父親が若くしてはげ、自分は<u>やけに</u>その影響を受けました。

④ <u>やけに</u>担当者が来なかったらどうしますか。

24　答案　① ほっと 轻微叹气貌，放心貌

① 做完费力的事情刚松了口气，身体状况却变坏了。

② 前几天一晃儿看到了那人的手机，真是好极了。
→ ちらっと 一闪，稍微，一晃

③ 鳞次栉比地排列着像教会那样的屋顶尖尖的大楼。
→ ずらっと 鳞次栉比

④ 不知是不是因为劳累过度，早晨不能一下子就起来。
→ さっと 迅速，一下子，马上

词汇　大変 费力，严重　体調を崩す 身体状况变坏　素敵 极好，绝妙　屋根 屋顶　尖る 尖　並ぶ 排队，排列　たまる 积压

25　答案　② やけに 过于，很

① 最好直接与本人谈谈。→ じか 直接

② 即使是冬天，也有很冷的日子和不太冷的日子。

③ 爸爸年轻时就开始秃头，而我完全受到了他的影响。
→ もろに 彻底，正面

④ 假如负责人不来的话怎么办？→ 仮に 假如，暂时

词汇　本人 本人　父親 父亲　若い 年轻　はげ 掉头发，秃头　影響 影响　担当者 负责人

第二部分
语法

- ◆ 语法　题型结构及例题
- ◆ 打造实力方案
- ◆ 解题方案
- ◆ 解析方案
- ◆ 实战模拟测试

语法　题型结构及例题

语法的题型与2009年以前的日本语能力测试1级有着相当大的差别。虽然问题5与以往测试类型一样，但是问题6和问题7是全新的形式。从分数上看，以往测试题是将语法与阅读理解合并在一起，满分为200分（语法是每道题2分），而新日本语能力测试N1语法一共有20道题，此外加上文字·词汇题共计60分，同时还要算平均分。

首先通过下表来了解一下日本语能力测试委员会公布的语法题型结构吧。

题型结构			
	题型	小题数	目标
语法 5	语法形式 （选择惯用型） 与以往一致	10	考查符合句子内容的语法和惯用型
语法 6	排序 （句子顺序） 新形式	5	考查能否将句型或词汇进行正确的排列，使句子通顺
语法 7	文章脉络 （填空） 新形式	5	在阅读理解问题中找出符合文章脉络的词汇·句型

通过上表可知，一共会出20道题。

只要准确地记住以往日本语能力测试中的惯用型，就可以毫不费力地找到问题5的正确答案。但是问题6排序题，则要在同时掌握了写作能力，理解了语法意义的基础上才能答题，所以比较棘手。另外，答题技巧也是必不可少的。所以如果不通过多做习题来进行充分练习的话，是不容易找到正确答案的。最后，在做问题7——在阅读理解文章过程中根据文章脉络填空的问题时，如果缺乏对文章脉络的整体把握、缺乏对文章的理解能力，恐怕是不容易找到正确答案的。那么，就通过各个题型中的例题，以及相对应的攻略方案来详细了解一下各部分会出什么样的问题吧。

语法 题型结构及例题

问题 5 语法形式——选择惯用型（10道题）

例

1 彼（　　　）、続々と発言者が手をあげた。
　① をよそに　　② をもって　　③ を限りに　　④ を皮切りに

2 彼は母危篤の報を受ける（　　　）、一目散に家に駆け戻った。
　① とたん　　② や　　③ か否か　　④ と思いきや

---

1 从他开始，陆续有发言者举起手来。
　答案 ④ ～を皮切（かわき）りに　以……为开端　自从……
　词汇　続々（ぞくぞく）陆续　発言者（はつげんしゃ）发言者　～をよそに 不顾……　～をもって 以……
　　～を限（かぎ）りに 以……为限

2 他一收到母亲病危的消息，就一溜烟地跑回了家。
　答案 ② 动词现在形 + や　一……就……
　词汇　危篤（きとく）病危　報（ほう）消息　受（う）ける　收到　一目散（いちもくさん）に 一溜烟地
　　駆（か）け戻（もど）る 跑回去，跑去　动词た形 + とたん 刚……就……
　　～か否（いな）か 是不是……，要不要……　～と思（おも）いきや 原以为……但出乎意料的是

攻略方案

从学习者的立场来看，语法部分的问题5是最容易得分的。到目前为止，通过在现场讲授日本语测试课程，笔者发现大部分学习者在背过N1和N2惯用型之后，答题时都表现出了相当强的能力。所以，只要把本教材195页的日本语能力测试惯用型，按照类别背诵下来，在测试的时候将不难找出正确答案。不过，需要注意是以往日本语能力测试中会出现15道左右有关惯用型的问题，所以即便做错了2~5个问题，也不会对及格产生多大的影响，但是新日本语能力测试中总共只出10道题，所以就算只是做错了一道题，也有可能会不及格。究其原因，是因为学习者还没有适应作为新题型的问题6和问题7，所以在答题方面存在着一定的难度。

因此，要努力做到完完全全地背下新日本语能力测试N1所涉及到的所有惯用型，以便在问题5中尽可能得满分。

语法 题型结构及例题

问题6 排序——句子顺序（5道题）

类型1

例

1　電子レンジの電源コードを＿＿＿＿ ＿＿＿＿ ★ ＿＿＿＿かかります。
　①しておくと　　　　　　　　　②コンセントに
　③さしっぱなしに　　　　　　　④たくさんの電気代が

2　子どもたちは皆、＿＿＿＿ ★ ＿＿＿＿ ＿＿＿＿サッカーを楽しんでいました。
　①元気いっぱいに　　　　　　　②とあって
　③憧れの選手に　　　　　　　　④サッカーを教えてもらえる

1　電子レンジの電源コードをコンセントにさしっぱなしにしておくと、たくさんの電気代がかかります。
　如果把电灶的电源线一直插在插座上不管，就会产生很多电费。

　答案①しておくと
　词汇　電子レンジ 电灶　電源 电源　コード 绝缘电线　さす 插
　　　　动词ます形+っぱなし 放置不管，一直……　電気代 电费

2　子どもたちは皆、憧れの選手にサッカーを教えてもらえるとあって、元気いっぱいにサッカーを楽しんでいました。
　孩子们因为跟崇拜的选手学习足球，所以能很开心地玩足球。

　答案④サッカーを教えてもらえる
　词汇　皆 都　憧れ 憧憬　選手 选手　教える 教　～とあって 只因……
　　　　元気 健康，活泼　楽しむ 享受

 攻略方案

　　类型1是选项中有N1语法惯用型的例题。这一部分要在充分了解惯用型的前提下进行说明。这一点正如在前面提到过的那样，如果惯用型学得不够充分，就会毁了整个语法部分，因此无论出于什么样的理由，都要彻底记住惯用型。如果问题选项中就有惯用型，可以像下面这样找答案。

语法_161

语法 题型结构及例题

1. 先翻译惯用型，然后从选项中选择与该惯用型相匹配的单词或句子。

　　通常惯用型大部分是要与某个单词接续之后才能表示其含义的。例如「～たりとも」以"即使……也"的含义来使用，通常它是与数词相接续的。因此以「1分たりとも（即使是1分钟也）」或「一日たりとも（即使是一天也）」等形式来使用。如果惯用型已与某个单词接续，那么就来看看下面的第二阶段吧。

2. 找出适合填入谓语前划线部分的词语或句子。

　　首先翻译一下最后一个下划线后面的谓语，这样一来就不难从选项当中找出适合填入划线部分的词语或句子了。这可以通过多做练习，多做习题来提高，但是如果多少具备对句子的理解能力的话，就不会觉得太难了。因为有关句子排序的问题，是不会由高难度词汇或单词构成的。

3. 找出应填入第一道横线处的词语或句子。

　　从选项当中找到了惯用型和适合填入最后一道横线上的内容后，就只剩下两个选项了（根据情况也有可能只剩下一个选项）。那么就知道填入第一道横线上的应该是语法要素（例如「名词 + の + 名词」等）还是翻译过句子之后剩下的两个选项中的某一个了。并且可以知道在第一阶段和第二阶段找出的选项能不能与之接续得上。

　　通过上述过程把每个选项都排列一下直到可以自然地翻译过来，就能找到适合填入横线的正确答案。那么通过例题1来做一下练习吧。

> ★ 练习确认过程
> 電子レンジの電源コードを＿＿＿＿＿　＿＿＿＿＿　★　＿＿＿＿＿かかります。
> ①しておくと　　②コンセントに　　③さしっぱなしに　　④たくさんの電気代が

1 第一阶段（翻译选项中的惯用型）

　　从选项3中找出惯用型「动词ます形 + っぱなし（放置不管，一直……）」。该惯用型已与「さす（插）」接在了一起，而该词是与选项2「コンセントに（插座）」相配套使用的动词，因此可以组合成「コンセントにさしっぱなしに」这样的句子。

2 第二阶段（找出能与谓语相连接的选项）

　　谓语是「かかります（需要）」因此最适合与选项当中的词语连接的是「たくさんの電気代がかかります（需要很多电费）」。

3 第三阶段（找出适合填入第一道横线上的选项）

　　最后剩下的选项是第一个选项。在适当地组合完第一阶段和第二阶段的句子之后，找一找能接在「電源コードを（把电源线）」后面的选项，这时发现「電源コードをコンセントにさしっぱなしに」这句话是最自然的。想一想「しておくと（做好）」应该接在哪里呢，通过观察发现它可以组合成「電源コードをコンセントにさしっぱなしにしておくと」这样的句子。

语法　题型结构及例题

类型2

例

3　自分がどうとも思っていない人からの＿＿＿ ＿＿＿ ★ ＿＿＿悲しさといったらない。
　① 示されることの　　　　　　② 気にいっている人から
　③ 無関心はいいが　　　　　　④ 無関心を

4　カー用品を扱う社長が資金繰りの＿＿＿ ＿＿＿ ★ ＿＿＿同情を禁じ得なかった。
　① 自殺したが　　　　　　　　② 悪化から
　③ 多くは　　　　　　　　　　④ 中小企業の社長の

3　自分がどうとも思っていない人からの<u>無関心はいいが、気にいっている人から無関心を</u>示されることの悲しさといったらない。

不在意的人对自己不关心并没有什么，可是中意的人对自己<u>不关心</u>，就会伤心得不得了。

答案 ④ 無関心を

词汇　無関心 不关心　気にいる 中意　示す 表现　悲しさ 悲伤
　　　～といったらない ……极了，没有比……更……，非常……

4　カー用品を扱う社長が資金繰りの悪化から自殺したが、<u>中小企業の社長の</u>多くは同情を禁じ得なかった。

经营汽车用品的社长因为资金周转不灵而自杀，很多<u>中小企业社长</u>不禁同情不已。

答案 ④ 中小企業の社長の

词汇　用品 用品　扱う 经营　社長 社长（先生）　資金繰り 资金周转　悪化 悪化
　　　自殺 自杀　中小企業 中小企业　同情 同情
　　　～を禁じ得ない ~禁不住……，不禁……

语法　题型结构及例题

类型2是惯用型不在选项当中，而是在开头部分或谓语部分的情况。首先把惯用型翻译成汉语并写在答题纸上。因为虽然可以用日本语来分析句子并答题，但是如果在翻译成汉语的状态下看句子，就能更快地解决问题。接下来把选项中的词语全都翻译成汉语。这一部分如果题量大的话，就不可能采用这种方式了，好在总共也就只有5道题，而其中以类型2的形式出现的试题，最多也就只有两三道而已。如果分步骤对攻略方案进行整理，则如下所示。

1. 把惯用型部分翻译成汉语。
2. 把选项中的词汇翻译成汉语。
3. 找出能填入谓语前下划线或第一道下划线上的选项。
4. 按照句子脉络组合剩下的选项。
5. 不经过以上阶段，只根据选项的汉语翻译随意组合句子。

对各个选项进行排序时，还可以按照语法方式来排列句子。例如「〜を（宾格）＋ 谓语（动词/形容词）」→「好奇心を持つべきだ。（必须要有好奇心。）」或是「〜に（副词形）/副词 ＋ 谓语（动词/形容词）」→「簡単に作られる。（能简单地制作。）」等等。那么，通过例题3来做一做练习吧。

★ 练习确认过程

自分がどうとも思っていない人からの＿＿＿＿　＿＿＿＿　★　＿＿＿＿悲しさといったらない。

①示されることの　　②気にいっている人から　　③無関心はいいが　　④無関心を

1 第1阶段（翻译问题中的惯用型）

　　谓语部分的「悲しさといったらない」是"非常悲伤"的意思。

2 第2阶段（翻译选项中的词语）

　　将选项中的日本语翻译成汉语的话，如下所示。

　　①表现出来的　②被中意的人　③不关心也无所谓　④不关心

3 第3阶段（找出能够与前后相接的选项）

　　谓语部分的「悲しさ」是名词。根据「名词 ＋ の ＋ 名词」的语法规律，「示されることの悲しさ」这句话就是符合句子脉络的表达方式。

4 第4阶段（组合剩下的选项）

　　「示される」的原形是「示す」。因为它是他动词，所以要与宾格接续。因此，「無関心を示されることの悲しさといったらない」这句话就是成立的。剩下的选项就只有「気にいっている人から」和「無関心はいいが」了。在第一条下划线前的词语是「人からの」，因此根据「名词 ＋ の ＋ 名词」这个语法规律，「人からの関心はいいが」这句话就成立了，接下来只要把最后一个选项「気にいっている人から」放到恰当的地方，就能找到正确答案了。

　　只要是具有一定翻译能力的学习者，就算是不经过以上4个阶段，仅凭选项恰当地组织句子，也是容易找到正确答案的。

语法 题型结构及例题

问题7 文章脉络——填空（5道题）

例

今年もまた成人式で、一部の新成人による無分別な行動がニュースを騒がせた。毎年そんなことがニュースに出るたびに、新成人のマナーと成人式の意義が問題視される。もちろん、多くの成人がそういう人ばかりではない。だが、実際には、祝辞を述べる来賓の話を聞かず、私語や携帯電話を使用する者が　1　のも事実だ。

成人式とは、人間社会で、一人の人間として社会の中に入るための儀式だ。しかしながら、多くの自治体の成人式が、大規模な同窓会のようになってしまっている。

このように、成人式が形骸化してしまったのはなぜなのか。それは「成人する」こと、　2　「大人になる」ことの意味を、大人自身が身をもって子供に伝えることができなくなったためだろう。

大人とは、本来社会における　3-a　を持った人間のことだ。一方、子供とは、無邪気で本当の生きがいをさがすための　3-b　を持つことだと思う。

だが、大人が真剣に人生論を語ると、「いい年をして何、馬鹿みたいなことを言っているんだ」と笑われてしまう。そういう人は、日々の生活で惰性的に流されていて、自分の人生を語ることができなくなった人だろう。

本当は、　4　真剣に人生論を、自分の人生の夢を子供に語るべきで、自分の仕事に心底わくわくして取り組むべきなのではないだろうか。

子供は、そういう希望に満ちた大人を見て、同じように希望を持ち、やる気をもつようになるのではないだろうか。そして、そういう大人が、本当に「大人」らしいということなのではないだろうか。

成人式の問題は、まだまだ　5　人達だけの問題だけではなく、子供のような大人達にも問題があるということを表していると思う。

语法 题型结构及例题

1　① 目立っていっている　　　② 目立ってきている
　　③ 目立ってしまった　　　　④ 目立ってある

2　① つまり　　② それゆえ　　③ いわせれば　　④ かといって

3　① a 責任 / b 人間関係　　　② a 純粋さ / b 責任
　　③ a 人間関係 / b 責任　　　④ a 責任 / b 純粋さ

4　① 大人をおいて　　　　　② 大人だからといって
　　③ 大人こそ　　　　　　　④ 大人にもかかわらず

5　① 大人になりきれない　　② 大人になりつつある
　　③ 他人みたいな　　　　　④ 他人になったばかりの

解析　今年也有加冠礼，而一些刚成为成人的人所做出的轻率行为，使舆论沸沸扬扬。每年当那样的事情出现在新闻中的时候，新的成人礼仪和加冠礼的意义就成了被关注的焦点。当然，多数成人并不都是那样的，而事实上还是会【1】看到一些人，并不听前来致辞的来宾所发表的祝词，只是在窃窃私语或者是摆弄手机。

所谓加冠礼是一个人作为人类社会中的一员，在即将走进社会时举行的一种仪式。而很多地方自治团体的加冠礼，却已沦为大规模同窗会。

可是为什么加冠礼会像这样沦为空壳了呢？那是因为"成为成人"【2】即"成为大人"的意义，已经不可能由成年人自己亲自传授给孩子们了。

所谓成年人，本来是指社会当中负有【3-a】责任的人。另一方面，我想所谓的孩子应该是纯真的、拥有能寻找真正生存意义的【3-b】纯粹的存在。

可是当成年人认真地谈论人生观时，反而会有人嘲笑道："才活了几岁，就说那些傻话。"说那种话的人恐怕是因为在每天的生活中随波逐流而无法谈论自己人生的人吧。

事实上【4】成年人才应该认认真真地把自己的人生观和自己的人生梦想讲给孩子听，而且应该对自己的工作从心里充满激情，并且全力以赴地工作，难道不是吗？

当孩子看到那充满希望的成年人，不就会拥有同样的希望和热情了吗？而那样的成年人不才是真正像个"成年人"的人吗？

我认为加冠礼的问题不仅仅是还【5】不能完全成为成年人的人们的问题，同时也反映出像孩子一样的成年人也是有问题的。

语法　题型结构及例题

答案　1.②　2.①　3.④　4.③　5.①

词汇
今年 今年　成人式 加冠礼　一部 一部分　無分別 轻率　行動 行动　騒ぐ 吵闹
動詞基本形+たびに 每当……的时候　意義 意义　問題視 视为问题　実際 实际
祝辞 祝词　述べる 发表　来賓 来宾　私語 窃窃私语　携帯電話 手提电话
儀式 仪式　自治体 地方自治团体　大規模 大规模　同窓会 同窗会
形骸 形骸,躯壳　大人 成年人　自身 自身　身をもって 亲自　伝える 传达
～における 对于……　責任 责任　一方 一方面　無邪気 天真
生きがい 生存的意义　探す 寻找　純粋さ 纯粹　真剣に 认真　人生論 人生见解
語る 谈　馬鹿 傻瓜　惰性的 惰性　心底 内心　わくわく 激动不已
取り組む 全力以赴　希望 希望　満ちる 充满　やる気 热情　表す 表现

攻略方案

日本语能力测试委员会公布的问题7中出现的类型是阅读理解问题中的5道填空题。尽管提到了是哪种类型的问题，但是没有准确地提到会出考查哪一部分内容，因此想要应对这一部分可并不是件轻松的事情。但是，与过去的填空题联系起来的话，也还是多多少少能类推出一些内容来的。其实只要意识到是在原题型中加了些语法要素就可以了。虽然也有单纯考查语法惯用型意义的，但是有些不符合文章脉络或是语法上不成立的句型会出现在选项当中，所以只有具备了基本的语法实力，才能够不费力地解答问题。

语言知识　**语法**

本书学习要领　语法

　　N1标准的语法惯用型大概有一百多个。首先要把这些惯用型全部背下来，才能够无懈可击地备战问题5和问题6。当然，并不能保证100%会从这些惯用型中出题。从历届的既定题型来看，除了惯用型还会出现表示尊敬和谦逊的表达方式、N2语法、标准以外的语法等等。通常情况下有关尊敬和谦逊的语法，除了看本教材以外，通过看其他各类教材进行了解和背诵，就能够培养解决问题的能力。而与N2语法有关的惯用型，在书店也能看到很多相关书籍，而且有很多学习者是在考完N2测试之后挑战N1的，所以对N2语法应该没有什么可担心的。但是N1语法题较之以往的日本语能力测试，在数量上有所缩减，相应的N2语法或有关于尊敬和谦逊形式的问题，预计出题可能性很小。鉴于此，学习者首先应该把N1惯用型完完整整地背下来。根据笔者多年来进行现场教学的经验来看，这些惯用型如果只按照「ひらがな」的顺序来背的话，很容易就会忘记。那么，有没有更容易掌握惯用型的方法呢？经过长时间的冥思苦想，笔者终于想到了一个方法。那就是对相关语法进行比较记忆。这样一来，既可以知道各个语法的语感，还更容易背下来。

　　此外，除了记住符合出题标准的语法之外，还有必要记住一些出题标准以外的语法。因为日本语能力测试委员会表示，从2010年开始的N1测试，出题难度将提高20%。鉴于此，在学习N1语法时，学习者还要记住一些出题标准以外的语法才行。所以，在本教材中笔者以自己的经验和历届既定测试题中出现的语法为标准，整理了一些N1出题标准外的语法。总之，务必要把这些内容背下来。

　　新日本语能力测试语法（问题5·6·7）与以往测试不同，这一部分内容与文字/词汇一起包含在了语言知识当中，题型除了有以往类型以外，预计还会出现两种新的类型。具体题型如下所示。

- 问题5　语法形式（找出惯用型）
- 问题6　排列句子顺序（文章顺序）
- 问题7　文章脉络（填空）

　　首先，要通过打造实力方案来学习符合出题标准的语法惯用型，然后通过做一做解题方案中的模拟习题来测试一下自己的实力。接下来通过解析方案中提供的正确答案和详细的解析来收尾就可以了。此外，N1出题标准之外的各个语法惯用型也可以通过打造实力方案来学习，然后通过解题方案中的模拟习题测试一下自己的实力，最后再通过解析方案中的答案和详细的解析来收尾。

符合出题标准的惯用型——必须掌握接续方法的语法

1. 接动词过去形的语法

1

~が最後（さいご）　一……就完了……/一旦……就……
→「これ・それ・あれ・动词终止形 + ～」

一度（いちど）あまい顔（かお）を見（み）せたが最後、どこまでも頼（たよ）ってくる。
一旦露出柔和的表情，就总想依赖（我）。

彼（かれ）は言（い）い出（だ）したが最後、絶対（ぜったい）に自分（じぶん）の意見（いけん）を引（ひ）っこめない。
他一旦开了口，就绝不会收回自己的意见。

2

~そばから　（困难地）刚一……就……
→「动词终止形（现在形・过去形）+ ～」

先生（せんせい）から薦（すす）められた本（ほん）を読（よ）んだそばからみな忘（わす）れたので、毒（どく）にも薬（くすり）にもならなかった。
刚读完老师介绍的书就全忘记了，真成了治不了病也要不了命（毫无用处）。

掃除（そうじ）するそばから部屋（へや）を汚（よご）していく子（こ）どもたちをすごく叱（しか）った。
狠狠教训了把刚打扫完的屋子给弄脏了的孩子。

3

动词过去形 + ところで　即使……也（不）/从某种角度看

私（わたし）が説得（せっとく）したところであいつは耳（みみ）をかさないだろう。
那个家伙即使我劝，他也不会听的。

こんな給料（きゅうりょう）では、どんなに一生懸命（いっしょうけんめい）働（はたら）いたところで、生活（せいかつ）は楽（らく）にならないだろうと思（おも）う。
我觉得仅凭这点儿工资，再怎么努力工作，生活也不会好起来的。

打造实力方案　　符合出题标准的惯用型——必须掌握接续方法的语法

4

～に(と)したって / ～に(と)したところで　即使是……也……　就算……也……

→「名词 + ～」「动词・形容词・形容动词连体形 + ～」

訴えて賠償をもらったとしたって、もらえるまでにかかる裁判などの諸費用のほうが高くつく。
即使是通过诉讼获得了赔偿金，可在得到赔偿之前所花费的审理等各项费用反而更高。

たとえ今日債務者を避けたとしたところでいつかはまた会うのよ。
就算今天躲过了债主，总有一天还会再见面的。

2. 接动词现在形的语法

1

动词现在形 + が早いか 一……就……

仕事が忙しいのか、先輩は食べ終わるが早いか、会計を済ませ、外へ出た。
师兄好像工作很忙，刚一吃完饭，就结账出去了。

会社から帰るが早いか、風邪で寝込んでしまいました。
一从公司回来，就因为感冒卧床不起。

2

动词现在形 + なり 一……（马上）就……

彼は冷蔵庫を開けるなり、中に入っていた食べ物をムシャムシャと食べ出した。
他一打开冰箱，就开始狼吞虎咽地吃起里面的食物。

教授室に入ってくるなり「何でも言うこと聞くから単位ください」というやつがいた。
有个家伙一进教授办公室就说："您说什么我都听，请给我学分吧"。

3

动词现在形 + や / や否や 刚……就……

ブログを更新するや否や、反響が相次いだ。
刚更新了博客，就引起了反响。

試験を控えているので今朝、起きるや否や勉強しはじめた。
因为考试迫在眉睫，所以今早一起床就开始学习了。

符合出题标准的惯用型——必须掌握接续方法的语法

3. 接动词意志形的语法

1

动词意志形 + と(が) 即使……也…… 不论……还是…… 是……还是……

动词意志形 + が(と) + 动词基本形(动词 ます形) + まいが(と)

无论……还是…… 是……还是……

世間がどう言おうが、僕は僕の道を進むのだ。
不论世间如何评论，我只走我自己的路。

君が同意しようとしまいと、一応約束したことだからやる。
无论你同意不同意，既然是约好的事情，就一定要做。

2

动词意志形 + にも 虽然想……可是……

前からほしかったカメラを買おうにも、どこに行っても品切れだった。
想买很久以前就想得到的相机，可到哪儿都缺货。

怪しいものだったので処分しようにもできなかったのは、人からの預かり物だったからだ。
因为觉得可疑，所以想处理掉，可是却不能处理，只因那是别人寄存在我这里的东西。

解題方案及解析方案

解題方案——接动词过去形・现在形・意志形的语法 模拟习题

問題5 次の文の（　）に入れるのに最もよいものを、1・2・3・4から一つ選びなさい。

1 店のおばさんは通行する人が絵葉書を（　　　）買うまいが変わることなく優しい笑みを浮かべていた。
① 買いようが　　② 買ったが　　③ 買うが　　④ 買おうが

2 友だちは誰かがおぼれてると言うが（　　　）、上着を脱ぎ、湖に飛び込んだ。
① はやめて　　② はやるか　　③ はやくて　　④ はやいか

3 夫はよっぽど疲れたのか帰ってくる（　　　）、どっかりと椅子に座り、うたた寝をはじめた。
① いかん　　② なり　　③ しだい　　④ ばかり

4 宿の部屋から起きてきたものの、朝食を（　　　）金がなくて食べられなかった。
① 食べたとたん　　② 食べるにも　　③ 食べようにも　　④ 食べるが早いか

5 今さら事件の真相を知ったところで（　　　）。
① 解決できるだろう　　② どうにもならない
③ 事件は終わるだろう　　④ 後悔するでしょう

6 上司に向かって「ハゲ！」と言ったが（　　　）、間違いなくクビになるだろう。
① 最低　　② 最高　　③ 最期　　④ 最後

7 お客様の車が見える（　　　）元気に出迎え、すぐさま車の誘導を開始した。
① やいなや　　② そばから　　③ ひょうしに　　④ とおもいきや

8 塾にやってきた子どもの中で教える（　　　）忘れていく子がいるんです。
① そばから　　② かたわら　　③ がてら　　④ かたがた

9 いくら話し合った（　　　）、一人一人の意見が全然違うのでこの問題を解決することはできません。
① ばかりに　　② どころか　　③ がさいご　　④ ところで

解析方案——接动词过去形・现在形・意志形的语法　模拟习题

問題5 次の文の(　)に入れるのに最もよいものを、1・2・3・4から一つ選びなさい。

1　店のおばさんは通行する人が絵葉書を(　)買うまいが変わることなく優しい笑みを浮かべていた。
① 買いようが　② 買ったが
③ 買うが　④ 買おうが

2　友だちは誰かがおぼれてると言うが(　)、上着を脱ぎ、湖に飛び込んだ。
① はやめて　② はやるか
③ はやくて　④ はやいか

3　夫はよっぽど疲れたのか帰ってくる(　)、どっかりと椅子に座り、うたた寝をはじめた。
① いかん　② なり
③ しだい　④ ばかり

4　宿の部屋から起きてきたものの、朝食を(　)金がなくて食べられなかった。
① 食べたとたん　② 食べるにも
③ 食べようにも　④ 食べるが早いか

5　今さら事件の真相を知ったところで(　)。
① 解決できるだろう　② どうにもならない
③ 事件は終わるだろう
④ 後悔するでしょう

6　上司に向かって「ハゲ!」と言ったが(　)、間違いなくクビになるだろう。
① 最低　② 最高　③ 最期　④ 最後

7　お客様の車が見える(　)元気に出迎え、すぐさま車の誘導を開始した。
① やいなや　② そばから
③ ひょうしに　④ とおもいきや

8　塾にやってきた子どもの中で教える(　)忘れていく子がいるんです。
① そばから　② かたわら
③ がてら　④ かたがた

9　いくら話し合った(　)、一人一人の意見が全然違うのでこの問題を解決することはできません。
① ばかりに　② どころか
③ がさいご　④ ところで

問題5　请从1・2・3・4中选出最恰当的一项填入下列句子的(　)中。

1　店铺大婶不管过路的人买不买明信画片，脸上都会浮现出不变的、和蔼的笑容。
答案 ④ 动词意志形+が (+动词基本型+まいが)
　　无论……还是……　是……还是……
词汇　通行 通行　絵葉書 明信画片　変わる 变化　～ことなく 不……
　　笑み 微笑　浮かべる 浮现

2　不知是谁说了句"有人溺水了!"，朋友就脱掉上衣跳进了湖水里。
答案 ④ 动词现在形+が早いか 一……就……
词汇　おぼれる 溺水　上着 上衣，衣服　湖 湖水　飛び込む 跳进

3　丈夫好像很累，一回来就跌坐在椅子上打起盹儿来。
答案 ② 动词现在形+なり 一……（马上）就……
词汇　夫 丈夫　よっぽど 相当　疲れる 疲劳　どっかり 沉甸甸地
　　うたた寝 打盹儿
　　动词ます形+次第 刚……就……，一……就……

4　虽然在宿舍起了床，可是想吃早饭却没钱吃。
答案 ③ 动词意志形+にも+ (可能性动词的否定形)
　　虽然想……可是……
词汇　宿 宿舍，旅馆　起きる 起床　～ものの 虽然……但是……
　　朝食 早饭

5　事到如今，就算知道了事情的真相，也无可奈何。
答案 ② 动词过去形+ところで 即使……也(不)
词汇　今さら 事到如今　真相 真相　解決 解决　終わる 结束　後悔 后悔

6　一旦对上司说"秃子!"，就一定会被解雇。
答案 ④ 动词过去形+が最後 一……就完了……，一旦……就……
词汇　上司 上司　向かう 对　ハゲ 秃子　間違いなく 一定

7　刚一看到客人的车子，就精神饱满地迎了出去，并开始介绍起车来。
答案 ① 动词现在形+や否や 刚……就……
词汇　出迎える 迎接　すぐさま 马上　誘導 引导　開始 开始
　　～と思いきや 原以为……但出乎意料的是

8　在来补习班的孩子中，有刚一教完就会忘记的孩子。
答案 ① 动词过去形・终止形(现在形・过去形)+そばから
　　(困难地)刚一……就……
词汇　塾 补习班　忘れる 忘记　～がてら 顺便……
　　～かたわら 一面……一面……　～かたがた 顺便……

9　由于每个人的意见都完全不同，所以即使再怎么商议，这个问题也都不可能解决。
答案 ④ 动词过去形+ところで 即使……也(不)
词汇　話し合う 商议　意見 意见　全然 完全　違う 不同

解題方案——接动词过去形·现在形·意志形的语法 | 模拟习题

問題6　次の文の ___★___ に入る最もよいものを、1・2・3・4から一つ選びなさい。

1　薬を _____ _____ ___★___ _____ あきらめた。
　① 飲もうにも　　　　　　② 食べれば
　③ 何も食べてないし　　　④ 吐きそうだったので

2　権利という _____ _____ ___★___ _____ 選挙も一種の義務ではないでしょうか。
　① 個人の自由だ　　　　　② と思われますが
　③ 選挙に　　　　　　　　④ 行こうが行くまいが

3　激しい試合だったので、試合終了の _____ _____ ___★___ _____ みなグラウンドに倒れた。
　① いなや　　　　　　　　② 鳴るや
　③ 選手たちは　　　　　　④ ホイッスルが

4　私は現実 _____ ___★___ _____ _____ よく分かっているのです。
　① 痛い程　　　　　　　　② 逃避したところで
　③ 何のメリットも　　　　④ 無いということは

5　チーズは _____ _____ ___★___ _____ 最後、止まりませんでした。
　① 食べ出したが　　　　　② この店のは
　③ あんまり　　　　　　　④ 好きじゃないが

解析方案——接动词过去形・现在形・意志形的语法 模拟习题

問題6 次の文の ___★___ に入る最もよいものを、1・2・3・4から一つ選びなさい。

1 薬を ___ ___ ★ ___ あきらめた。
① 飲もうにも
② 食べれば
③ 何も食べてないし
④ 吐きそうだったので

2 権利という ___ ___ ★ ___ 選挙も一種の義務ではないでしょうか。
① 個人の自由だ
② と思われますが
③ 選挙に
④ 行こうが行くまいが

3 激しい試合だったので、試合終了の ___ ___ ★ ___ みなグラウンドに倒れた。
① いなや
② 鳴るや
③ 選手たちは
④ ホイッスルが

4 私は現実 ___ ★ ___ ___ よく分かっているのです。
① 痛い程
② 逃避したところで
③ 何のメリットも
④ 無いということは

5 チーズは ___ ___ ★ ___ 最後、止まりませんでした。
① 食べ出したが
② この店のは
③ あんまり
④ 好きじゃないが

问题6 请从1・2・3・4中选出最适合填入下列句子 ___★___ 处的一项。

1 薬を飲もうにも何も食べてないし、食べれば吐きそうだったのできらめた。

虽然想吃药，可是什么东西都没吃（空肚子），怕吃了药会吐出来，所以还是算了。

答案 ② 食べれば
词汇 薬を飲む 吃药 动词意志形+にも+（可能性动词的否定形）
虽然想……可是（不能）…… 吐く 吐 あきらめる 放弃

2 権利という選挙に行こうが行くまいが、個人の自由だと思われますが、選挙も一種の義務ではないでしょうか。

虽然选举作为一种权利，无论去还是不去都是个人的自由，可选举难道不也是一种义务吗？

答案 ① 個人の自由だ
词汇 権利 权利 選挙 选举 动词意志形+が+动词基本形+まいが
无论……还是……，是……还是……
個人 个人 自由 自由 一種 一种 義務 义务

3 激しい試合だったので、試合終了のホイッスルが鳴るやいなや選手たちはみなグラウンドに倒れた。

因为是激烈的比赛，所以当比赛结束的哨声响起时，选手们全都倒在了运动场上。

答案 ① いなや
词汇 激しい 激烈 試合 比赛 終了 结束 鳴る 响起
动词现在形+や否や 刚……就…… 選手 选手 倒れる 倒下

4 私は現実逃避したところで何のメリットも無いということは痛い程よく分かっているのです。

我痛苦地意识到即使逃避现实也没有什么意义。

答案 ③ 何のメリットも
词汇 現実 显示 逃避 逃避 动词过去形+ところで 即使……也

5 チーズはあんまり好きじゃないが、この店のは食べ出したが最後、止まりませんでした。

虽然不怎么喜欢吃奶酪，可一旦吃了这家店的，就无法停下来。

答案 ② この店のは
词汇 食べ出す 开始吃
动词过去形+が最後 一……就完了……，一旦……就……

文字/词汇

语法

实战模拟测试

4. 接动词否定形的语法

1

动词否定形 + **ずにはおかない**(= **ないではおかない**)

一定要……，非……不可（表示一定要做的意志）

あれほどひどい罪を犯したのだから、警察も罰を与えずにはおかないだろう。
犯了那么严重的罪过，警察一定也会给予惩罚的。

あいつにこの屈辱を思い知らせないではおかないぞ。
非让那家伙也体会到这种屈辱不可。

2

动词否定形 + **ずにはすまない**(= **ないではすまない**)

不……就不能解决（表示社会性常识）

仕事をもらうためには、嫌な相手にも頭を下げずにはすまない。
为了得到工作，即便讨厌对方，也不得不低头。

知り合いに借りたカメラをひどく壊してしまった。新しいのを買って返さずにはすまないだろう。
从熟人那儿借来的相机被损坏得很严重。不买新的还给人家，恐怕无法解决此事。

3

动词否定形 + **んがため(に) / んがための**　为了…… / 为了……的

富と地位を得んがために、彼はいかなる手段をも使った。
为了得到财富和地位，他用尽了所有手段。

自らの罪を逃れんがため、彼は虚偽の証言をしたばかりか、他人に罪をなすりつけた。
为了逃避自己的罪责，他不仅做了伪证，还把罪责栽赃给了他人。

打造实力方案 符合出题标准的语法惯用型——必须掌握接续方法的语法

4

动词否定形 + んばかりだ / んばかりに / んばかりの

就像(马上)要……似的 / 几乎要…… / 差点要……

「黙れ」と言わんばかりに、先生は私をにらみつけた。
老师对我怒目而视，就像在说"住嘴！"似的。

彼女が壇上に立つや否や、会場から割れんばかりの拍手が沸き上がった。
她一站到讲台上，会场就爆发出了雷鸣般的掌声。

5

动词否定形 + ないものでもない　并非完全不可能……　也有……的可能
→「动词 ない形 + ～」

三人でこれだけ集中してやれば、四月までに完成しないものでもない。
只要三个人这样集中起来做的话，就有可能在4月之前完成。

お酒は飲まないものでもないのですが、ウイスキーは全然ダメです。
并不是完全不能喝酒，但威士忌真的是不能喝。

文字/词汇

语法

实战
模拟测试

符合出题标准的语法惯用型——必须掌握接续方法的语法

5. 接动词ます形的语法

1

动词 ます形 + がてら 顺便……
→「名词 + 〜」

紅葉を見に行きがてら、お参りに行こうかと考えています。
趁着去赏枫叶的机会，顺便去做参拜。

父はよく散歩がてらスーパーに寄り、子どもの好きなものを買ってきてくれる。
爸爸经常会在散步时，顺便到超市买来一些孩子们喜欢的东西。

2

动词 ます形 + つ + 动词 ます形 + つ 又……又……

監督は狭い廊下を行きつ戻りつしながら作戦を考えた。
教练在狭窄的走廊里走来走去，考虑作战方法。

実際に海上で海賊と追いつ追われつの状況が起きた。
真的在海上发生了与海盗你追我赶的情况。

3

动词 ます形 + っぱなし 放置不管 一直……

エアコンをつけっぱなしにして会社から出てきました。
开着空调就从公司出来了。

パソコンをつけっぱなしにしておくと、ひょっとしたら爆発するかもしれない。
如果一直开着电脑，说不定会爆炸。

打造实力方案　符合出题标准的语法惯用型——必须掌握接续方法的语法

4

动词ます形 + ながらに 一边……一边……
→「名词 + 〜」

この子は生まれながらにして優れた音楽的感性をそろえている。
这孩子天生具有出色的乐感。

彼女は涙ながらに苦衷を訴えた。
她流着眼泪诉说苦衷。

> **Tip** 主要多以「いつもながらに（一如平常）」、「昔ながらに（一如原样）」、「我ながらに（我自己都）」等常用语的形式来出题。

5

动词ます形 + ながらも 虽然……但是……
→「名词 + 〜」「い形容词・形容动词连体形 + 〜」

狭いながらもようやく自分の持ち家を手に入れることができた。
虽然有点狭小，但总算是有自己的房子了。

彼は何もかも知っていながらも教えてくれない。
他什么都知道，但却不教我。

解题方案及解析方案

解题方案——接动词否定形・ます形的语法　模拟习题

問題 5　次の文の（　　）に入れるのに最もよいものを、1・2・3・4から一つ選びなさい。

1　犬は私を見ると、（　　）んばかりに吠え立てた。
　① 噛みついた　② 噛みつかず　③ 噛みつか　④ 噛みつく

2　会社のPCを整理し（　　）要らないプログラムを削除した。
　① がてら　② かねて　③ かたがた　④ かたわら

3　相手に一発殴られたら、こっちも殴り返さずには（　　）。
　① のまない　② しかたない　③ おかない　④ やらない

4　我（　　）自分に怒っている。
　① ばかりに　② ながらに　③ かぎりに　④ のままに

5　学校で（　　）の息子をどうしたらいいのでしょうか。
　① やられつけ　② やりたて　③ やられっぱなし　④ やりかけ

6　動物界は、（　　）その中でも繁殖して子孫を残していきます。
　① 食いとか食われとか　② 食いつ食われつ
　③ 食いかけの食われかけの　④ 食んがため食われんがため

7　彼の料理は、新人（　　）お客を満足させるに足るすばらしいものだった。
　① っぽくて　② ながらも　③ がちで　④ くせに

8　長期は無理だが、短期間ならその依頼に（　　）。
　① 協力できないわけだ　② 協力できないどころではない
　③ 協力できないものか　④ 協力できないものでもない

9　強く（　　）がためには、自分より強い相手にぶつかれ。
　① なり　② ならぬ　③ なる　④ ならん

10　たいへんお世話になったあの方にどうしてもお礼を言わずには（　　）。
　① すまない　② いけない　③ できない　④ やらない

解析方案——接动词否定形・ます形的语法 模拟习题

問題5 次の文の（　）に入れるのに最もよいものを、1・2・3・4から一つ選びなさい。

1 犬は私を見ると、（　）んばかりに吠え立てた。
① 噛みついた　② 噛みつかず
③ 噛みつか　　④ 噛みつく

2 会社のPCを整理し（　）要らないプログラムを削除した。
① がてら　　② かねて
③ かたがた　④ かたわら

3 相手に一発殴られたら、こっちも殴り返さずには（　）。
① のまない　② しかたない
③ おかない　④ やらない

4 我（　）自分に怒っている。
① ばかりに　② ながらに
③ かぎりに　④ のままに

5 学校で（　）の息子をどうしたらいいのでしょうか。
① やられつけ　② やりたて
③ やられっぱなし　④ やりかけ

6 動物界は、（　）その中でも繁殖して子孫を残していきます。
① 食いとか食われとか
② 食いつ食われつ
③ 食いかけの食われかけの
④ 食んがため食われんがため

7 彼の料理は、新人（　）お客を満足させるに足るすばらしいものだった。
① っぽくて　② ながらも
③ がちで　　④ くせに

8 長期は無理だが、短期間ならその依頼に（　）。
① 協力できないわけだ
② 協力できないどころではない
③ 協力できないものか
④ 協力できないものでもない

9 強く（　）がためには、自分より強い相手にぶつかれ。
① なり　② ならぬ
③ なる　④ ならん

10 たいへんお世話になったあの方にどうしてもお礼を言わずには（　）。
① すまない　② いけない
③ できない　④ やらない

问题5 请从1・2・3・4中选出最恰当的一项填入下列句子的（　）中。

1 狗一见到我，就像要咬人似的狂吠起来。
答案 ③ 动词否定形 + んばかりに 就像（马上）要……似的
词汇 犬 狗　噛みつく 咬住　吠え立てる 狂吠

2 在整理公司PC时，顺便把没有用的程序删除了。
答案 ① 动词ます形 + がてら 顺便……
词汇 整理 整理　要る 需要　削除 删除

3 被对方揍了一下，这边也一定要还他一击。
答案 ③ 动词否定形 + ずにはおかない
　　　一定要……，非……不可（表示一定要做的意志）
词汇 相手 对方　一発 一击　殴る 殴打　殴り返す 还击

4 连自己都要对自己发火。
答案 ② 动词ます形 + ながらに 一边……一边……
词汇 我ながらに 连自己都　怒る 发火

5 对于在学校一直受气的儿子，该怎么办才好呢？
答案 ③ 动词ます形 + っぱなし 放置不管，一直……
词汇 学校 学校　息子 儿子

6 动物世界是在猎食与被猎食的过程中繁衍子孙的。
答案 ② 动词ます形 + つ + 动词ます形 + つ 又……又……
词汇 動物界 动物世界　食う 吃　繁殖 繁殖　子孫 子孙　残す 留下

7 虽然是新手，可他做的饭菜出色得足以让客人满意。
答案 ② 动词ます形/名词 + ながらも 虽然……但是……
词汇 料理 料理　新人 新手　満足 满足　～に足る 足以……

8 长期的话有些勉强，不过对于他的委托短期内也不是不能予以协助。
答案 ④ 动词否定形 + ないものでもない
　　　并非完全不可能……，也有……的可能
词汇 長期 长期(内)　無理 勉强　短期間 短期内　依頼 委托　協力 协助

9 为了变得强大，去跟比自己强大的对手碰一碰吧。
答案 ④ 动词否定形 + んがため(に) 为了……
词汇 強い 强　ぶつかる 碰

10 得到了那位的极大帮助，一定要表示感谢才行。
答案 ① 动词否定形 + ずにはすまない（= ないではすまない）
　　　不……就不能解决（表示社会性常识）
词汇 お世話になる 得到帮助　お礼 感谢

解題方案——接动词否定形・ます形的语法

問題6 次の文の ___★___ に入る最もよいものを、1・2・3・4から一つ選びなさい。

1 その知らせを聞いたときの _____ _____ _____ __★__ ようだった。
　① まるで　　　　　　　　　　② 驚き
　③ 彼は　　　　　　　　　　　④ 跳び上がらんばかりの

2 船が _____ _____ __★__ _____ 水に落ちてしまった。
　① 拍子に　　　　　　　　　　② ひっくりかえった
　③ 五人ながら　　　　　　　　④ 五人は

3 火事や _____ __★__ _____ _____ おかない。
　① 起きたら　　　　　　　　　② 地震などが
　③ 確認しないでは　　　　　　④ 家族の無事を

4 彼は _____ _____ __★__ _____ いろいろと工作をしている。
　① 手を回して　　　　　　　　② ならんがために
　③ 裏から　　　　　　　　　　④ 社長に

5 長年、_____ __★__ _____ _____ 教えてやらないものでもない。
　① というのなら　　　　　　　② 知るために
　③ 探しまわった　　　　　　　④ その事件の真実を

解析方案——接动词否定形・ます形的语法　模拟习题

問題6 次の文の ___★___ に入る最もよいものを、1・2・3・4から一つ選びなさい。

1　その知らせを聞いたときの _____ _____ _____ ★ _____ ようだった。
① まるで
② 驚き
③ 彼は
④ 跳び上がらんばかりの

2　船が _____ _____ ★ _____ 水に落ちてしまった。
① 拍子に
② ひっくりかえった
③ 五人ながら
④ 五人は

3　火事や _____ ★ _____ _____ おかない。
① 起きたら
② 地震などが
③ 確認しないでは
④ 家族の無事を

4　彼は _____ _____ ★ _____ いろいろと工作をしている。
① 手を回して
② ならんがために
③ 裏から
④ 社長に

5　長年、_____ ★ _____ _____ 教えてやらないものでもない。
① というのなら
② 知るために
③ 探しまわった
④ その事件の真実を

问题6 请从1・2・3・4中选出最适合填入下列句子中的（　）处。

1　その知らせを聞いたときの彼は、まるで跳び上がらんばかりの驚きようだった。
一听到那个消息，他吃惊得就像要跳起来似的。
答案　② 驚き
词汇　知らせ 消息　まるで 好像　飛び上がる 跳起来
　　　动词否定形 + んばかりの 就像（马上）要……似的　驚く 吃惊
　　　动词 ます形 + よう ……的样子

2　船がひっくりかえった拍子に五人は五人ながら水に落ちてしまった。
由于船翻了，五个人全都掉进了水里。
答案　④ 五人は
词汇　船 船　ひっくりかえる 翻倒　动词终止形 + 拍子に 由于……
　　　数字 + ながら 全部　落ちる 掉

3　火事や地震などが起きたら家族の無事を確認しないではおかない。
要是发生了火灾或地震等，必须要确认家人是否平安。
答案　① 起きたら
词汇　火事 火灾　地震 地震　起きる 发生　家族 家人　無事 平安
　　　確認 确认　～ないではおかない 必须……

4　彼は社長にならんがために、裏から手を回していろいろと工作をしている。
他为了成为社长，在背后用尽了手段，做了各种活动。
答案　③ 裏から
词汇　动词否定形 + んがため(に) 为了……　裏 背后
　　　手を回す 使尽手段　工作 活动

5　長年、その事件の真実を知るために探しまわったというのなら、教えてやらないものでもない。
如果说为了知道那件事的真相而长年四处寻访的话，我也没有什么不能告知的。
答案　② 知るために
词汇　長年 长年　事件 事件　真実 真相　探しまわる 四处寻访
　　　教える 告知
　　　～ないものでもない 并非完全不可能……，也有……的可能

打造实力方案　符合出题标准的语法惯用型——叙述型

1

～かぎりだ 非常…… ……得不得了
→「表示感情的い形容词・形容动词连体形 + ～」

いくたの困難を乗り越えて、今日に至ったことは、まことに喜ばしいかぎりです。
克服了无数的困难才能走到今天，真的是非常高兴。

最近お店の方はインフルエンザの影響で観光客が少なくて寂しいかぎりです。
最近店铺那边因为受到流感的影响，游客很少，所以非常冷清。

2

～きらいがある 有……倾向（表示消极的情况）
→「名词 + の + ～」「动词原形・ない形・形容动词连体形 + ～」

発表者は本質的な部分から少しずらした話をしているきらいがある。
发言者在本质性部分，似乎有点言过其实的倾向。

あなたはひとりですべてをやろうとするきらいがあるので、一緒に取り組むメンバーとのコミュニケーション不足に陥ることがあるでしょう。
你总想独揽全部事情，有时与共同进行研究的成员缺乏交流。

3

～極まる / ～極まりない 极其……
→「名词・名词句・形容动词词干 + ～」

彼のとんでもない主張はみんなに非常識極まりないと非難されました。
他那不合情理的主张，因极其缺乏常识而遭到了大家的谴责。

こんな悪天候で飛行機を飛ばそうとするなんて、危険極まる行為である。
在这样恶劣的气候下驾驶飞机，是极其危险的行为。

 符合出题标准的语法惯用型——叙述型

4

～始末だ 到了……的地步 结果……
→「こ・そ・あ/この・こんな+～」「动词原形・ない形+～」

父も母も私の海外留学に大反対し、姉に至っては、そんなことより早く結婚しろと言い出す始末だった。
爸爸、妈妈都坚决反对我出国留学，结果连姐姐都说倒不如（让我）赶紧结婚。

いやならいやだと言えばいいものを。あいまいな返事をするから、こんな始末になるんだよ。
如果讨厌，就说讨厌。正因为回答得含含糊糊，才会到这种地步。

5

～でなくてなんだろう(=～でなくてなんであろう) 不是……又是什么呢
→「名词・名词句+～」

夫は病気の妻の看病のために、会社をやめ、毎日病院に通った。これが愛でなくてなんだろう。
为了护理生病的妻子，丈夫辞了职，每天都到医院去。这不是爱又是什么呢？

環境汚染が産業社会の産物でなくてなんであろう。
环境污染不是产业社会的产物又是什么呢？

6

～てやまない 环境污染不是产业社会的产物又是什么呢？
→「动词て形+～」

岡本教授のことは本当に心の底から尊敬し、愛してやみません。
冈本教授真令人由衷地尊敬和爱戴。

言うこと聞かない生徒でもいつかは先生に感謝してやまない時が訪れると思います。
我想就算是不听话的学生，总有一天也会由衷地感谢老师。

打造实力方案　　符合出题标准的语法惯用型——叙述型

7

～というところだ / ～といったところだ 也就是……的(程度)
→「名词・数词 + ～」「动词・い形容词・形容动词连体形 + ～」

空飛ぶ車については、現実化はまだまだというところだ。
汽车在空中飞行，要成为现实还早着呢。

仕事の方も一つの報告書がまとまり、やっと一段落といったところだ。
工作方面以完成一份报告书而勉强告一段落。

8

～といったらない / ～といったらありはしない(ありゃしない)
非常……　没有比……更……　……极了
→「名词 + ～」「动词・い形容词・形容动词连体形 + ～」

今日の天気ときたら、昨日と比べたら寒いといったらない。
跟昨天的天气比起来，今天别提有多冷了。

無口の彼が3か国語も話せることを知った時の衝撃といったらなかった。
当得知寡言少语的他居然会说三国语言时，别提有多吃惊了。

9

～に(は)あたらない 用不着……　不必……
→「动词原形 + ～」

彼の両親はプロゴルファーなんだ。彼がゴルフが上手でも驚くにあたらないよ。
他的父母是职业高尔夫选手。他的高尔夫打得好，也就用不着大惊小怪了。

子どもが親の言うことを聞かないからといって、嘆くにはあたらない。きっといつか親の心が分かる日が来る。
不必为了孩子不听从父母的话而忧愁。一定会有那么一天他会体谅父母用心的。

打造实力方案　符合出题标准的语法惯用型——叙述型

10

～にかたくない 不难……
→「名词＋～」「动词原形＋～」

このままだと、数年で国の財政が行き詰まってしまうのは、想像にかたくない。
照此下去，几年内国家财政将陷入停滞状态，这点不难想象。

なぜ彼があのようなことをしたのか、事件の前後の事情をよく聞いてみれば理解にかたくない。
他为什么会做出那样的事情，仔细聆听事情的前因后果，就不难理解了。

11

～にたえる／～にたえない 值得……／不值得……（感情或是心情）无法……
→「名词＋～」「动词原形＋～」

アマチュアの展覧会ではあるが、鑑賞にたえる作品が並んでいる。
虽然是业余爱好者的展览会，却陈列着值得欣赏的作品。

以前は顔がかわいいだけの歌手が、聞くにたえない歌を歌っていたものだ。近ごろは聞く人の耳が肥えたのだろうか。そんな歌手は減ってきた。
过去，只是脸蛋可爱的歌手唱着不值一听的歌曲。近来也许是听众的耳朵也变尖了吧，那样的歌手越来越少了。

12

～に足る／～に足りない
值得……的 值得……（对外部对象进行客观评价并传达给对方时使用）／不值得……
→「名词＋～」「动词原形＋～」

学校で子どもたちが信頼するに足る教師に出会えるかどうかが問題だ。
问题是孩子能不能在学校里遇到值得信赖的老师。

鈴木さんは信頼するに足る人です。安心して任せてください。
铃木先生是值得信赖的人。请放心地交给他吧。

 符合出题标准的语法惯用型——叙述型

13

～ば(なら・たら)それまでだ 就此完了

→「假定形＋～」

いくら高価な車に乗っても交通事故で命を落としたらそれまでだ。
即使乘坐再昂贵的汽车，要是因交通事故而丢了性命，那也一切皆是枉然。

歯と歯の隙間が開き、食べた物が詰まる事も多い。それが老化現象だからと思えばそれまでだが。
牙齿和牙齿之间的缝隙也拉开了，吃东西塞牙的情况也时有发生。想到那是老化现象不就完了嘛。

14

～までだ／～までのことだ 只是…… 只不过……而已 只要……

→「これ・それ・あれ＋～」「动词终止形＋～」

駄目でもともと、やってみるよ。うまく行かなかったら、その時また考えるまでのことさ。
亏了也就是本钱，试试看吧。要是不顺利的话，只要再想想那个时候就行了。

特に用事があったわけじゃない。近くまで来たので、寄ってみたまでだ。
倒没有什么特别要办的事情。只不过是到了附近，顺便路过一下而已。

15

～を禁じ得ない 禁不住…… 不禁……

→「名词＋～」

君がこんな失敗をするとは、僕は失望を禁じ得ない。
你居然会出现这样的失误，我不禁要感到失望了。

飽食の世界の裏側に、飢えと寒さで死んでいく人々がいる。私はこの不公平さに怒りを禁じ得ない。
在温饱世界的背后，还有因饥饿和寒冷而死去的人们，我不禁对这种不公平感到义愤填膺。

打造实力方案　符合出题标准的语法惯用型——叙述型

16

～を余儀なくされる　不得不（不得已）……
→「名词＋～」

たびたびのミスにより、A選手はB選手との交代を余儀なくされた。
由于接二连三的失误，A选手不得不被B选手替换下来。

雨のため運動会は中止を余儀なくされた。
因为下雨，运动会不得不被取消。

17

～を余儀なくさせる　不得不（不得已）让（使）……
→「名词＋～」

作業人のストのため、作業日の延期を余儀なくさせた。
因为劳动者罢工，不得不延长工作日期。

台風の襲来が登山計画の変更を余儀なくさせた。
因为台风来袭，不得不改变登山计划。

解題方案及解析方案

解題方案——叙述型语法　模拟习题

問題5 次の文の（　）に入れるのに最もよいものを、1・2・3・4から一つ選びなさい。

1　就職せずに、アルバイトをやっているが、給料はせいぜい5万円（　　）。
　① というものではない　　　　　　② といったらない
　③ といったところだ　　　　　　　④ にはあたらない

2　最近の女性週刊誌ときたら、読むに（　　）ものばかりだ。
　① たえる　　② たえない　　③ いえる　　④ いえない

3　私は、大統領の政治革命が成功するのを念願して（　　）国民の一人です。
　① おかない　　② やらない　　③ やむをえない　　④ やまない

4　最近徹夜が多くていつ家に帰ったのかすらわからなくなる（　　）だ。
　① しまつ　　② きらい　　③ かぎり　　④ までのこと

5　父が私の変わりようを見て、どんなに驚いたか想像（　　）。
　① するまでもない　　② におよばない　　③ にかたくない　　④ にあたらない

6　1年も続いた労働組合のストを解決するため、政府介入を（　　）。
　① 余儀なされた　　② 余儀なくさせた　　③ 余儀させられた　　④ 余儀なくされた

7　量をだまして売ることは買う人にとっては不愉快（　　）ことです。
　① 極みの　　② 極める　　③ 極まりない　　④ 極めない

8　私は頑固で自分の主張だけを強行しようとする（　　）。
　① きらいがある　　② までのことだ　　③ きわみだ　　④ にたえない

9　今のアルバイトがクビになっても気にしない。新しいアルバイト先を探す（　　）のことだ。
　① ところ　　② ばかり　　③ かぎり　　④ まで

10　初めて全国大会で優勝したときの喜びよう（　　）。
　① とはかぎらなかった　　　　　　② にもおよばなかった
　③ といったらなかった　　　　　　④ かぎりだった

11　経営責任を追求され、社長は辞任を（　　）。
　① 余儀なくされた　　　　　　② 余儀なくさせられた
　③ 余儀なくさせた　　　　　　④ 余儀なくした

12　何でも力で解決しようとする大国のやり方に、怒りを（　　）。
　① 禁じなかった　　　　　　② 禁じざるを得なかった
　③ 禁ぜずにはすまなかった　　④ 禁じ得なかった

解析方案——叙述型语法　模拟习题

問題 5 次の文の（　）に入れるのに最もよいものを、1・2・3・4から一つ選びなさい。

问题 5 请从1・2・3・4中选出最恰当的一项填入下列句子的（　）中

1. 就職せずに、アルバイトをやっているが、給料はせいぜい 5 万円（　）。
   ① というものではない
   ② といったらない
   ③ といったところだ
   ④ にはあたらない

   1. 不就业只打工，工资充其量也就是5万日元左右。
      答案 ③ 〜というところだ／〜といったところだ
      也就是……的（程度）
      词汇 就職 就业　給料 工资　せいぜい 充其量
      〜といったらない 非常……　〜に(は)あたらない 用不着……

2. 最近の女性週刊誌ときたら、読むに（　）ものばかりだ。
   ① たえる　　② たえない
   ③ いえる　　④ いえない

   2. 提起最近的女性周刊，都是些不值一看的。
      答案 ② 〜にたえない 不值得……（感情或是心情），无法……
      词汇 〜ときたら 提起……　女性 女性　週刊誌 周刊
      〜にたえる 值得……

3. 私は、大統領の政治革命が成功するのを念願して（　）国民の一人です。
   ① おかない　　② やらない
   ③ やむをえない　④ やまない

   3. 我是国民中由衷盼望总统的政治革命可以成功的人。
      答案 ④ 〜てやまない 由衷……
      词汇 大統領 总统　政治 政治　革命 革命　成功 成功　念願 盼望
      国民 国民

4. 最近徹夜が多くていつ家に帰ったのかすらわからなくなる（　）だ。
   ① しまつ　　② きらい
   ③ かぎり　　④ までのこと

   4. 最近总是通宵，都到了连什么时候回过家都忘记了的地步。
      答案 ① 〜始末だ 到了……的地步，结果……
      词汇 最近 最近　徹夜 通宵　〜すら 连……也

5. 父が私の変わりようを見て、どんなに驚いたか想像（　）。
   ① するまでもない　② におよばない
   ③ にかたくない　　④ にあたらない

   5. 不难想象爸爸看到我改变的模样会有多惊讶。
      答案 ③ 〜にかたくない 不难……
      词汇 変わる 改变　动词ます形＋よう ……的样子　驚く 惊讶
      想像 想象

6. 1年も続いた労働組合のストを解決するため、政府介入を（　）。
   ① 余儀なされた　　② 余儀なくさせた
   ③ 余儀させられた　④ 余儀なくされた

   6. 为了解决持续了一年的工会罢工，不得不让政府介入。
      答案 ② 〜を余儀なくさせる 不得不（不得已）让(使)……
      词汇 続く 继续　労働 劳动　組合 组合　解決 解决　政府 政府
      介入 介入

7. 量をだまして売ることは買う人にとっては不愉快（　）ことです。
   ① 極みの　　② 極める
   ③ 極まりない　④ 極めない

   7. 买到的东西缺斤少两，对于买的人来说是极其不愉快的事情。
      答案 ③ 〜極まりない／〜極まる 极其……
      词汇 量 量　だます 欺骗　〜にとって 对于……　不愉快 不愉快

8. 私は頑固で自分の主張だけを強行しようとする（　）。
   ① きらいがある　② までのことだ
   ③ きわみだ　　　④ にたえない

   8. 因为我有点顽固，所以总是固持己见。
      答案 ① 〜きらいがある 有……倾向
      词汇 頑固 顽固　主張 主张　強行 硬干

9. 今のアルバイトがクビになっても気にしない。新しいアルバイト先を探す（　）のことだ。
   ① ところ　② ばかり
   ③ かぎり　④ まで

   9. 即使被现在打工的地方解雇，我也不在乎。无外乎再找新去处而已。
      答案 ④ 〜までだ／〜までのことだ 只是……，无外乎……而已
      词汇 クビになる 被解雇　気にする 在乎　〜先 ……的地方　探す 找

解析方案——叙述型语法　模拟习题

10　初めて全国大会で優勝したときの喜びよう（　　）。
　　① とはかぎらなかった
　　② にもおよばなかった
　　③ といったらなかった
　　④ かぎりだった

11　経営責任を追求され、社長は辞任を（　　）。
　　① 余儀なくされた
　　② 余儀なくさせられた
　　③ 余儀なくさせた
　　④ 余儀なくした

12　何でも力で解決しようとする大国のやり方に、怒りを（　　）。
　　① 禁じなかった
　　② 禁じざるを得なかった
　　③ 禁ぜずにはすまなかった
　　④ 禁じ得なかった

10　第一次在全国比赛中获胜时，<u>非常开心</u>。
　　答案　③ ～といったらない / ～といったらありはしない(ありゃしない)　非常……，没有比……更……，……极了
　　词汇　初(はじ)めて 第一次　全国(ぜんこく) 全国　大会(たいかい) 大赛　優勝(ゆうしょう) 优胜　喜(よろこ)ぶ 开心

11　因为被追究经营责任，社长<u>无可奈何地</u>辞了职。
　　答案　① ～を余儀(よぎ)なくされる　不得不(不得已)……
　　词汇　経営(けいえい) 经营　責任(せきにん) 责任　追及(ついきゅう) 追究　辞任(じにん) 辞职

12　对凡事都想用武力解决的大国方式，<u>不禁</u>感到愤怒。
　　答案　④ ～を禁(きん)じ得(え)ない　不禁……，禁不住……
　　词汇　解決(かいけつ) 解决　大国(たいこく) 大国，强国　怒(いか)り 愤怒

解題方案——叙述型語法　模拟习题

問題6　次の文の＿★＿に入る最もよいものを、1・2・3・4から一つ選びなさい。

1　今年＿＿＿＿＿＿＿＿＿＿★＿＿＿＿と思う。
　① 道を譲ろう　　　　　　　② 社長職を退き
　③ を限りに　　　　　　　　④ 後進に

2　もっと＿＿＿＿★＿＿＿＿＿＿＿＿怒るにはあたらない。
　① つまらないことで　　　　② 偉いことを
　③ あんな　　　　　　　　　④ 目指していくのならば

3　どんなに＿★＿＿＿＿＿＿＿＿＿＿＿絶対あきらめないでください。
　① それまでだから　　　　　② 苦しくても
　③ あきらめたら　　　　　　④ 途中で

4　当事者の＿＿＿＿★＿＿＿＿＿＿＿でなくてなんだろう。
　① 主観で　　　　　　　　　② 不愉快なことを
　③ 強制する　　　　　　　　④ これがイジメ

5　言うことと行動することが＿＿＿＿＿＿＿★＿＿＿＿わかります。
　① 一致しているかどうかを　② 人を見ると
　③ 考慮して　　　　　　　　④ 信頼に足る人物かどうかが

解析方案——叙述型语法 模拟习题

問題6 次の文の___★___に入る最もよいものを、1・2・3・4から一つ選びなさい。

1 今年____ ____ ★ ____ と思う。
  ① 道を譲ろう
  ② 社長職を退き
  ③ を限りに
  ④ 後進に

2 もっと____ ____ ★ ____ ____怒るにはあたらない。
  ① つまらないことで
  ② 偉いことを
  ③ あんな
  ④ 目指していくのならば

3 どんなに____ ★ ____ ____ ____絶対あきらめないでください。
  ① それまでだから
  ② 苦しくても
  ③ あきらめたら
  ④ 途中で

4 当事者の____ ____ ★ ____ ____でなくてなんだろう。
  ① 主観で
  ② 不愉快なことを
  ③ 強制する
  ④ これがイジメ

5 言うことと行動することが____ ____ ★ ____ わかります。
  ① 一致しているかどうかを
  ② 人を見ると
  ③ 考慮して
  ④ 信頼に足る人物かどうかが

問題6 请从1・2・3・4中选出最适合填入下列句子___★___处的一项。

1 今年を限りに社長職を退き、後進に道を譲ろうと思う。
  想在今年内，从社长职位上退下来，给年轻人让路。
  答案 ④ 後進に
  词汇 ～を限りに 以……为限 社長職 社长职务 退く 退下
      後進 晚辈 譲る 让步

2 もっと偉いことを目指していくのならば、あんなつまらないことで怒るにはあたらない。
  如果是以更伟大的事物为目标前行的话，就没有必要为那种微不足道的事发火。
  答案 ④ 目指していくのならば
  词汇 偉い 伟大 目指す 朝向 怒る 发火
      ～に(は)あたらない 用不着……，不必……

3 どんなに苦しくても途中であきらめたらそれまでだから絶対あきらめないでください。
  再怎么痛苦，如果半途而废也就完了，所以请绝对不要放弃。
  答案 ② 苦しくても
  词汇 苦しい 痛苦 途中 中途 あきらめる 放弃
      ～ば(なら・たら)それまでだ 就此完了 絶対 绝对

4 当事者の主観で不愉快なことを強制する、これがイジメでなくてなんだろう。
  凭着当事人的主观意愿让人去做不愉快的事情，这不是欺负又是什么呢？
  答案 ② 不愉快なことを
  词汇 当事者 当事人 主観 主观 不愉快 不愉快 強制 强迫
      ～でなくてなんだろう 不是……又是什么呢

5 言うことと行動することが一致しているかどうかを考慮して人を見ると信頼に足る人物かどうかがわかります。
  看人时，考虑他是否言行一致，就能知道是不是值得信赖的人了。
  答案 ② 人を見ると
  词汇 行動 行动 一致 一致 考慮 考虑 信頼 信赖
      ～に足る 值得……，有……的价值 人物 人物

打造实力方案　符合出题标准的语法惯用型——语法比较

1

～いかんだ 取决于……

～いかんで(は) 要看…… 根据……

～いかん 如何

→「名词 + (の) ～」

これが成功するかどうかはみんなの努力いかんです。
这事能否成功取决于大家的努力。

営業成績いかんでは、新入社員でも昇進ができる。
根据营业业绩，即便是新进公司的职员也有可能会升职。

Tip 「～いかん」带有"如何"的意思。在N2中「～次第」与其具有相似的意义。

2

～いかんによらず・～いかんにかかわらず 不管…… 不论……

～いかんを問わず 不管…… 不论……

→「名词 + (の) ～」

事情のいかんによらず、遅刻はだれであっても許されない。
不管是什么原因，不能允许任何人迟到。

従業員を一人でも雇用する事業主は、業種のいかんを問わず、すべて労働保険に加入しなければなりません。
无论是哪种行业，哪怕是雇用了一名从业人员，企业主都必须上劳动保险。

Tip 「～いかん」后面接续的「によらず」,「にかかわらず」,「を問わず」在N2语法中也提到过多次，因此只要和「いかん」组合在一起进行解释，就更容易理解一些。

 打造实力方案　　符合出题标准的语法惯用型——语法比较

3

~からある　足有……（在表示距离、重量、高度等的时候使用）

~からする　达到……（在表示金额时使用）

~からの　……以上　足足……（在表示人数时使用）

彼は毎朝5キロからある道のりを歩いて学校へ通っています。
他每天足足步行5公里以上的路程去上学。

大金持ちの彼は50万円からするかばんを軽々と買ってしまう。
身为大富翁的他，轻而易举地买下了高达50多万日元的包。

デパートはセール中なので3万人からの買い物客で賑わっています。
因为百货商店正在搞促销，所以被多达3万人的购物者弄得拥挤不堪。

Tip　根据「~から」前使用的词语种类不同，所使用的语法也不一样。因此要多加注意。

4

~(か)のごとき　像……一样的

~(か)のごとく　如同……

→「ごとき + 名词」「ごとく + 动词・い形容词・名词节」

地下室のごとき僕の部屋に他人を招待するのはちょっと恥ずかしい。
在我那像地下室一样的房间里招待别人，感觉有点不好意思。

部屋の中からだれかが言い争うがごとき声が聞こえた。
房间里传来了谁在争吵的声音。

教授の言うごとく株式市場はまもなく安定した。
正如教授说的那样，股票市场很快稳定了下来。

母の料理は特急ホテルの調理師が作ったかのごとくおいしかった。
妈妈做的饭菜就像特级酒店厨师做的那样好吃。

Tip　「~ごとき」和「~ごとく」要注意接续方法。「~ごとき」后面接名词并修饰该名词，而「~ごとく」可以解释为「~のように（像……一样，好像……）」。

 符合出题标准的语法惯用型——语法比较

5

~ずくめ 清一色…… 全都是……

~まみれ 满是……

→「名词 + ~」

みんなと共通の話題ができてとてもうれしかった。本当にいいことずくめですよ。
跟大家有了共同的话题，所以很开心。真的全是好事啊。

ロシアで仮面をかぶった白ずくめの集団に襲われた。
在俄罗斯遭到了蒙面、身着一袭白装的团伙的袭击。

子どもたちが、泥まみれになって遊んでいます。
孩子们满身泥泞地玩游戏。

被害者が血まみれになって、道に倒れている。
受害者浑身是血地倒在了路上。

> Tip 「~まみれ」是"被什么东西的一部分覆盖着"的意思，「~ずくめ」是"被什么东西整个覆盖着"。测试中经常利用「~ずくめ」出题的类型有「颜色(色) + ずくめ」，「い形容词 + ことずくめ」。

6

~たりとも 即使……也 虽说……

~といえども 即使……也 虽说……

~とはいえ 即使……也 虽说……

1秒たりともムダにしないというのが彼に大成功をもたらした。
即使是1秒也不虚度，这给他带来了巨大的成功。

この会社は中小企業といえども大企業なみの業績を上げている。
这家公司虽说是中小企业，但是却创造出了大企业水准的业绩。

文法をちゃんと学んだとはいえ、日常的に使うのはまだ無理です。
虽说正儿八经地学过语法，可日常使用时，还是会感到有些勉强。

> Tip 「~といえども」,「~とはいえ」,「~であれ」,「~であろうと」是以同样的含义使用的语法。另外，要记住「~たりとも」前面必须要接数字。

语法_199

符合出题标准的语法惯用型——语法比较

7

～べからず 禁止…… 不能……
→「动词原形 + べからず」
～べからざる 不能……的 不许……的
→「动词原形 + べからざる + 名词」

ビジネスの基本は聞いている人が分からない言葉は使うべからず。
商务中最基本的是，不能说听者听不懂的话。

入り口に「強風時に焚き火するべからず」という立て札が立っていた。
入口树着"刮强风时，禁止点篝火"的告示牌。

彼は許すべからざる行為をして退学させられた。
他的行为不能得到原谅，所以被劝退了。

文を作るのに欠くべからざるものは何よりも創作的情熱である。
写作中不可或缺的东西，首先是创作的热情。

Tip 经常会出对「～べからず」和「～べからざる」进行比较的问题。「～べからざる」后面必须接"名词或名词句"，这时「～べからざる」修饰后面接续的"名词或名词句"。

8

～の至り ……至极（只表示最高的情绪等积极情感方面，多用于正式场合）
～の極み ……之至 最……（也用于情感以外的场合）

私の書いたレポートが認めていただけるとは、感激の至りです。
我写的调查报告能得到认可，真是非常感激。

このたび、わが社会部の長年の社会奉仕活動に対して地域文化賞をいただきましたことはまことに光栄の至りと存じます。
我们社会部从事社会服务活动很多年，这次能够获得地区文化奖，感到无比光荣。

彼は億万長者の一人息子として、ぜいたくの極みを尽くしていた。
他身为亿万富翁的独子，极尽奢华之能事。

不慮の事故でわが子を失った母親は悲嘆の極みにあった。
因意外事故而失去孩子的母亲悲痛不已。

Tip 至今还没有出过考查「～の至り」和「～の極み」这两个语法之区别的问题。出题可能性较高的句型有「光栄の至りだ（光栄之至）」，「恐縮の至りだ（惶恐之至）」，「感激の極み（感激至极）」等等。如果出现语法比较的问题，一定要记住「～の至り」只用于情感表达方面。

打造实力方案　符合出题标准的语法惯用型——语法比较

9

～を限りに　截止于……
～を皮切りに(して) / ～を皮切りとして　以……为开端

体力の衰えを考え、今場所を限りに相撲界を引退する。
考虑到体力衰退，这场比赛后，将从相扑界隐退。

今日を限りにあなたとはお別れよ。あなたもお幸せにね。じゃあね、バイバイ。
从今天开始我要与你分开了。你也要幸福啊。那么，再见。

東京公演を皮切りに、そのグループは全国各地でコンサートを開くらしい。
以东京公演为开端，那个团体好像会在日本全国各地召开音乐会。

この作品を皮切りにして、彼はその後、多くの小説を発表した。
以这部作品为开端，在那之后他发表了很多小说。

Tip　不把两个语法记混的方法是「～限り」表示"限定"，因此直译成"以……为限"，也能使语义通顺。另外，吃水果或是吃肉的时候，首先要剥掉(切り)外皮或表皮（皮）才能吃，所以「～を皮切りに」就带有"以……为开端"的意思。

10

动词现在形 + が早いか　立刻……（表示时间上的）
～そばから　（为难地）刚……就……（表示精神上的）

食堂の席につくが早いか、当たり前のように店員が注文を受けに来た。
刚坐到饭店座位上，服务员马上就理所当然地过来等候点菜了。

新製品が入荷するが早いか、飛ぶように売れてしまった。
新产品刚一到货，就像长了翅膀一样卖了出去。

漢字を教えるそばから忘れるのに閉口しました。
刚教完汉字就忘了，真是受不了。

掃除をするそばから散らかす子どもたちに大きな声を上げた。
对着刚打扫完就给弄乱的孩子们大喊大叫起来。

Tip　「Aが早いかB」意味着几乎同时发生那样的状况，「AそばからB」表示本人的感受或是想法，"只要做A就会发生B"。

解題方案及解析方案

解題方案——語法比較　模擬習題

問題5 次の文の（　）に入れるのに最もよいものを、1・2・3・4から一つ選びなさい。

1　社長は、当社にはスポーツの（　　）チームワークが必要だと言った。
　　① がてら　　　② かたわら　　　③ ごとき　　　④ べく

2　中古と（　　）まだまだ使えるものはたくさんあります。
　　① いうか　　　② あいまって　　③ しても　　　④ いえども

3　医者はいかなる状況においても落ち込む（　　）。
　　① べからず　　② にいたる　　　③ べからざる　　④ とはかぎらない

4　昔に比べて犯罪が減少した（　　）、人口増加のことを考えるとそうでもない。
　　① にかかわって　② なりとも　　③ たりとも　　　④ とはいえ

5　日本人の奥さんをもらって、中国の料理を食べて、アメリカの家に住む。これが男の幸せの（　　）だと言われたことがある。
　　① しまつ　　　② きわみ　　　③ いかん　　　④ しだい

6　暑い日に働いたので、汗（　　）になってしまいました。
　　① ぽっち　　　② きり　　　　③ ずくめ　　　④ まみれ

7　彼を（　　）のど自慢達が次々にマイクを握って歌い始めた。
　　① かわきりに　② そくして　　③ もって　　　④ もとにして

8　注意する（　　）同じ間違いをしてあきれてしまった。
　　① がはやいか　② そばから　　③ とたんに　　④ やいなや

9　当日の天候（　　）、イベントは中止となることもある。
　　① かぎりでは　② いかんでは　③ しまつでは　④ しまいでは

10　良質な医療の提供、質の保障は医療において欠く（　　）要素です。
　　① べからず　　② ともなく　　③ べからざる　　④ ともなると

11　うちの4才の子はまるで自分が大人であるかの（　　）行動する。
　　① ごとく　　　② ごとき　　　③ べく　　　　④ べし

12　最優秀作品に選ばれたことは光栄の（　　）です。
　　① きわまり　　② いたり　　　③ しまつ　　　④ きまり

解析方案——语法比较　模拟习题

問題5 次の文の( )に入れるのに最もよいものを、1・2・3・4から一つ選びなさい。

问题5 请从1・2・3・4中选出最恰当的一项填入下列句子的( )中。

1. 社長は、当社にはスポーツの( )チームワークが必要だと言った。
   ① がてら　② かたわら
   ③ ごとき　④ べく

   1. 社长说我公司需要如体育一类的团队配合。
   答案 ③ 〜(か)のごとき 如……一类的
   词汇 当社 我公司　必要 必要　动词基本形+べく 为了……

2. 中古と( )まだまだ使えるものはたくさんあります。
   ① いうか　② あいまって
   ③ しても　④ いえども

   2. 虽说是半旧的东西，有很多还能用。
   答案 ④ 〜といえども 虽说……
   词汇 中古 半旧　使う 使用
   〜と相まって 与……相辅相成，与……相配合

3. 医者はいかなる状況においても落ち込む( )。
   ① べからず　② にいたる
   ③ べからざる　④ とはかぎらない

   3. 医生无论在任何状况下都不能情绪低落。
   答案 ① 〜べからず 禁止……，不能……
   词汇 医者 医生　〜においても 对于……也　落ち込む 情绪低落
   〜べからざる 不能……的，不许……的

4. 昔に比べて犯罪が減少した( )、人口増加のことを考えるとそうでもない。
   ① にかかわって　② なりとも
   ③ たりとも　④ とはいえ

   4. 虽说跟过去相比犯罪有所减少，但是考虑到人口增加，好像也并非如此。
   答案 ④ 〜とはいえ 虽说……
   词汇 比べる 比较　犯罪 犯罪　減少 减少　人口 人口　増加 增加
   考える 考虑　〜たりとも 即使……也

5. 日本人の奥さんをもらって、中国の料理を食べて、アメリカの家に住む。これが男の幸せの( )だと言われたことがある。
   ① しまつ　② きわみ
   ③ いかん　④ しだい

   5. 娶日本妻子，吃中国菜，住美国房子。这曾经被称作是男人最极致的幸福。
   答案 ② 〜の極み ……之至，最……（也用于情感以外的场合）
   词汇 奥さん（别人的）夫人　住む 居住　幸せ 幸福
   〜いかん ……如何

6. 暑い日に働いたので、汗( )になってしまいました。
   ① ぽっち　② きり
   ③ ずくめ　④ まみれ

   6. 在大热天里干活，满身是汗。
   答案 ④ 〜まみれ 满是……
   词汇 働く 干活　汗 汗　〜ずくめ 清一色……，全都是……

7. 彼を( )のど自慢達が次々にマイクを握って歌い始めた。
   ① かわきりに　② そくして
   ③ もって　④ もとにして

   7. 从他开始，那些炫耀歌喉的人一个接一个地握着麦克风唱起了歌。
   答案 ① 〜を皮切りに(して)／〜を皮切りとして 以……为开端
   词汇 のど自慢達 炫耀歌喉的人　次々 一个接一个　握る 握

8. 注意する( )同じ間違いをしてあきれてしまった。
   ① がはやいか　② そばから
   ③ とたんに　④ やいなや

   8. 刚警告过就犯了同样的错误，真烦。
   答案 ② そばから （为难地）刚……就……（表示精神上的）
   词汇 注意 注意　間違い 错误　あきれる 厌烦
   动词现在形+が早いか 立刻……
   动词现在形+や否や 刚……立刻……

9. 当日の天候( )、イベントは中止となることもある。
   ① かぎりでは　② いかんでは
   ③ しまつでは　④ しまいでは

   9. 根据当日天气，有时也会中止活动。
   答案 ② 〜いかんで(は) 要看……，根据……
   词汇 当日 当日　天候 天气　中止 中止

解析方案——语法比较 模拟习题

10 良質な医療の提供、質の保障は医療において欠く（　）要素です。
　①べからず　　②ともなく
　③べからざる　④ともなると

10 优质的医疗服务、品质的保障是医疗不可或缺的要素。
　答案　③〜べからざる　不能……的，不许……的
　词汇　良質 优质　医療 医疗　提供 供给　保障 保障
　　　　〜において 关于……　欠く 缺少　要素 要素
　　　　〜ともなく 瞟一眼……，漫不经心地……，无意识地……
　　　　〜ともなると 一到……

11 うちの4才の子はまるで自分が大人であるかの（　）行動する。
　①ごとく　②ごとき
　③べく　　④べし

11 我家4岁的小家伙就如同自己是个大人似的做事。
　答案　①〜(か)のごとく　如同……
　词汇　まるで 好像　大人 成年人　行動 行动

12 最優秀作品に選ばれたことは光栄の（　）です。
　①きわまり　②いたり
　③しまつ　　④きまり

12 被选为最优秀作品，感到光荣之至。
　答案　②〜の至り　……至极
　词汇　最優秀 最优秀　作品 作品　選ぶ 选择　光栄 光荣
　　　　〜極まる　〜始末だ

解題方案——語法比較　模拟习题

問題6 次の文の ___★___ に入る最もよいものを、1・2・3・4から一つ選びなさい。

1　人間が ＿＿＿ ＿＿＿ ＿★＿ ＿＿＿ 不可能です。
　① からある　　　　　　② 500キロ
　③ 制御することなど　　④ 馬の力を

2　市民は一円 ＿＿＿ ＿★＿ ＿＿＿ ＿＿＿ 思っている。
　① 許さないと　　② 税金の
　③ たりとも　　　④ 無駄遣いを

3　彼女の ＿＿＿ ＿＿＿ ＿★＿ ＿＿＿ 至りです。
　① 感心の　　　　② 仕事の成績を
　③ 聞いて　　　　④ 今までの

4　一旦 ＿＿＿ ＿＿＿ ＿★＿ ＿＿＿ あらかじめご了承ください。
　① 返還されないことを　　② 利用料金は理由の
　③ 納入された　　　　　　④ いかんにかかわらず

5　一般的に ＿＿＿ ＿★＿ ＿＿＿ ＿＿＿ 家電製品です。
　① 買った　　　　② そばから
　③ どんどん　　　④ 価値が落ちるのが

解析方案——语法比较 模拟习题

問題6 次の文の___★___に入る最もよいものを、1・2・3・4から一つ選びなさい。

问题6 请从1・2・3・4中选出最适合填入下列句子___★___处的一项。

1　人間が____ ____ ★ ____ 不可能です。
　① からある
　② 500キロ
　③ 制御することなど
　④ 馬の力を

1　人間が500キロからある馬の力を制御することなど不可能です。
　人不可能控制足有500马力的力量。
　答案　④ 馬の力を
　词汇　〜からある 足有　馬 马　力 力气　制御 控制　不可能 不可

2　市民は一円 ____ ★ ____ ____ 思っている。
　① 許さないと
　② 税金の
　③ たりとも
　④ 無駄遣いを

2　市民は一円たりとも税金の無駄遣いを許さないと思っている。
　即使浪费1日元的税金，国民也都不会原谅。
　答案　② 税金の
　词汇　国民 国民　〜たりとも 税金 税金　浪费　無駄遣い　即使……也
　　　　許す 原谅

3　彼女の ____ ____ ★ ____ 至りです。
　① 感心の
　② 仕事の成績を
　③ 聞いて
　④ 今までの

3　彼女の今までの仕事の成績を聞いて、感心の至りです。
　听到她迄今为止的业绩，非常感动。
　答案　③ 聞いて
　词汇　成績 成绩　感心 感动　〜の至り 非常……

4　一旦 ____ ____ ★ ____ あらかじめご了承ください。
　① 返還されないことを
　② 利用料金は理由の
　③ 納入された
　④ いかんにかかわらず

4　一旦納入された利用料金は理由のいかんにかかわらず返還されないことをあらかじめご了承ください。
　一旦缴纳了使用费，不管是什么样的理由都不会再返还，这一点还要提前请求您的谅解。
　答案　④ いかんにかかわらず
　词汇　一旦 一旦　納入 缴纳　利用 利用　料金 费用
　　　　〜いかんにかかわらず 不管……如何　返還 返还
　　　　あらかじめ 提前　了承 谅解

5　一般的に ____ ★ ____ ____ 家電製品です。
　① 買った
　② そばから
　③ どんどん
　④ 価値が落ちるのが

5　一般的に買ったそばからどんどん価値が落ちるのが家電製品です。
　一般说来从刚买来就开始不断跌价的就是家电产品。
　答案　② そばから
　词汇　一般的に 一般的
　　　　〜そばから（为难地）刚……就……（表示精神上的）
　　　　価値 价值，价格　落ちる 下跌　家電製品 家电产品

打造实力方案　符合出题标准的语法惯用型——近似语法

1

～こととて 因为……所以……　由于
→「名词 + の + ～」「动词・い形容词・形容动词连体形 + ～」

～故(ゆえ)に / ～故(ゆえ)の 由于…… / 因为……
→「名词 + ～」「动词・い形容词・形容动词连体形 + ～」「动词 + が + ～」

後輩に結婚式のスピーチを頼まれたが、全く突然のこととて困惑しています。
师弟拜托我为他的婚礼致辞，可是因为太突然，感到有些不知所措。

今日は夏休みに入ったばかりのこととて会社が閉まっているということをすっかり忘れていた。
今天是暑假刚开始的日子，所以完全忘记了公司会关门。

だれもが有名になりたがるが、有名であるが故の悩みというものもある。
虽然谁都想出名，但也会有出名带来的苦恼。

忠告を聞かなかった故に、大きな事故を引き起こしたのだ。
由于没有听从劝告，导致了重大事故。

Tip　「～こととて」在与名词接续时会跟着「の」，成为「名词 + のこととて」的形式，而「～故に」不会有「の」相随，所以是以「名词 + 故に(故の)」的形式构成句子。另外，「～故に」经常以「～が故に」的形式出题。

2

ただ～のみ / ただ～のみならず(だけでなく) 只是…… / 不只是……
ひとり～のみ / ひとり～のみならず(だけでなく) 只是…… / 不只是……

教授の論文はただ学者のみならず、一般の人々の注目も集めた。
教授的论文不只是引起了学者的关注，还引起了普通人的关注。

「老兵は死なず、ただ消え去るのみ」という名言がある。
有句名言说的是"老兵不会死，只是消失了而已"。

こちらのビルの部屋を借りている方は、ひとり山田さんのみならず、子どもがいる家族もいらっしゃるので夜は静かにしてください。
在这栋楼里借住房间的人，不只是山田先生，还有带着孩子的家属，所以晚上请安静点。

どんな相手であろうがひとり撃ち貫くのみだ。
不论是什么样的对手，都要彻底打垮他。

Tip　「ただ」和「ひとり」是具有相同含义的副词。

打造实力方案　符合出题标准的语法惯用型——近似语法

3

~すら/~ですら 连……也……
→「名词+~」「在格助词(が・を)的位置上使用的时候+~」「动词 て形・ます形+~」

~だに 连……也……
→「名词+~」「动词 ます形・基本形+~」

私の祖母は足の骨を折って以来、10年間歩くことすらできない。
我的奶奶自从腿骨骨折以后，十年来都不能行走。

自動車業界は日本ですら競争率の激しいところなのです。
说到汽车行业，连日本也是竞争很激烈的地方。

人が近づいても鳥は微動だにしなかった。
即使有人靠近，小鸟也还是连动都不动一下。

うちの子は予想だにしない行動をしたりします。
我家孩子有时会做出出人意料的行为。

> **Tip** 作为与「~だに」相同的表达方式，在N2中有「~さえ」。另外N2语法中还有句型「~さえ……ば（只要……就……）」，要记住这时的「~さえ」不可以换成「すら・だに」。

4

~といい~といい 无论……还是……都……
→「名词A+~+名词B+~」

~なり~なり 或是……或是……　……也好……也好
→「名词・疑问词+なり」「动词・い形容词原形+なり~なり」

勉強といいスポーツといい、彼はなんでも熱心にやるまじめな人だ。
无论是学习还是运动，他是个不管什么都会认真完成的老实人。

このかばんは色といい形といい申し分ない。
这个包无论是颜色还是款式都无可挑剔。

わからないことがあったら、先生に聞くなり先輩に聞くなりして、調べておきなさい。
要是有不懂的，就问问老师或前辈把它搞清楚。

シャツなりズボンなり、好きな方を持っていきなさい。
衬衫也好裤子也好，有喜欢的就请拿去吧。

> **Tip** 都要填两个空，从这一点来看二者差不多，但是「~なり~なり」带有"选择性的含义"。

208

打造实力方案　符合出题标准的语法惯用型——近似语法

5

~をものともせずに 不顾…… 不怕……
~をよそに 不顾…… 不怕……

消防隊は燃え盛る炎をものともせず必死の消火に当たった。
消防队不顾火势凶猛，拼命灭火。

古代の日本人は荒れ狂う海をものともせず、新しい知識を求めて他国へと渡って行った。
古代日本人不怕汹涌的大海，为了寻求新知识，漂洋过海到别的国家去。

息子は家族の心配をよそに、仕事もしないで悠々と遊んでいる。
儿子不顾家人的担忧，什么事都不做，悠闲地玩着。

医師からの忠告をよそに、彼は毎晩のように酒浸りの生活を続けた。
他不顾医生的忠告，每天晚上都继续着沉湎在酒里的生活。

Tip　「~をものともせずに」的「~」部分是与"状态或现象"有关的内容，而「~をよそに」的「~」部分是与他人的行为或担忧、不满、不安等有关的内容。

解題方案及解析方案

解題方案——近似語法 模擬習題

問題5　次の文の(　　　)に入れるのに最もよいものを、1・2・3・4から一つ選びなさい。

1　地域住民の不安(　　　)、原子力発電所の建設が強行された。
　①　をもって
　②　をおいて
　③　をよそに
　④　をものともせずに

2　昨日見た映画はスケール(　　　)ストーリー性(　　　)観客を圧倒した。
　①　など / など
　②　なり / なり
　③　や / や
　④　といい / といい

3　携帯電話の通話で(　　　)不快に感じてしまう私がおかしいのでしょうか。
　①　こそ
　②　すら
　③　おいて
　④　だに

4　健康のためには散歩(　　　)ジョギング(　　　)体を動かしたほうがいいよ。
　①　としろ / としろ
　②　にいい / にいい
　③　まで / まで
　④　なり / なり

5　監督はただチームを指揮すること(　　　)選手の家族のことも思いやった。
　①　のみならず
　②　ばかりに
　③　をとわず
　④　だけか

解析方案——近似语法 模拟习题

問題5 次の文の（ ）に入れるのに最もよいものを、1・2・3・4から一つ選びなさい。

1 地域住民の不安（　）、原子力発電所の建設が強行された。
① をもって
② をおいて
③ をよそに
④ をものともせずに

2 昨日見た映画はスケール（　）ストーリー性（　）観客を圧倒した。
① など / など　　② なり / なり
③ や / や　　　　④ といい / といい

3 携帯電話の通話で（　）不快に感じてしまう私がおかしいのでしょうか。
① こそ　　　　② すら
③ おいて　　　④ だに

4 健康のためには散歩（　）ジョギング（　）体を動かしたほうがいいよ。
① としろ / としろ
② にいい / にいい
③ まで / まで
④ なり / なり

5 監督はただチームを指揮すること（　）選手の家族のことも思いやった。
① のみならず　　② ばかりに
③ をとわず　　　④ だけか

问题5 请从1·2·3·4中选出最恰当的一项填入下列句子的（　）中。

1 <u>不顾</u>当地居民的担忧，强行建起了原子能发电站。
答案 ③ 〜をよそに 不顾……，不怕……
词汇 地域 地区　住民 居民　不安 担忧　原子力 原子能　発電所 发电站　建設 建设　強行 强行
〜をもって 以……，凭……
〜をものともせずに 不顾……，不怕……

2 昨天看的电影<u>无论</u>规模<u>还是</u>情节都折服了观众。
答案 ④ 〜といい〜といい 无论……还是……都……
词汇 映画 电影　観客 观众　圧倒 压倒
〜なり〜なり 或是……或是……，……也好……也好

3 <u>连</u>用手机通话<u>都</u>感到不愉快，我这样很奇怪吗？
答案 ② 〜(で)すら 连……也……
词汇 携帯電話 手机　通話 通话　不快 不愉快
〜だに 连……也……，即使……

4 散步<u>也好</u>，晨跑<u>也好</u>，为了健康，最好活动活动身体。
答案 ④ 〜なり〜なり 或是……或是……，……也好……也好
词汇 健康 健康　散歩 散步　体 身体　動かす 活动

5 教练<u>不只是</u>指挥队员，还关心运动员的家属。
答案 ① ただ〜のみならず / ただ〜だけでなく 不只是……
词汇 監督 教练　指揮 指挥　選手 运动员　思いやる 关心
〜ばかりに 只因……才……　〜を問わず 无论……

解題方案——近似語法 模擬習題

問題6 次の文の ___★___ に入る最もよいものを、1・2・3・4から一つ選びなさい。

1 太りすぎは_____ _____ __★__ _____ 大分大きいようなのです。
   ① のみならず　　　　　　　② 食事の問題
   ③ ただ　　　　　　　　　　④ メンタル的なものも

2 逆境 __★__ _____ _____ _____ 立ち向かっていった。
   ① をものともせずに　　　　② 堂々と
   ③ その試練に　　　　　　　④ 彼は

3 今はちょっと _____ __★__ _____ _____ ということにしていただけませんか。
   ① 日を改めて　　　　　　　② ご用件につきましては
   ③ 取り込み中　　　　　　　④ ゆえ

4 聞く _____ __★__ _____ _____ よく言い出す。
   ① ぼくの友だちは　　　　　② 見本を
   ③ 不愉快な暴言の　　　　　④ だに

5 出勤時間に _____ _____ _____ __★__ ことにした。
   ① 集合場所に　　　　　　　② 少し早めに
   ③ 出発のこととて　　　　　④ 向かう

解析方案——近似语法 模拟习题

問題6 次の文の ___★___ に入る最もよいものを、1・2・3・4から一つ選びなさい。

问题6 请从1・2・3・4中选出最适合填入下列句子 ___★___ 处的一项。

1 太りすぎは _____ _____ ★ _____ 大分大きいようなのです。
  ① のみならず
  ② 食事の問題
  ③ ただ
  ④ メンタル的なものも

1 太りすぎはただ食事の問題のみならずメンタル的なものも大分大きいようなのです。
  过分肥胖恐怕不只是饮食问题，似乎还有很大的精神问题。
  答案 ① のみならず
  词汇 太る 肥胖　ただ～のみならず 不只是……　大分 很

2 逆境 ___★___ _____ _____ _____ 立ち向かっていった。
  ① をものともせずに
  ② 堂々と
  ③ その試練に
  ④ 彼は

2 逆境をものともせずに、彼は堂々とその試練に立ち向かっていった。
  他不怕逆境，堂堂正正地面对考验。
  答案 ① をものともせずに
  词汇 逆境 逆境　～をものともせずに 不顾……，不怕……
  堂々と 堂堂正正地　試練 考验　立ち向かう 面对着

3 今はちょっと _____ ___★___ _____ _____ ということにしていただけませんか。
  ① 日を改めて
  ② ご用件につきましては
  ③ 取り込み中
  ④ ゆえ

3 今はちょっと取り込み中ゆえ、ご用件につきましては、日を改めてということにしていただけませんか。
  现在暂时还在研究，所以可不可以改天再谈这事呢?
  答案 ④ ゆえ
  词汇 取り込み 研究　～ゆえ(に) 因为……，由于……　用件 事情
  改める 改，修改

4 聞く _____ ___★___ _____ _____ よく言い出す。
  ① ぼくの友だちは
  ② 見本を
  ③ 不愉快な暴言の
  ④ だに

4 聞くだに不愉快な暴言の見本をぼくの友だちはよく言い出す。
  我的朋友经常会说出听一听都会让人感到不愉快的粗话。
  答案 ③ 不愉快な暴言の
  词汇 ～だに 连……也……　不愉快 不愉快　暴言 粗暴的话
  見本 样品　言い出す 说出，讲出

5 出勤時間に _____ _____ _____ ___★___ ことにした。
  ① 集合場所に
  ② 少し早めに
  ③ 出発のこととて
  ④ 向かう

5 出勤時間に出発のこととて、少し早めに集合場所に向かうことにした。
  因为是在上班时间出发，所以决定稍微提前一点去集合地。
  答案 ④ 向かう
  词汇 出勤 上班　出発 出发　～こととて 因为……，由于……
  早め 提前　集合 集合　場所 地点　向かう 去

打造实力方案　符合出题标准的惯用型——与N2语法意义相同的语法

1

〜かたがた 顺便……　兼……
→「名词+〜」

まずはご挨拶かたがたお知らせ申し上げます。
首先表示问候，同时通知您。

海岸を散歩かたがた、朝食を取るお店を探しました。
到海滨散步，顺便找到了吃早饭的店铺。

Tip 「〜かたがた」与N2中的「〜がてら」有着同样的意思。另外，在选项中还会出与「〜かたわら（一面……一面……）」相区别的问题，找出正确答案的方法是「〜かたわら」与名词接续时必须是「名词+のかたわら」，而「〜かたがた」则是「名词+かたがた」。

2

〜かたわら 一面……一面……
→「名词+の+〜」「动词原形+〜」

父は小説を書くかたわら絵も描いている。
爸爸一面写小说，一面也画画。

先輩は工場を営むかたわら、暇を見つけてはスポーツをやっている。
前辈一边经营工厂，一边抽空做运动。

Tip 作为意义相同的语法，在N2中有「〜一方で」，其接续方法也是一样的。另外还要记住，「〜かたわら」单独拿出来，还有"旁、边"的意思。

3

〜ことなしに(は) 如果不……则……　不……就……
→「动词原形+〜」

生まれることなしに生きるということはあり得ない。
如果没有出生就不可能活着。

最新のセンサー技術によって直接触れることなしに電気がつけられる。
凭借最新的传感技术，就算不直接触摸也可以开灯。

Tip 在这一语法中有可能会出现从「〜ことなしに」当中考查「なしに」的问题。为了造成混乱，有可能会出现错误答案「〜ことないで」或是「〜ことなくて」。在N2中与此相同的表达方式有「〜ことなく」。

打造实力方案 符合出题标准的惯用型——与N2语法意义相同的语法

4

～とは 居然…… 竟然……
→「名词＋～」「动词・い形容词连体形＋～」「形容动词＋だ＋～」

この大作をわずか三日にして完成させたとは、驚いた。
据说这部大作居然仅用3天就完成了，真令人吃惊。

東洋にこんな女優がいたとは、アメリカの映画監督は驚いたようだ。
东方竟然会有这样的女演员，美国的电影导演似乎很惊讶。

Tip 「～とは」是在表示"惊讶、感叹、情感"的时候使用的。在N2中与其意义相同的有「～なんて」。

5

～にあって 处于…… 在……下
→「名词＋～」

戦後最大の不況下にあって、少しでも無駄を省くことが要求されている。
因为处于战争结束后的大萧条当中，所以要尽可能减少浪费。

ストレスによる病気というのは、この現代にあっては避けがたい現象だろう。
因压力导致的疾病，恐怕在当今时代是很难避免的现象。

Tip 可以代替「～にあって」填入助词「に」或「で」，在表示"时间、机会、场所、状况"时使用。在N2中与其意义相同的有「～において」。

6

～に即して(は) / ～に即しても / ～に即した 根据…… / 根据……也…… / 符合……的
→「名词＋～」「动词・い形容词・形容动词连体形＋～」

明日の模擬試験は時間も内容も本番の試験に即して行います。
明天的模拟测试，无论是时间还是内容都将根据此次考试来进行。

そんなに理想ばかりいっても仕方がない。もっと現実に即して考えなければならない。
光说那些理想化的东西没有用，必须更加立足于现实去考虑。

Tip 在N2中与其意义相同的语法有「～を基にして」或「～に基づいて」。

打造实力方案 符合出题标准的惯用型——与N2语法意义相同的语法

7

〜はおろか 不用说……连……都……　别说……连……

→「名词 + 〜」

この不景気ではボーナスはおろか、月給だって全額出るかどうかもあやしい。
在这种大萧条下，别说奖金了就连工资都不知道能不能全额发放呢。

結婚しているかって？忙しくて結婚はおろか、恋人だって見つける暇もないわよ。
问我结没结婚？别说是结婚了，忙得连找恋爱对象的空儿都没有。

Tip 「AはおろかB」用于消极的语感当中，是"别说……连……都……"的意思。在N2中类似的表达方式有「〜どころか」，要根据有没有「は」来判断是该把「おろか」当做正确答案，还是把「どころか」当成正确答案。

8

〜ばこそ 正是因为……

→「假定形(〜ば) + 〜」

あなたのためを思えばこそ、厳しいことを言ったのだ。
正是为你着想，才会说那么严厉的话。

私が今日まで健康に学生生活を送ってこられたのは、家族や周りの人たちの協力あればこそである。
直到今天我能健康地度过学生生活，是因为有了家人和周围人的共同努力。

Tip 在N2中使用的是「〜からこそ」。例如「思えばこそ」可以用「思うからこそ」来表示。

9

〜までもない 没有必要……

→「动词终止形 + 〜」

いまさら言うまでもなく、学生にとってもっとも大切なのは勉学だ。
事到如今也不必说什么了。对于学生而言，最重要的就是勤学。

言うまでもなく、日本は島国である。
不用说，日本就是岛国。

Tip 直译过来的意思是"连……都没有"。经常出的问题有「言うまでもない（没有必要说）」，「言うまでもなく（说都没必要说）」。此外，也不妨把「言うにおよばず（没必要说）」也一并记下来。在N2中与之类似的表现方式有「〜ことはない」。

打造实力方案 符合出题标准的惯用型——与N2语法意义相同的语法

10
～もさることながら ……自不必说
→「名词 + ～」

進学問題は親の希望もさることながら、本人の気持ちがまず大切ではないでしょうか。
关于升学的问题，父母的希望自不必说，本人的意愿不也是很重要的吗？

勉強もさることながら、体をこわしては元も子もない。
学习自然重要，可弄坏了身子就没有任何意义了。

Tip 在N2中与之类似的表达方式还有「～はもちろん」和「～はもとより」。

解題方案——与N2语法意义相同的语法　模拟习题

問題5 次の文の（　）に入れるのに最もよいものを、1・2・3・4から一つ選びなさい。

1　仕事帰りに、サクラがだいぶ咲いているようなので散歩（　　　）見に行きました。
　① かたわら　　② かたがた　　③ がために　　④ かねて

2　もうすぐ海外旅行に行くというのに切符手配は（　　　）、パスポートも用意していない。
　① かまわず　　② おろか　　③ さることながら　　④ どころか

3　環境と経済の間の関係を理解する（　　　）、環境問題の克服はあり得ない。
　① ことなくて　　② ことなしに　　③ ものなくて　　④ ものなしに

4　母は病床（　　　）、なおも子どもたちのことを気にかけている。
　① とあって　　② にあって　　③ をもって　　④ にかかわって

5　法律（　　　）いうと、今回の事件は刑事事件として取り扱うべき性格のものだ。
　① とあいまって　　② にいたって　　③ にそくして　　④ にして

6　女優というのは演技力（　　　）、何か人を引きつける華がなければ大成できない。
　① もさることながら　　② までもなく
　③ としたところで　　③ にしたって

7　私は出版社勤務の（　　　）、一昨年から雑誌に作品を発表している。
　① かたがた　　② がてら　　③ そばから　　④ かたわら

8　試行錯誤の中、何とか頑張っていけたのはまさしく皆さんの応援が（　　　）と感謝いたします。
　① あったらこそ　　② あったならこそ　　③ あればこそ　　④ あるならこそ

9　改めて（　　　）、ここ数十年にわたって日本の産業構造は大きく変化した。
　① 説明するまでもなく　　③ 説明するにあたらず
　③ 説明するにおよばず　　④ 説明するにいたって

10　いくら探しても見つからなかったのに、まさかこんなところにいた（　　　）。
　① だろうに　　② なんか　　③ ものの　　④ とは

解析方案——与N2语法意义相同的语法 模拟习题

問題5 次の文の( )に入れるのに最もよいものを、1・2・3・4から一つ選びなさい。

问题5 请从1・2・3・4中选出最恰当的一项填入下列句子的( )中。

1 仕事帰りに、サクラがだいぶ咲いているようなので散歩( )見に行きました。
① かたわら ② かたがた
③ がために ④ かねて

1 下班回家的路上，看到樱花盛开，所以顺便去散了散步，看了一看。
答案 ② ～かたがた 顺便……，兼……
词汇 仕事帰り 回家路 だいぶ 很 咲く (花)开
～んがために 为了……

2 もうすぐ海外旅行に行くというのに切符手配は( )、パスポートも用意していない。
① かまわず ② おろか
③ さることながら ④ どころか

2 马上就要去海外旅行，可是别说票了，连护照都没准备。
答案 ② ～はおろか 不用说……连……，别说……连……
词汇 海外旅行 海外旅行 切符 票 手配 筹备，安排 用意 准备

3 環境と経済の間の関係を理解する( )、環境問題の克服はあり得ない。
① ことなくて ② ことなしに
③ ものなくて ④ ものなしに

3 如果不理解环境和经济之间的关系，就不可能克服环境问题。
答案 ② ～ことなしに(は) 如果不……则……，不……就……
词汇 環境 环境 克服 克服 あり得ない 不能有

4 母は病床( )、なおも子どもたちのことを気にかけている。
① とあって ② にあって
③ をもって ④ にかかわって

4 妈妈在病床上仍旧惦记着孩子们。
答案 ② ～にあって 处于……，在……下
词汇 病床 病床 なおも 仍旧 気にかける 记挂 ～をもって 以……

5 法律( )いうと、今回の事件は刑事事件として取り扱うべき性格のものだ。
① とあいまって ② にいたって
③ にそくして ④ にして

5 根据法律，此次事件的性质要处理为刑事案件。
答案 ③ ～に即して 根据……
词汇 法律 法律 刑事 刑事 取り扱う 处理 ～に至って 以至……
～にして 到了……才……，……也

6 女優というのは演技力( )、何か人を引きつける華がなければ大成できない。
① もさることながら
② までもなく
③ としたところで
④ にしたって

6 说起女演员，演技自不必说，但如果没有某种吸引人的美丽，就不可能成大器。
答案 ① ～もさることながら 自不必说……
词汇 演技力 演技 引きつける 吸引 華 美丽 大成 成大器

7 私は出版社勤務の( )、一昨年から雑誌に作品を発表している。
① かたがた ② がてら
③ そばから ④ かたわら

7 我一面在出版社工作，一面从前年开始在杂志上发表作品。
答案 ④ ～かたわら 一面……一面……
词汇 出版社 出版社 勤務 工作 一昨年 前年

8 試行錯誤の中、何とか頑張っていけたのはまさしく皆さんの応援が( )と感謝いたします。
① あったらこそ ② あったならこそ
③ あればこそ ④ あるならこそ

8 正是因为有了各位的帮助，我才能在遭遇失败后还能继续努力下去，所以要感谢大家。
答案 ③ ～ばこそ 正是因为……
词汇 試行 试验 錯誤 错误 まさしく 的确，诚然 応援 帮助
感謝 感谢

9 改めて( )、ここ数十年にわたって日本の産業構造は大きく変化した。
① 説明するまでもなく
② 説明するにあたらず
③ 説明するにおよばず
④ 説明するにいたって

9 无需再说明，经过这数十年，日本的产业结构发生了巨大的变化。
答案 ① ～までもない 没有必要……
词汇 改めて 重新 数十年 数十年 ～にわたって 经过……
産業 产业 構造 结构 変化 变化

10 いくら探しても見つからなかったのに、まさかこんなところにいた( )。
① だろうに ② なんか
③ ものの ④ とは

10 怎么找也没找到，居然在这种地方？
答案 ④ ～とは 居然……，竟然……
词汇 探す 寻找 見つかる 发现 まさか 莫非
～ものの 虽然……但是……

解題方案——与N2语法意义相同的语法　　模拟习题

問題6 次の文の＿＿★＿＿に入る最もよいものを、1・2・3・4から一つ選びなさい。

1 町の再開発を ＿＿＿＿ ＿★＿ ＿＿＿＿ ＿＿＿＿ 計画を練らなければならない。
　① 進めるのには　　　　　　② 実情に即して
　③ 一挙に　　　　　　　　　④ 無理があるから

2 ここしばらく ＿＿＿＿ ＿＿＿＿ ＿★＿ ＿＿＿＿ コンピュータ関連の資格を取得するつもりだ。
　① 子育てに　　　　　　　　② 以前より
　③ 興味のあった　　　　　　④ 専念するかたわら

3 このレストランは ＿＿＿＿ ＿＿＿＿ ＿★＿ ＿＿＿＿ 素晴らしいですね。
　① 接客や　　　　　　　　　② 食器まで
　③ 従業員の　　　　　　　　④ 味もさることながら

4 今の ＿＿＿＿ ＿★＿ ＿＿＿＿ ＿＿＿＿ できない。
　① 状態を　　　　　　　　　② 未来の状態を
　③ 知ることなしに　　　　　④ 正確に予想することは

5 住民代表 ＿＿＿＿ ＿＿＿＿ ＿★＿ ＿＿＿＿ その問題に取り組んでいる。
　① にあって　　　　　　　　② という立場
　③ 惜しんで　　　　　　　　④ 寝る時間も

解析方案——与N2语法意义相同的语法　模拟习题

問題6 次の文の＿＿＿★＿＿＿に入る最もよいものを、1・2・3・4から一つ選びなさい。

问题6 请从1・2・3・4中选出最适合填入下列句子＿＿＿★＿＿＿处的一项。

1　町の再開発を＿＿＿＿★＿＿＿＿計画を練らなければならない。
　① 進めるのには
　② 実情に即して
　③ 一挙に
　④ 無理があるから

1　町の再開発を<u>一挙に進めるのには無理があるから</u>実情に即して計画を練らなければならない。

　一下子推进城镇再开发会有些勉强，所以要根据实际情况制定计划。

　答案　① 進めるのには
　词汇　再開発 再开发　一挙に 一下子　進める 推进　無理 勉强
　　　　実情 实际情况　～に即して 根据……　計画 计划
　　　　練る 制定，整理

2　ここしばらく＿＿＿＿＿＿＿★＿＿＿＿コンピュータ関連の資格を取得するつもりだ。
　① 子育てに
　② 以前より
　③ 興味のあった
　④ 専念するかたわら

2　ここしばらく子育てに専念するかたわら、<u>以前より</u>興味のあったコンピュータ関連の資格を取得するつもりだ。

　最近打算一方面暂且专心致志地抚养孩子，另一方面要考取从前就感兴趣的电脑相关资格(证)。

　答案　② 以前より
　词汇　子育て 抚养　専念 专心致志　～かたわら 一面……一面……
　　　　以前 从前　興味 兴趣　関連 相关　資格 资格　取得 取得

3　このレストランは＿＿＿＿★＿＿＿＿素晴らしいですね。
　① 接客や
　② 食器まで
　③ 従業員の
　④ 味もさることながら

3　このレストランは味もさることながら、従業員の<u>接客や食器まで</u>素晴らしいですね。

　这家西餐厅味道自不必说，连服务员的接待和餐具也都很棒。

　答案　① 接客や
　词汇　味 味道　～もさることながら ……自不必说　従業員 服务员
　　　　接客 接待客人　食器 餐具

4　今の＿＿＿★＿＿＿＿できない。
　① 状態を
　② 未来の状態を
　③ 知ることなしに
　④ 正確に予想することは

4　今の状態を<u>知ることなしに</u>、未来の状態を正確に予想することはできない。

　不了解现状却能准确地预测未来的状况，那是不可能的。

　答案　③ 知ることなしに
　词汇　状態 状况　～ことなしに(は) 如果不……则……，不……就……
　　　　未来 未来　正確 准确　予想 预测

5　住民代表＿＿＿＿★＿＿＿＿その問題に取り組んでいる。
　① にあって
　② という立場
　③ 惜しんで
　④ 寝る時間も

5　住民代表という立場にあって、<u>寝る時間も惜しんで</u>その問題に取り組んでいる。

　站在居民代表的立场上，省下睡眠时间，竭尽全力解决那个问题。

　答案　④ 寝る時間も
　词汇　住民 居民　代表 代表　立場 立场
　　　　～にあって 处于……，在……下　惜しむ 珍惜　取り組む 竭尽全力

打造实力方案　符合出题标准的惯用型——其他语法

1

～あっての 正因为……才……　有了……之后才有…… →「名词+あっての+名词」

夢あっての幸福だから自信を持ってやっていくつもりです。
正因为有了梦想才会幸福，所以我打算充满自信地做下去。

ファンあってのプロ野球というのを忘れてはいけない。
不要忘记正因为有狂热爱好者，才有职业棒球。

2

～たる者 身为……　因为是…… →「名词(人名、组织)+～」

経営者たる者、ビジョンを持ってやっていかなければならない。
身为经营者，一定要带着梦想做下去。

責任者たる者、言葉は慎重にすべきである。
身为负责人，讲话要慎重。

3

～であれ／～であれ～であれ 尽管……　就算是……也……／无论……还是……
→「名词+～」

仕事のため、趣味のためなど理由は何であれ「資格をとる」ことで自信が生まれる。
为了工作也好，为了兴趣也好，不管是什么样的理由，只要"获得资格"就会让人产生自信。

ビジネスであれ、旅行であれ、中国を訪れる大きな楽しみといえば食べ物です。
无论是商务谈判还是旅行，访问中国的最大乐趣就在于美食。

4

～てからというもの(は) 自从……以后 →「动词て形+～」

仕事を始めてからというもの、稼ぐということの喜びを知ることができた。
自从参加工作以后，就体会到了赚钱的喜悦。

彼女に会ってからというもの、彼に笑顔が絶えない。
自从见过她之后，他的脸上就没断过笑容。

打造实力方案　　符合出题标准的惯用型——其他语法

5

～では(じゃ)あるまいし 又不是……　→「名词・名词句 + ～」

子どもではあるまいし、コンピュータゲームにはあまり興味がない。
我又不是孩子，对电脑游戏没什么兴趣。

ロボットではあるまいし、人間が1日24時間も働けるわけではないだろう。
又不是机器人，人类不可能一天24小时都工作。

6

～と相まって / ～と～(と)が相まって / ～も相まって

与……相配合 / ……和……相辅相成 / 与……也相配合　→「名词 + ～」

このワインは飲みやすく爽やかな味と相まって女性に大人気です。
这葡萄酒好喝又清爽，所以在女性当中很受欢迎。

ここは美しい自然と相まって、学習に励むための理想的な環境をそろえています。
这里具备了与美丽的自然相辅相成的、以努力学习为目的的理想环境。

7

～とあって 因为……　→「名词 + ～」「动词・い形容词・形容动词连体形 + ～」

新しい自動車のデビュー日とあって、平日にもかかわらずかなりの記者が集まった。
因为是新车初次亮相的日子，所以尽管是平日，却聚集了很多记者。

さすがにドイツはビールの本場とあって、ビールを食事中にも水のように飲んでいる。
德国毕竟是啤酒之乡，就连用餐时也像喝水一样喝啤酒。

8

～と思いきや 本以为……（事实上并不……）　→「名词 + ～」「动词终止形 + ～」

私の留学に絶対反対すると思いきや予想に反して親はあっさり許してくれた。
本以为父母肯定会反对我去留学，可出乎预料的是，他们爽快地答应了。

急ぎの仕事も終わって、これから一休みかと思いきや新しい仕事が入ってきた。
已经做完了紧急的事情，本以为可以歇一会儿，却来了新的工作。

打造实力方案　符合出题标准的惯用型——其他语法

9

～ときたら 说起…… 提起…… →「名词 + ～」

俺の弟ときたらいつもゲームばかりで、親の言うことは全然聞かない。
提起弟弟，他总是只顾着玩儿游戏，一点儿也不听父母的话。

妹ときたら、職もないくせに新製品のかばんに目がない。
说起妹妹，她连工作都没有，却热衷于新款皮包。

10

～ところを ……之中　……时候
→「名词 + の ～」「动词・い形容词连体形・动词 + ~ている + ～」

友人に電話をかけようとしたところを、向こうからかかってきた。
正想给朋友打电话的时候，朋友打来了电话。

本日は皆さまお忙しいところをお集まりいただきまして、ありがとうございます。
今天非常感谢大家在百忙之中聚到了这里。

11

～とばかり(に) 显出……的样子　……似的 →「叙述型・命令型・动作性名词 + ～」

この好機を逃してたまるかとばかりに、事を進めていった。
就好像绝不会放弃这个好机会似的，将事情进行了下去。

新入社員は今度こそとばかりに、任せられた仕事を解決した。
新职员显出非这次不行的样子，解决了交给他的事情。

12

～ともなく / ～ともなしに 无意识地…… →「疑问词 + 格助词 + ～」「动词原形 + ～」

海外放送が映らないホテルだったため、見るともなしにチャンネルを頻繁に変えながら地元の番組を見ていた。
因为酒店里没有国外电视节目，所以无意识地频频更换频道看当地的节目。

あるレストランで聞くともなしに隣の席の男たちの会話を聞いていたら、驚いたことに彼らは犯罪を模擬しているようだった。
在某家西餐厅偶然识地听到了邻座男人们的谈话，却吃惊地发现他们好像是在准备犯罪。

 符合出题标准的惯用型——其他语法

13

〜ともなると／〜ともなれば 一旦…… 一到……
→「名词＋〜」「动词・い形容词・形容动词连体形＋〜」

一国の大統領ともなると、気軽に外出することはできないだろう。
一旦成为一个国家的总统，想要轻轻松松地外出恐怕是不可能的了。

いつもは遅くまで寝ている息子だが、試験期間ともなると6時には起きる。
儿子平时总是会睡到很晚，可一到考试期间，就会6点起床。

14

〜ないまでも 即使不…… 虽然不能…… →「动词ない形＋〜」

見舞いには来ないまでも電話ぐらいはするものだ。
即使不来探望，至少也该打个电话。

完璧とは言わないまでもかなりの水準に達している。
虽然不能说是完美的，但是已经达到了相当高的水准。

15

〜なくして(は)／〜なしに(は) 如果没有…… 如果不…… →「名词＋〜」

親の援助なくしては、とても一人で生活できない。
如果没有父母的援助，根本没办法独自生活。

努力なしに成功は難しいだろう。
如果不努力，恐怕很难成功。

16

〜ならでは(の) 除非……没…… 只有……才有的 →「名词＋〜」

当店ならではのすばらしい料理をお楽しみください。
请享用我店独有的特色菜肴。

この絵には子どもならではの大人には表せない無邪気さがある。
这幅画表现出了只有孩子才有的，大人无法表现的天真烂漫。

打造实力方案　符合出题标准的惯用型——其他语法

17

〜なりに/〜なりの 与……相应/与……相符的 →「名词+〜」

先生のご提案を基に、自分なりにやってみましたが、どうもうまくいきません。
根据老师的提议，自己尝试着做了一下，可是怎么也做不好。

人の命にかかわる仕事をするにはそれなりの覚悟が要る。
想要从事关乎人命的工作，就必须做好相应的思想准备。

18

〜に至る/〜に至るまで/〜に至って(は)/〜に至っても
以至于…… 以至于……的/到……为止/甚至……/甚至……也…… →「名词・动词原形+〜」

いじめによる自殺者が出るに至って、ようやく学校側は調査を始めた。
直到出现因遭受虐待而自杀的人，校方才开始进行调查。

彼は「私はやっていない」と言い張っているが、その事件を目撃した人が出てきて、しかも彼の指紋が現場で発見された。ことここに至っては、彼も自白せざるを得ないだろう。
尽管他坚称"我没有做"，但已出现了该事件的目击者，而且在现场还发现了他的指纹，事已至此，恐怕他也不得不招供了。

19

〜にかかわる/〜にかかわらず 关系到……/不管…… →「名词+〜」

私の名誉にかかわる問題です。お金で済ませないで、きちんと謝ってください。
这是关系到我名誉的问题。请不要试图用金钱来解决，还是真诚地道个歉吧。

人の視線にかかわらず、任せられた事はもくもくとやるべきだ。
不管别人的眼光，受人委托的事情就要默默地完成。

20

〜にして 作为…… 只有……才…… 就连……

そのような言葉は、人生経験が豊かな人にしてはじめて言えることだ。
那种话，只有在人生阅历丰富时，才能说得出来。

彼は科学者にして優秀な政治家でもある。
作为科学家的同时他还是优秀的政治家。

打造实力方案　符合出题标准的惯用型——其他语法

21

〜にひきかえ 与……相反　与……不同　→「名词・それ+〜」

となりの息子は働きながら、大学を首席で卒業したそうだ。それにひきかえうちの息子は、親の金で遊んでばかりいる。

听说邻居家的儿子半工半读并以第一名的成绩大学毕业。与之相反，我家的儿子只会用父母的钱去玩儿。

息子は旺盛な好奇心と元気さにひきかえ、語学力と忍耐力がほとんどない。

儿子有强烈的好奇心和健康的身体，相反却几乎没有语言能力和忍耐力。

22

〜にもまして 更加……　超过……　→「名词・疑问词+〜」「接续词・それ〜」

病気が治って、以前にもましてお元気そうに見えますね。

病好后，看上去比以前更健康了。

外国で暮らすとき、言葉を覚えることにもまして大事なことは、その国の習慣をまずそのまま受け入れることだ。それを批評することは、もっと後からでよい。

在国外生活的时候，比学语言更重要的是，首先要原原本本地接受该国的习惯。而对其进行批评，则再晚一些也无妨。

23

〜べく 为了……　为……　→「动词原形+〜」

お客さまの信頼に応えるべく、常に最善を尽くしています。

为了回报客人的信赖，始终都在竭尽全力。

社会生活の向上に役立つべく努力を重ねています。

为了对提高社会生活有所帮助而不断地努力。

24

〜まじき 不可以……　不应该……　→「动词原形+に(として)〜」

生徒を殴って大けがをさせるなんて、教師にあるまじき行為だ。

居然把学生打成重伤，这是身为教师所不应该有的行为。

学生としてあるまじき行為をしたものは厳しく処分を受ける。

身为学生，做出不当行为会受到严厉的处分。

打造实力方案　　符合出题标准的惯用型——其他语法

25
〜めく 带有……的意思　像……的样 →「名词+〜」「い形容词・形容动词词干+〜」

みんなが真剣に討論しているときに、冷やかしめいたことは言うものじゃない。
大家都在认真进行讨论时，不该说那种带有挖苦语气的话。

その男は謎めいた薄笑いを浮かべて、部屋を出ていった。
那个男人面带谜一样的微笑，走出了房间。

26
〜ものを 但是……　却……
→「名词・动词原形+〜」（※「〜ば…ものを・〜ても…ものを」）

連絡してくれれば迎えに行ったものを、ちょっと水臭いじゃないか。
要是联系我，就去接你了，你是不是太见外了？

病気だったのなら、お見舞いに行ってあげたものを。どうして電話してくれなかったの？
如果你生病了，我会去探望的。为什么没有给我打电话呢？

27
〜をおいて 除了……　如果不是……的话 →「名词+〜」

歴史を変えることができるのは、ひとりの英雄の力ではなく、国民の意志をおいてほかにない。
改写历史并不是靠一个英雄的力量，如果没有国人的意志，那是不可能的。

この仕事をやれる人は田中さんをおいてほかにいないと思います。
我想能做这份工作的人，除了田中再没有别人了。

28
〜をもって/〜をもちまして 以…… →「名词+〜」

後日、書面をもって連絡いたします。
改天将以书面形式联系您。

身をもって体験することこそ、何より重要だ。
亲身体验才是比什么都重要的。

解題方案及解析方案

解題方案——其他語法　模擬習題

問題5 次の文の（　　）に入れるのに最もよいものを、1・2・3・4から一つ選びなさい。

1　改革開放政策（　　　）ほかに祖国再生の道はない。
　① をおいて　　　② にひきかえ　　　③ にいたっては　　　④ はおろか

2　絶対とは（　　　）成功する確率は高いと思います。
　① 言ったにも　　② 言うまでもなく　　③ 言わないまでも　　④ 言いつつも

3　（　　　）ショーウインドーの中を覗き込んだら、私が先月外国で買ったのと同じものが置いてあった。
　① 見ないまでも　② 見るともなしに　　③ 見ようにも　　　　④ 見ることなく

4　教授は写真を見る限りではまだまだ若いと（　　　）実はもう定年退職するらしい。
　① 思っても　　　② 思いゆえ　　　　③ 思ったり　　　　　④ 思いきや

5　彼の言葉は、僕にはどこか皮肉（　　　）聞こえた。
　① めいて　　　　② べく　　　　　　③ ごとき　　　　　　④ っぽく

6　日ごろから復習していれば、試験前に慌てずに済む（　　　）。
　① ばかりに　　　② ものを　　　　　③ とか　　　　　　　④ ところを

7　科学の実験（　　　）、料理を作る時にいちいち量らなくてもいい。
　① にもかかわらず　　　　　　　　② からいって
　③ だからこそ　　　　　　　　　　④ じゃあるまいし

8　うちの姉（　　　）、受験生なのに全然勉強せずに遊んでばかりいる。
　① からいうと　　② からして　　　　③ とすれば　　　　　④ ときたら

9　医者が患者の秘密をもらしたなんて、医者（　　　）まじき行為だ。
　① としておく　　② としてある　　　③ にしておく　　　　④ にしておる

10　親友（　　　）の細かい心遣いが嬉しかった。
　① きわまり　　　② きわみ　　　　　③ ならでは　　　　　④ いたり

解析方案——其他语法　模拟习题

問題5 次の文の（　）に入れるのに最もよいものを、1・2・3・4から一つ選びなさい。

1　改革開放政策（　）ほかに祖国再生の道はない。
　① をおいて　　② にひきかえ
　③ にいたっては　④ はおろか

2　絶対とは（　）成功する確率は高いと思います。
　① 言ったにも　　② 言うまでもなく
　③ 言わないまでも　④ 言いつつも

3　（　）ショーウインドーの中を覗き込んだら、私が先月外国で買ったのと同じものが置いてあった。
　① 見ないまでも　② 見るともなしに
　③ 見ようにも　　④ 見ることなく

4　教授は写真を見る限りでははまだまだ若いと（　）実はもう定年退職するらしい。
　① 思っても　② 思いゆえ
　③ 思ったり　④ 思いきや

5　彼の言葉は、僕にはどこか皮肉（　）聞こえた。
　① めいて　② べく
　③ ごとき　④ っぽく

6　日ごろから復習していれば、試験前に慌てずに済む（　）。
　① ばかりに　② ものを
　③ とか　　④ ところを

7　科学の実験（　）、料理を作る時にいちいち量らなくてもいい。
　① にもかかわらず　② からいって
　③ だからこそ　　　④ じゃあるまいし

8　うちの姉（　）、受験生なのに全然勉強せずに遊んでばかりいる。
　① からいうと　② からして
　③ とすれば　　④ ときたら

9　医者が患者の秘密をもらしたなんて、医者（　）まじき行為だ。
　① としておく　② としてある
　③ にしておく　④ にしてある

10　親友（　）の細かい心遣いが嬉しかった。
　① きわまり　② きわみ
　③ ならでは　④ いたり

问题5 请从1・2・3・4中选出最恰当的一项填入下列句子的（　）中。

1　除了改革开放，再没有让祖国获得新生的道路了。
　答案　① ～をおいて　除了……，如果不是……的话
　词汇　改革 改革　開放 开放　政策 政策　祖国 祖国　再生 新生
　　　 ～にひきかえ 相反……　～に至っては 既然到了这个程度……

2　虽然不能说是绝对，但是我觉得成功的几率会很高。
　答案　③ ～ないまでも　即使不……，虽然不能……
　词汇　絶対 绝对　成功 成功　確率 几率

3　漫不经心地往橱窗里一看，里面陈列着跟我上个月在国外买的一模一样的物品。
　答案　② ～ともなく/～ともなしに　漫不经心地……
　词汇　覗き込む 往里看　先月 上个月　外国 国外

4　从照片来看，本以为教授还很年轻，可事实上他好像已经退休了。
　答案　④ ～と思いきや　本以为……
　词汇　教授 教授　写真 相片　～限りでは 据……　定年退職 退休

5　不知怎么，他说的话，在我听来带有挖苦的意思。
　答案　① ～めく　带有……的意思，像……的样
　词汇　皮肉 挖苦，奚落　～べく 为了……，为……

6　要是平时就复习好，也就不用在考试之前手忙脚乱了。
　答案　② ～ものを　但是……，却……
　词汇　日ごろ 平时　慌てる 手忙脚乱，慌里慌张　済む 解决
　　　 ～ばかりに 只因……　～ところを ……之中，……时候

7　又不是科学实验，做菜的时候用不着一个一个地称。
　答案　④ ～では(じゃ)あるまいし　又不是……
　词汇　科学 科学　実験 实验　量る 称　～からいって 从……来说

8　提起我的姐姐，她虽然是应试生，却根本不学习，只知道玩儿。
　答案　④ ～ときたら　说起……，提起……
　词汇　受験生 应考生　～からいうと 从……来说
　　　 ～からして 从……来看

9　医生居然泄露了患者的秘密，这是身为医生不该做出的行为。
　答案　② ～まじき　不可以……，不应该……
　词汇　患者 患者　秘密 秘密　もらす 泄露　行為 行为

10　只有好朋友才有的细致入微的关怀让人很开心。
　答案　③ ～ならでは(の)　除非……没……，只有……才有的
　词汇　親友 好朋友　細かい 细致　心遣い 关怀　～の極み ……之极

解題方案——其他語法　模擬習題

問題6 次の文の ___★___ に入る最もよいものを、1・2・3・4から一つ選びなさい。

1. 事実の _____ _____ ★ _____ はずがない。
   ① できる　　　　　　　② 究明なくしては
   ③ 正しい判断など　　　④ 有罪か無罪か

2. 彼は _____ ★ _____ _____ 申し出た。
   ① 辞職を　　　　　　　② まだ持っていたが
   ③ 働く意欲は　　　　　④ 老齢をもって

3. このごろは子供っぽい _____ _____ _____ ★ しっかりしているようだ。
   ① 社会性があって　　　② にひきかえ
   ③ 男子学生　　　　　　④ 女子学生のほうが

4. 普段は _____ _____ ★ _____ 厳重になる。
   ① 警備員もいないのに　② 警備が
   ③ 会社のえらい人が　　④ 来るともなると

5. 店の _____ ★ _____ _____ 多くなってきた。
   ① 常連のお客さんも　　② と相まって
   ③ 雰囲気と　　　　　　④ マスターのきさくな人柄

解析方案——其他语法　模拟习题

問題6　次の文の ＿＿★＿＿ に入る最もよいものを、1・2・3・4から一つ選びなさい。

1　事実の ＿＿ ＿＿ ★ ＿＿ はずがない。
　① できる
　② 究明なくしては
　③ 正しい判断など
　④ 有罪か無罪か

2　彼は ＿＿ ★ ＿＿ ＿＿ 申し出た。
　① 辞職を
　② まだ持っていたが
　③ 働く意欲は
　④ 老齢をもって

3　このごろは子供っぽい ＿＿ ＿＿ ＿＿ ★ しっかりしているようだ。
　① 社会性があって
　② にひきかえ
　③ 男子学生
　④ 女子学生のほうが

4　普段は ＿＿ ＿＿ ★ ＿＿ 厳重になる。
　① 警備員もいないのに
　② 警備が
　③ 会社のえらい人が
　④ 来るともなると

5　店の ＿＿ ★ ＿＿ ＿＿ 多くなってきた。
　① 常連のお客さんも
　② と相まって
　③ 雰囲気と
　④ マスターのきさくな人柄

問題6　请从1·2·3·4中选出最适合填入下列句子 ＿＿★＿＿ 处的一项。

1　事実の究明なくしては、有罪か無罪か正しい判断などできるはずがない。

如果没有查明事实，就没不能做出有罪或无罪的正确判断。

答案　③ 正しい判断など

词汇　事実 事实　究明 查明　〜なくして(は) 如果没有……
　　　有罪 有罪　無罪 无罪　正しい 正确　判断 判断

2　彼は働く意欲はまだ持っていたが、老齢をもって辞職を申し出た。

尽管他还有工作的意愿，但是因为年纪大而申请了辞职。

答案　② まだ持っていたが

词汇　働く 工作　意欲 愿望　老齢 高龄　〜をもって 以……
　　　辞職 辞职　申し出る 申请

3　このごろは子供っぽい男子学生にひきかえ女子学生のほうが社会性があってしっかりしているようだ。

近来，与孩子气的男学生相比，女学生更具有社会性且更加可靠。

答案　① 社会性があって

词汇　〜っぽい 表示某种倾向很突出　男子 男子
　　　〜にひきかえ 与……相反　女子 女子　社会性 社会性

4　普段は警備員もいないのに、会社のえらい人が来るともなると、警備が厳重になる。

平时连保安都没有，可是公司高层一来就会戒备森严。

答案　④ 来るともなると

词汇　普段 平时　警備員 保安　えらい 地位高
　　　〜ともなると 一旦……，一到……　厳重 严格

5　店の雰囲気とマスターのきさくな人柄と相まって、常連のお客さんも多くなってきた。

店里的氛围和店主平易近人的态度相得益彰，所以回头客也多了起来。

答案　④ マスターのきさくな人柄

词汇　雰囲気 氛围　きさくだ 平易近人　人柄 人品
　　　〜と…と相まって ……和……相辅相成　常連 回头客

解題方案——其他語法 模擬習題

問題5 次の文の（　　　）に入れるのに最もよいものを、1・2・3・4から一つ選びなさい。

1　彼女は以前（　　　）きれいになったね。恋でもしているのかな。
　① にひきかえ　　② にもまして　　③ であろうと　　④ からといって

2　男性（　　　）、女性のため犠牲になる心を持つべきである。
　① たるもの　　② ならでは　　③ なりとも　　④ であれ

3　相手は今がチャンスと（　　　）攻撃をはじめた。
　① かいなか　　② やいなや　　③ ばかりに　　④ ばかりで

4　安全な食品を消費者に提供することは、店の信頼に（　　　）重要な課題だ。
　① したがう　　② かかわる　　③ ともなう　　④ さいする

5　8月末を過ぎてから（　　　）、暑さがだいぶ和らいできましたね。
　① いって　　② というもの　　③ といって　　④ ともなく

6　あなたは気に入らなくても、私には私（　　　）のやり方があるのです。好きにさせてください。
　① ぎみ　　② きわみ　　③ なり　　④ しだい

7　病気がここまで悪化する（　　　）、彼は一言も言わなかった。
　① にともなっても　　　　　② にそっても
　③ にかかわっても　　　　　④ にいたっても

8　先月は優れた成績だったの（　　　）、今月は最悪だ。
　① にいたって　　② にひきかえ　　③ にはんして　　④ といわず

9　長年苦労を共にした妻（　　　）はじめて幸福感を味わった。
　① からいうと　　② にすると　　③ にしてから　　④ にして

10　シャワーを浴びて寝ようとした（　　　）、突然いいアイディアが浮かんだ。
　① ばかりに　　② そばから　　③ なり　　④ ところへ

解析方案——其他语法　模拟习题

問題5　次の文の（　）に入れるのに最もよいものを、1・2・3・4から一つ選びなさい。

1　彼女は以前（　）きれいになったね。恋でもしているのかな。
　①にひきかえ　②にもまして
　③であろうと　④からといって

2　男性（　）、女性のため犠牲になる心を持つべきである。
　①たるもの　②ならでは
　③なりとも　④であれ

3　相手は今がチャンスと（　）攻撃をはじめた。
　①かいなか　②やいなや
　③ばかりに　④ばかりで

4　安全な食品を消費者に提供することは、店の信頼に（　）重要な課題だ。
　①したがう　②かかわる
　③ともなう　④さいする

5　8月末を過ぎてから（　）、暑さがだいぶ和らいできましたね。
　①いって　②というもの
　③といって　④ともなく

6　あなたは気に入らなくても、私には私（　）のやり方があるのです。好きにさせてください。
　①ぎみ　②きわみ
　③なり　④しだい

7　病気がここまで悪化する（　）、彼は一言も言わなかった。
　①にともなっても　②にそっても
　③にかかわっても　④にいたっても

8　先月は優れた成績だったの（　）、今月は最悪だ。
　①にいたって　②にひきかえ
　③にはんして　④といわず

9　長年苦労を共にした妻（　）はじめて幸福感を味わった。
　①からいうと　②にすると
　③にしてから　④にして

10　シャワーを浴びて寝ようとした（　）、突然いいアイディアが浮かんだ。
　①ばかりに　②そばから
　③なり　④ところへ

问题5　请从1·2·3·4中选出最恰当的一项填入下列句子的（　）中。

1　她可比以前更漂亮了。莫不是在谈恋爱吧？
　答案　②～にもまして　更加……，超过……
　词汇　以前　以前　恋　恋爱　～からといって　虽说……然而……

2　身为男人，就要有为女人牺牲的心。
　答案　①～たる者　身为……，因为是……
　词汇　犠牲　牺牲　～ならでは(の)　除非……没……，只有……才有的
　～であれ　尽管……，就算是……也……

3　对方显出机不可失的样子，开始发起了攻击。
　答案　③～とばかりに　显出……的样子，……似的
　词汇　攻撃　攻击　～や否や　刚……立刻……

4　向消费者提供安全的食品，是关系到店家信誉的重要课题。
　答案　②～にかかわる　关系到……
　词汇　消費者　消费者　提供　提供　信頼　可靠　課題　课题

5　自从过了8月末以后，暑热缓和了许多。
　答案　②～てからというもの　自从……以后
　词汇　だいぶ　很　和らぐ　缓和起来　～ともなく　无意识地……

6　即使你不满意，我也有自己的方法。请让我用自己的方式去做吧。
　答案　③名词＋なりの　与……相符的
　词汇　気に入る　满意　～気味　……的感觉，……的气色

7　甚至是病情恶化到了这种地步，那人也一声儿不吭。
　答案　④～に至っても　甚至……也……
　词汇　悪化　恶化　一言　一句话　～に伴って　随着……

8　与上个月优秀的成绩相反，这个月是最糟的。
　答案　②～にひきかえ　与……相反
　词汇　優れる　优秀　成績　成绩　最悪　最糟
　～に反して　与……相反，违背了预期与期待

9　作为长年一起吃苦的妻子，第一次品尝到了幸福。
　答案　④～にして　作为……，只有……才……，就连……
　词汇　長年　长年　苦労　辛苦　共に　一起　幸福感　幸福感　味わう　品尝

10　冲完澡正想睡下的时候，突然有个好主意浮现出来。
　答案　④～ところに(へ)／～ところを
　……的时候／……之中，……时候
　词汇　浴びる　淋　突然　突然，忽然　浮かぶ　涌上心头

解題方案——其他語法 模拟习题

問題6 次の文の ___★___ に入る最もよいものを、1・2・3・4から一つ選びなさい。

1. 人生で _____ _____ ___★___ _____ と思えることだ。
   ① あっての私だ　　　　　　② 最も大切なのは
   ③ 周りの人が　　　　　　　④ 支えてくれる家族や

2. 新作のゲームが _____ ___★___ _____ _____ できている。
   ① 格安で手に入る　　　　　② 大変な列が
   ③ 朝から　　　　　　　　　④ とあって

3. いかなる _____ _____ ___★___ _____ 変わりありません。
   ① だんこ反対　　　　　　　② 理由であれ
   ③ という考えには　　　　　④ 戦争には

4. アニメに _____ ___★___ _____ _____ 活躍している。
   ① 出てくる　　　　　　　　② 人類の滅亡を
   ③ 食い止めるべく　　　　　④ ロボットはだいたい

5. もともと _____ _____ ___★___ _____ 頑固になった。
   ① 以前　　　　　　　　　　② 年を取ったら
   ③ にもまして　　　　　　　④ 頑固な人だったが

解析方案——其他语法 模拟习题

問題6 次の文の ＿＿★＿＿ に入る最もよいものを、1・2・3・4から一つ選びなさい。

1 人生で ＿＿ ＿＿ ★ ＿＿ と思えることだ。
① あっての私だ
② 最も大切なのは
③ 周りの人が
④ 支えてくれる家族や

2 新作のゲームが ＿＿ ★ ＿＿ ＿＿ できている。
① 格安で手に入る
② 大変な列が
③ 朝から
④ とあって

3 いかなる ＿＿ ＿＿ ★ ＿＿ 変わりありません。
① だんこ反対
② 理由であれ
③ という考えには
④ 戦争には

4 アニメに ＿＿ ★ ＿＿ ＿＿ 活躍している。
① 出てくる
② 人類の滅亡を
③ 食い止めるべく
④ ロボットはだいたい

5 もともと ＿＿ ＿＿ ★ ＿＿ 頑固になった。
① 以前
② 年を取ったら
③ にもまして
④ 頑固な人だったが

问题6 请从1・2・3・4中选出最适合填入下列句子 ＿＿★＿＿ 处的一项。

1 人生で最も大切なのは支えてくれる家族や周りの人があっての私だと思えることだ。

人生中最重要的是要想到正是因为有了家人和周围人的支持，才会有我的存在。

答案 ③ 周りの人が

词汇 人生 人生　最も 最　大切だ 重要　支える 支撑，支持
　　周り 周围　～あっての 正因为……才……

2 新作のゲームが格安で手に入るとあって、朝から大変な列ができている。

听说能廉价购买新出的游戏，所以从一大早就开始排起了长队。

答案 ④ とあって

词汇 新作 新作　格安 廉价　～とあって 因为……所以……
　　列ができる 排成队

3 いかなる理由であれ戦争にはだんこ反対という考えには変わりありません。

无论是什么样的理由，都要坚决反对战争，这是不变的想法。

答案 ① だんこ反対

词汇 いかなる 什么样的　理由 理由　戦争 战争　変わりない 不变
　　～であれ 尽管……，就算是……也……

4 アニメに出てくるロボットはだいたい人類の滅亡を食い止めるべく活躍している。

动画片里出来的机器人，大部分都在为阻止人类灭亡而大显身手。

答案 ④ ロボットはだいたい

词汇 人類 人类　滅亡 灭亡　食い止める 阻挡，阻止
　　～べく 为了……　活躍 大显身手

5 もともと頑固な人だったが、年を取ったら以前にもまして頑固になった。

原来就是个固执的人，上了岁数以后比以前更固执了。

答案 ① 以前

词汇 もともと 原来　頑固だ 固执　年を取る 上岁数　以前 以前
　　～にもまして 更加……，超过……

 **打造实力方案**　N1出题标准以外的语法惯用型

1

动词终止形 + かいがあって 多亏……
动词ます形 + がいがあって 多亏……
动词ます形 + がいもなく 亏了……还……

厳しい練習に耐えたかいがあって、ついに長年の念願であった優勝を勝ち取った。
多亏经受住了严酷的训练，终于获得了盼望已久的胜利。

2

～かそこら　那个程度　那会儿　大概……

東京から京都まで、あっという間だよ。新幹線で3時間かそこらで着くんだ。
从东京到京都只是一眨眼的工夫。坐新干线大概三个小时就到了。

3

～か否か　是不是……　会不会……

賛成か否か、自分の意見をはっきり言いなさい。どっちつかずは卑怯だよ。
赞成或不赞成，请明确地说出自己的意见。这也不是那也不是是很怯懦的。

4

～足らず　不足某种数量或程度

駅まではあっても2キロ足らずだよ。歩いて行こうよ。
就是到车站前也不足2公里。走着去吧。

5

～から成っている　由……结构

水は水素と酸素から成っている。
水是由氢和氧构成的。

6

きっての～　首屈一指的……　一流的……

何と言っても、彼女はわが校きっての秀才と言えるだろう。
不管怎么说，她都可以称得上是我们学校里首屈一指的才女。

打造实力方案　N1出题标准以外的语法惯用型

7

～だけしかない / ～きりしかない 只有……　仅有……

僕の手元には、お金はこれだけしかありません。
我手里的钱只有这些。

8

～間際 正要……之时

出発間際になって、彼は突然行かないと言い出した。
正要出发的时候，他忽然说不去了。

9

～ぐるみ 包括在内(全部)　带……

町ぐるみのゴミを少なくする運動が効を奏して、一年でゴミの量が半減した。
"减少全市垃圾"的运动收到了成效，1年内垃圾数量减少了一半。

10

～こそあれ 正因为有……才……

苦労こそあれ、やはり子育ては楽しいものです。
正因为辛苦，抚养孩子才是快乐的。

11

～しき 微不足道　……一点点

それしきのことで、君はもう諦めるのか。
就因为那么一点儿小事，你就要放弃了吗？

12

动词ます形 + しな(がけ)に 临……时候　……的路上

近くを通りしなに、ちょっとなじみの飲み屋へ寄った。
从附近路过，就顺便去了趟常去的酒馆。

打造实力方案　　N1出题标准以外的语法惯用型

13
动词ます形 + 渋る　不大愿意（不肯）……

あいつは決まった会費さえ出し渋るけちなやつだ。
那家伙是个连规定的会费都不大愿意交的吝啬鬼。

14
动词ない形 + ずじまい　没能……就结束了

「結婚しよう」という一言がとうとう言えずじまいだった。
"结婚吧！"，这句话终究还是没能说出口。

15
～もがな　……（的话）就好了　想……（表示非常强烈的愿望，而现在是以「言わずもがな（不说也行，无需多言）」之类的惯用语来使用。）

言わずもがなの事を、誤解されやすい単語で表現したのが、そもそもの間違いだった。
本来不说也行，却用了容易引起误会的词语表达，这原本就是个错误。

16
～すべがない　没有办法……

彼はアメリカへ行っていて、連絡をとるすべがないんです。
他去了美国，所以没有办法取得联系。

17
せめて～なりとも　至少（哪怕）……也……

手紙でとまでは言わないが、せめて電話なりとも近況を知らせてくれ。
不说写信吧，至少也要打个电话告诉我近况嘛。

18
动词ます形 + 損なう・損ねる　错过了……机会　没能……

一度や二度やり損なったからって、あきらめちゃいけない。
不能因为错过了一两次机会就放弃。

打造实力方案 — N1出题标准以外的语法惯用型

19 动词ます形+立つ/名词+立つ 不停地……

煮え立った湯をかぶって火傷をした。
打翻了沸腾的开水，所以被烫伤了。

20 动词ます形+たて 刚……

ペンキ塗りたてですから、触らないでください。
刚上过漆，所以请不要触摸。

21 动词た形+弾みに・拍子に 因为……

滑った弾みに足をくじいてしまった。
滑了一下，扭伤了脚。

22 〜てこのかた ……之后

あの二人は結婚してこのかた口げんか一つしたことのないおしどり夫婦です。
那夫妻俩在结婚之后没有拌过一次嘴，真是一对神仙眷侣。

23 〜てしかるべきだ ……是理所当然(应当)的

これだけの味なら、値段が高くてしかるべきだ。
如果是这样的味道，价格高也是理所当然的。

24 动词た形+手前/名词+の手前 (体面上)因为……

一旦やると言った手前、やらざるを得ないよ。
既然说过要做，就不能不做。

240

打造实力方案　　N1出题标准以外的语法惯用型

25
〜といわず〜といわず ……也……也　……也是……也是

彼は昼といわず夜といわず、つきっきりで妻の看病をした。
他无论白天黑夜，一刻不离地看护着妻子。

26
どうして + 动词可能形的意志形 + か 绝（绝对）不可能……

どうしてあの日のことを忘れることができようか。
绝不可能忘记那天的事情。

27
〜とも…ともつかない 不知是不是……（不确定）

朝飯とも昼飯ともつかない食事を終えて、彼らはまた遊びに行った。
吃完了不知是早饭还是午饭的一餐，他们又玩儿去了。

28
〜ならいざ知らず／〜ならまだしも ……如何不得而知　……如何姑且不谈

できないのならいざ知らず、できるのにしようとしない。
要是不能做也就不说什么了，可是明明能做却不肯做。

29
〜にかこつけて 以……为借口　以……为理由

病気にかこつけて、学校をずる休みした。
以生病为借口，逃了课。

30
〜にかまけて 忙于……　被……缠住

仕事にかまけて、家庭のことをほったらかしにしておくと、奥さんに逃げられちゃうよ。
要是忙于工作而对家庭弃之不顾的话，老婆会跑掉的。

打造实力方案　　N1出题标准以外的语法惯用型

31 ～に越したことはない ……也没什么不好　……最好

直接会って話すに越したことはないが、電話でもかまわないだろう。

直接见面谈是最好的，不过打电话也没关系吧。

32 ～につき 由于……　因为……

工事中につき、この先は通ることはできません。

因为正在施工，所以这前面不可以通行。

33 ～につけ(て) 每当……的时候　无论是……的时候，还是……的时候

君は何かするにつけ僕に辛くあたるが、何か僕に恨みでもあるのかい。

无论做什么，你都对我很刻薄，难道是跟我有仇吗？

34 ～に免じて 看在……的份上　考虑到……的体面

今日のところは、俺の顔に免じて許してやってくれ。

今天看在我的份儿上，就原谅一次吧。

35 ～のなんのって／～のなんのと 非常……

驚いたのなんのって。てっきり女とばかり思っていたのになんと男だったんだ。

太震惊了。我以为肯定是个女人，敢情是个男的。

36 ～はさておき 姑且不提……　且不必说……

冗談はさておき、今後どうするかをまず決めよう。

姑且不开玩笑，先决定今后该怎么办吧。

打造实力方案　　N1出题标准以外的语法惯用型

37
～はもっともだ／～は無理からぬ ……是理所当然的

あなたのお怒りはもっともですが、これにはいろいろ事情がある。
你愤怒是理所当然的，可是这其中有这样那样的原因。

38
名词・形容词词干 + びた 看上去像……　有……的样子

12才にしては、ずいぶん大人びた顔をしている。
说是12岁，可模样看上去像大人一样。

39
动词 ます形 + 放題 无限制地……　随便……

食べ放題、飲み放題で3,000円といった店が増えている。
只需3000日元就随便吃随便喝的饭店越来越多了。

40
～ぽっち／～ぽっきり 只……　仅仅……　只有……

三人ぽっちじゃ、とても人手が足りない。
只有三个人，人手根本就不够。

41
まして～なおさら 何况……更……

今度の高校入試問題は大学生の僕にさえ難しいのに、まして中学生にはなおさらだ。
连身为大学生的我都觉得这次高考难，何况是中学生，肯定更觉得难。

42
～は…と見なされて ……被认为……

女は男より能力が劣ると見なされてきたが、今や女たちのほうが元気な時代だ。
一直以来女人都被认为从能力上不如男人，但如今已是女人们充满力量的时代。

打造实力方案　　N1出题标准以外的语法惯用型

43

动词ます形 + まくる　拼命地……　继续地……

あいつは会議の最中、一人でしゃべりまくっていたよ。

正在开会，可那个家伙却一直自顾自地喋喋不休。

44

〜もそこそこに　草草了事地……　仓促地……

住民への説明もそこそこに、ゴミ処理場の建設が始められた。

向居民草草进行说明之后，就开始建起了垃圾处理厂。

45

动词意志形・名词 + がいとわない・といとわない・がいといはしない・もいとわない

不惜……

君のためなら、命を投げ出そうがいといはしない。

如果是为了你，我不惜舍弃生命。

46

〜をおして　冒着……

周囲の反対をおして結婚した。

不顾周围的反对结了婚。

47

〜をかさに着て / 〜をかさに　仗着……

金の力をかさに着ての悪逆非道の数々、断じて許せない。

绝对不能饶恕那些仗着金钱的力量横行霸道的家伙们。

48

动词ます形 + 漏らす　落下……

入学願書に大事な掲載事項を書き漏らしてしまった。

在入学申请书上漏写了重要的填写事项。

打造实力方案　　N1出题标准以外的语法惯用型

49
动词ます形・名词 + 盛り　正值……最盛时期

夫はまだ働き盛りなのに、会社からリストラの対象にされています。
丈夫正值工作的黄金时期，可是却成了公司结构调整的对象。

50
动词否定形 + んとする　要……

今年もまた、あと一日で終わらんとしている。
再过一天，今年也要结束了。

解题方案——N1出题标准之外的语法惯用型

模拟习题

問題5 次の文の（　　　）に入れるのに最もよいものを、1・2・3・4から一つ選びなさい。

1　昔の彼なら（　　　）、60を越えた今では無理があるように思われる。
　　① かまけて　　② ひきかえ　　③ まえもって　　④ いざしらず

2　給料の安さと適性（　　　）彼はあまり仕事を頑張らない。
　　① をおして　　② からして　　③ にかこつけて　　④ をおいて

3　犬は手（　　）足（　　）やたらに噛みついた。
　　① をよそに / をよそに　　　　② でいい / でいい
　　③ としろ / としろ　　　　　　④ といわず / といわず

4　うちの病院に1才5カ月の男の子がいますが、生まれて（　　　）一度も目を覚ましたことがない。
　　① このかた　　② はじめて　　③ はじめ　　④ しかるべき

5　この本は読み進めると、知っていて（　　　）ことでも自覚してくれるのでおもしろいです。
　　① からする　　② しかるべき　　③ ごとき　　④ からという

6　みんな荷物と携帯をここに置いて行ったから、連絡でき（　　　）でした。
　　① ずじまい　　② ずもがな　　③ ずには　　④ ずにはおかない

7　学校の（　　　）しなに本屋で前からほしかった本を買ってきた。
　　① 帰った　　② 帰ら　　③ 帰る　　④ 帰り

8　世話になったからせめて感謝の手紙（　　　）送ってあげなきゃいけないだろうね。
　　① たらず　　② なりとも　　③ からして　　④ ときたら

9　山田先輩はわが社（　　　）のベテラン名物アナウンサーである。
　　① とって　　② おいて　　③ きって　　④ あって

10　これは、僕が小5（　　　）の時に作ったホームページです。
　　① かそこら　　② しまつ　　③ きわみ　　④ いたり

解析方案——N1出题标准之外的语法惯用型 模拟习题

問題5 次の文の（　）に入れるのに最もよいものを、1・2・3・4から一つ選びなさい。

1 昔の彼なら（　　）、60を越えた今では無理があるように思われる。
　① かまけて　　② ひきかえ
　③ まえもって　④ いざしらず

2 給料の安さと適性（　　）彼はあまり仕事を頑張らない。
　① をおして　　② からして
　③ にかこつけて　④ をおいて

3 犬は手（　　）足（　　）やたらに噛みついた。
　① をよそに／をよそに
　② でいい／でいい
　③ としろ／としろ
　④ といわず／といわず

4 うちの病院に1才5カ月の男の子がいますが、生まれて（　　）一度も目を覚ましたことがない。
　① このかた　　② はじめて
　③ はじめ　　　④ しかるべき

5 この本は読み進めると、知っていて（　　）ことでも自覚してくれるのでおもしろいです。
　① からする　　② しかるべき
　③ ごとき　　　④ からという

6 みんな荷物と携帯をここに置いて行ったから、連絡でき（　　）でした。
　① ずじまい　　② ずもがな
　③ ずには　　　④ ずにはおかない

7 学校の（　　）しなに本屋で前からほしかった本を買ってきた。
　① 帰った　　　② 帰ら
　③ 帰る　　　　④ 帰り

8 世話になったからせめて感謝の手紙（　　）送ってあげなきゃいけないだろうね。
　① たらず　　　② なりとも
　③ からして　　④ ときたら

9 山田先輩はわが社（　　）のベテラン名物アナウンサーである。
　① とって　　　② おいて
　③ きって　　　④ あって

10 これは、僕が小5（　　）の時に作ったホームページです。
　① かそこら　　② しまつ
　③ きわみ　　　④ いたり

問題5 请从1・2・3・4中选出最恰当的一项填入下列句子的（　　）中。

1 要是过去的他会如何不得而知，可对于现在已经过了60的他，可能有些勉强。
　答案 ④ ～ならいざ知らず……如何不得而知
　词汇 越える 超过　無理 勉强　～にかまけて 忙于……

2 他以工资低和适应性为借口，不怎么努力工作。
　答案 ③ ～にかこつけて 以……为借口，以……为理由
　词汇 給料 工资　適性 适应性　頑張る 努力　～をおして 冒着……

3 又是手又是脚的，被狗咬得够呛。
　答案 ④ ～といわず～といわず 又……又……，……也是……也是
　词汇 足 腿，脚　やたらに 过分，非常　噛みつく 咬住

4 我们医院有个一岁零五个月的男孩儿，从生下来之后一次也没睁开过眼睛。
　答案 ① ～てこのかた ……之后
　词汇 病院 医院　生まれる 出生　目を覚ます 睁眼

5 这本书之所以有趣，是因为继续读下去会让人对理所当然的事情有所觉悟。
　答案 ② ～てしかるべきだ ……是理所当然(应当)的
　词汇 読み進める 继续读　自覚 觉醒　价格+からする 足足……

6 走的时候把行李和手机都放在了这里，所以联系不上。
　答案 ① 动词ない形+ずじまい 没能……就结束了
　词汇 荷物 行李　置く 放　～もがな 不能……的，……(的话)就好了
　　　～ずにはおかない 肯定会……，一定要……

7 放学回来的路上，从书店买来了早就希望得到的书。
　答案 ④ 动词ます形+しなに 临……时候，……的路上
　词汇 本屋 书店　前 前，前面

8 因为欠了人家人情，至少也得写封感谢信寄过去。
　答案 ② せめて～なりとも 至少(哪怕)……也
　词汇 世話になる 欠人情　感謝 感谢　送る 寄

9 山田前辈是我们公司首屈一指的老资格著名播音员。
　答案 ③ きっての～ 首屈一指的……，一流的……
　词汇 先輩 前辈　名物 著名的

10 这是我大概小学五年级时制作的网页。
　答案 ① ～かそこら 那个程度，那会儿，大概……
　词汇 作る 制作　～しまつだ 到了……的地步

解題方案——N1出題標准之外的语法惯用型　模拟习题

問題6 次の文の　★　に入る最もよいものを、1・2・3・4から一つ選びなさい。

1　日本語を習って ＿＿＿＿ ＿＿＿＿ ＿★＿ ＿＿＿＿ みんなを驚かせた。
　　① 受かって　　　　　　　　② 1年足らずで
　　③ わずか　　　　　　　　　④ 日本語能力試験1級に

2　学習発表会があったが、＿＿＿＿ ＿★＿ ＿＿＿＿ ＿＿＿＿ 最高のできになりました。
　　① 出し物は　　　　　　　　② どの学年も
　　③ 練習を重ねた　　　　　　④ かいがあって

3　病院の健診 ＿＿＿＿ ＿＿＿＿ ＿★＿ ＿＿＿＿ お勧めいたします。
　　① 終了間際は　　　　　　　② 致しますので
　　③ 早めの予約を　　　　　　④ 大変混雑

4　父の病気は ＿＿＿＿ ＿＿＿＿ ＿★＿ ＿＿＿＿ 進行性の病気と言われていた。
　　① はっきり分からず　　　　② 治すすべがない
　　③ 現代医学では　　　　　　④ 病気の発症原因も

5　先日 ＿＿＿＿ ＿★＿ ＿＿＿＿ ＿＿＿＿ 半分欠けてしまいました。
　　① 拍子に　　　　　　　　　② 右下の前歯が
　　③ 転んだ　　　　　　　　　④ 不注意で

解析方案——N1出题标准之外的语法惯用型　模拟习题

問題6 次の文の ＿＿★＿＿ に入る最もよいものを、1・2・3・4から一つ選びなさい。

问题6 请从1・2・3・4中选出最适合填入下列句子 ＿＿★＿＿ 处的一项。

1　日本語を習って ＿＿＿ ＿＿★＿ ＿＿＿ みんなを驚かせた。
　① 受かって
　② 1年足らずで
　③ わずか
　④ 日本語能力試験1級に

1　日本語を習ってわずか1年足らずで日本語能力試験1級に受かってみんなを驚かせた。

学习日语还不到一年，就通过了日语能力测试一级，让大家都吃了一惊。

答案　④ 日本語能力試験1級に
词汇　習う 学习　わずか 不过　～足らず 某种数量或程度不足
　　　　受かる 及格　驚く 吃惊

2　学習発表会があったが、＿＿＿ ＿＿★＿ ＿＿＿ 最高のできになりました。
　① 出し物は
　② どの学年も
　③ 練習を重ねた
　④ かいがあって

2　学習発表会があったが、どの学年も練習を重ねたかいがあって出し物は最高のできになりました。

虽然召开了学习发表会，但多亏所有年级都曾经反复练习过，才得以发表具有最高完成度的作品。

答案　③ 練習を重ねた
词汇　学習 学习　発表会 发表会　学年 学年　重ねる 重复
　　　　～かいがあって 有……效果　出し物 发表作品　でき 完成

3　病院の健診 ＿＿＿ ＿＿＿ ＿＿★＿ ＿＿＿ お勧めいたします。
　① 終了間際は
　② 致しますので
　③ 早めの予約を
　④ 大変混雑

3　病院の健診終了間際は大変混雑致しますので、早めの予約をお勧めいたします。

医院在健康检查结束前非常混乱，所以建议您快点预约。

答案　② 致しますので
词汇　病院 医院　健診 健康检查　終了 结束　～間際 ……之前
　　　　大変 非常　混雑 混乱　早め 稍快　予約 预约　勧める 建议

4　父の病気は ＿＿＿ ＿＿★＿ ＿＿＿ 進行性の病気と言われていた。
　① はっきり分からず
　② 治すべがない
　③ 現代医学では
　④ 病気の発症原因も

4　父の病気は現代医学では病気の発症原因もはっきり分からず治すすべがない進行性の病気と言われていた。

听说父亲的病是现代医学无法确诊其病因，没有治疗方法的恶性疾病。

答案　① はっきり分からず
词汇　発症 发病　治す 治疗　～すべがない 没有……的办法
　　　　進行性 恶性

5　先日 ＿＿＿ ＿＿★＿ ＿＿＿ ＿＿＿ 半分欠けてしまいました。
　① 拍子に
　② 右下の前歯が
　③ 転んだ
　④ 不注意で

5　先日不注意で転んだ拍子に右下の前歯が半分欠けてしまいました。

因为前几天不小心摔倒了，右侧下方的前齿掉了一半。

答案　③ 転んだ
词汇　先日 前几天　不注意 不小心　転ぶ 摔倒
　　　　动词过去形+拍子に 一……的时候　右下 右侧下方　前歯 前齿
　　　　半分 半，一半　欠ける 掉了一块儿

解题方案——N1出题标准之外的语法惯用型　模拟习题

問題5 次の文の（　）に入れるのに最もよいものを、1·2·3·4から一つ選びなさい。

1　今まで忙しさに（　　　）健康検診を全然受けたことがない。
　①そこなって　　②ひきかえ　　③そなえて　　④かまけて

2　10年ぶりの大雪のため、欠席の多いの（　　　）。
　①なんか　　②なんて　　③なんのって　　④なんで

3　お見合いの相手の性格の良し悪しは（　　　）、経済力はあるか。
　①さておき　　②かまけて　　③かかわらず　　④いたらず

4　とんでもないことを起こしたが、今までの貢献（　　　）特例として許された。
　①のもとに　　②にめんじて　　③にあって　　④にかまけて

5　消費者にとって物は安いに（　　　）ことはないというのが共通の願いだと思います。
　①通った　　②通した　　③越えた　　④越した

6　こんなものを税込みで1000円（　　　）で買えるなんて、信じられない。
　①すっきり　　②ぽっきり　　③きっかり　　④ぎっしり

7　食欲に駆られて昨夜はみんなで焼き肉を食べ（　　　）。
　①かけた　　②たてた　　③まくった　　④そこねた

8　朝寝坊をして朝ご飯も（　　　）家を飛び出して学校に向かった。
　①そこそこに　　②そうそう　　③とたんに　　④だのだの

9　彼は大した事もできないくせに、社長である父の権力を（　　　）いるところがむかつく。
　①ことにして　　②かさにして　　③おきにして　　④もとにして

10　企業が成長するためには従業員一人ひとりが汗をかき、時には犠牲も（　　　）ことが必要だ。
　①やとわない　　②きざまない　　③そなわない　　④いとわない

解析方案——N1出題標准之外的語法慣用型 模擬習題

問題5 次の文の( )に入れるのに最もよいものを、1・2・3・4から一つ選びなさい。

1 今まで忙しさに( )健康検診を全然受けたことがない。
　①そこなって　②ひきかえ
　③そなえて　　④かまけて

2 10年ぶりの大雪のため、欠席の多いの( )。
　①なんか　　②なんて
　③なんのって　④なんで

3 お見合いの相手の性格の良し悪しは( )、経済力はあるか。
　①さておき　　②かまけて
　③かかわらず　④いたらず

4 とんでもないことを起こしたが、今までの貢献( )特例として許された。
　①のもとに　　②にめんじて
　③にあって　　④にかまけて

5 消費者にとって物は安いに( )ことはないというのが共通の願いだと思います。
　①通った　②通した
　③越えた　④越した

6 こんなものを税込みで1,000円( )で買えるなんて、信じられない。
　①すっきり　②ぽっきり
　③きっかり　④ぎっしり

7 食欲に駆られて昨夜はみんなで焼き肉を食べ( )。
　①かけた　②たてた
　③まくった　④そこねた

8 朝寝坊をして朝ご飯も( )家を飛び出して学校に向かった。
　①そこそこに　②そうそう
　③とたんに　　④だのだの

9 彼は大した事もできないくせに、社長である父の権力を( )いるところがむかつく。
　①ことにして　②かさにして
　③おきにして　④もとにして

10 企業が成長するためには従業員一人ひとりが汗をかき、時には犠牲も( )ことが必要だ。
　①やとわない　②きざまない
　③そなわない　④いとわない

問題5 请从1・2・3・4中选出最恰当的一项填入下列句子的( )中。

1 至今都<u>忙于工作</u>，根本没有接受过健康检查。
　答案 ④ ～にかまけて 忙……，被……缠住
　词汇 健康 健康　検診 检查　受ける 接受

2 因为十年不遇的大雪，缺席者<u>非常多</u>。
　答案 ③ ～のなんのって 非常……
　词汇 ～ぶり 相隔……（时间）　大雪 大雪　欠席 缺席

3 相亲对象的性格好坏<u>姑且不提</u>，他是否有经济能力呢?
　答案 ① ～はさておき 姑且不提……，且不必说……
　词汇 お見合い 相亲　良し悪し 好坏　経済力 经济能力

4 尽管闯了祸，可是对方看在迄今为止所作出的贡献的<u>份儿上</u>，破例予以原谅。
　答案 ② ～に免じて 看在……的份上，考虑到……的体面
　词汇 起こす 引起　貢献 贡献　特例 破例　許す 原谅，允许

5 东西便宜才最好，就消费者而言，这是其共同的愿望。
　答案 ④ ～に越したことはない ……也没什么不好，……最好
　词汇 消費者 消费者　～にとって 对于……　共通 共同　願い 愿望

6 这样的东西税前居然<u>只用</u>1000日元就可以买下，真是令人难以置信。
　答案 ② ～ぽっきり 只……，仅仅……，只有……
　词汇 税込み 税后　～なんて 居然……　信じる 相信
　　　すっきり 整洁的　きっかり 明显　ぎっしり 满满的

7 因为食欲大开，昨晚大家一起猛吃了一顿烤肉。
　答案 ③ 动词ます形＋まくる 拼命地……，继续地……
　词汇 食欲 食欲　駆られる 受……支配，被……所驱使　焼き肉 烤肉

8 由于睡了懒觉，<u>草草</u>吃过早饭后就从家里跑了出去，奔向了学校。
　答案 ① ～もそこそこに 草草了事地……，仓促地……
　词汇 朝寝坊 睡懒觉　飛び出す 跑出去　向かう 向着

9 让人气愤的是,他明明连小事都做不了，却<u>仗着</u>父亲的社长权利作威作福。
　答案 ② ～をかさに(して) 仗着……
　词汇 大した事 不值一提的事
　　　～くせに 明明……却……，本来是……却……
　　　権力 权利　むかつく 气愤

10 企业的发展，需要每一位员工的汗水，有时甚至需要他们<u>不惜</u>做出牺牲。
　答案 ④ 动词意志形・名词＋もいとわない 不惜……
　词汇 成長 成长　従業員 员工　汗をかく 流汗　時には 有时

解题方案——N1出题标准之外的语法惯用型

問題6　次の文の ___★___ に入る最もよいものを、1・2・3・4から一つ選びなさい。

1　彼は怪我 _____ _____ __★__ _____ 出場した。
　　① 優勝を　　　　　　　　　② 成すために
　　③ をおして　　　　　　　　④ 10年ぶりの

2　当校では _____ __★__ _____ _____ 納得するまで学習できる。
　　① 内容を再び　　　　　　　② 授業後に
　　③ 聞き漏らした　　　　　　④ 毎回確認テストがあり

3　光学機器を用いて _____ _____ __★__ _____ 見なされている。
　　① 危険と　　　　　　　　　② レーザ光を
　　③ 観察することは　　　　　④ 直接

4　小さな _____ __★__ _____ _____ できるはずだ。
　　① 子供でさえ　　　　　　　② 大人はなおさら
　　③ まして　　　　　　　　　④ できるのだから

5　近くに宿があればと思い _____ _____ __★__ _____ 見つけました。
　　① 駅から歩いて　　　　　　② 古びた旅館を
　　③ 探していると　　　　　　④ 1分くらいのところに

解析方案——N1出题标准之外的语法惯用型　模拟习题

問題6 次の文の　★　に入る最もよいものを、1・2・3・4から一つ選びなさい。

1　彼は怪我　___　___　★　___　出場した。

　① 優勝を
　② 成すために
　③ をおして
　④ 10年ぶりの優勝を

2　当校では　___　___　★　___　___　納得するまで学習できる。

　① 内容を再び
　② 授業後に
　③ 聞き漏らした
　④ 毎回確認テストがあり

3　光学機器を用いて　___　___　★　___　見なされている。

　① 危険と
　② レーザ光を
　③ 観察することは
　④ 直接

4　小さな　___　★　___　___　できるはずだ。

　① 子供でさえ
　② 大人はなおさら
　③ まして
　④ できるのだから

5　近くに宿があればと思い　___　___　★　___　見つけました。

　① 駅から歩いて
　② 古びた旅館を
　③ 探していると
　④ 1分くらいのところに

问题6 请从1・2・3・4中选出最适合填入下列句子　★　处的一项。

1　彼は怪我をおして10年ぶりの優勝を成すために出場した。

　他为了夺取十年一度的第一名，忍着伤痛出了场。

　答案　① 優勝を
　词汇　怪我 成就　〜をおして 伤　成す 冒着……　出場 出场

2　当校では授業後に毎回確認テストがあり、聞き漏らした内容を再び納得するまで学習できる。

　我校课后每次都会有测验，可以重新学习听漏的内容直到理解为止。

　答案　④ 毎回確認テストがあり
　词汇　当校 我校　授業後 课后　毎回 每次
　　　　动词ます形＋漏らす 漏掉……　再び 重　納得 理解

3　光学機器を用いて直接レーザ光を観察することは危険と見なされている。

　使用光学仪器直接观察激光被认为是危险的。

　答案　③ 観察することは
　词汇　光学 光学　機器 机器　用いる 使用　〜光……光　観察 观察
　　　　〜は…と見なされて……被认为……

4　小さな子供でさえできるのだから、まして大人はなおさらできるはずだ。

　这连小孩子都能做的，更何况是成年人了。

　答案　④ できるのだから
　词汇　〜さえ 连……也　大人 成年人
　　　　まして〜なおさら 何况……更……

5　近くに宿があればと思い探していると、駅から歩いて1分くらいのところに古びた旅館を見つけました。

　正在边找边想附近要是有住处就好了，在距离车站步行1分钟左右的地方发现了一家看上去有些陈旧的旅馆。

　答案　④ 1分くらいのところに
　词汇　近く 附近　宿 住处　探す 寻找　歩く 步行　旅館 旅馆
　　　　名詞・形容詞詞幹＋びた 看上去像……，有……的样子

打造实力方案　　问题7 一句子脉络（填空）

此类题型过去主要出现在日语能力测试的长篇阅读理解中，预计可能出现的问题大致可以分为三种，具体如下。

1. 接续词

2. 符合句子脉络的句型

3. 符合句子脉络的谓语

此外，日语能力测试委员会所提出的新类型也没有脱离以上三种。那么，应该怎样应对这部分呢？就填空题而言，熟悉答题技巧固然重要，但是只有通过多做句子或阅读理解等的练习，才能大幅提高实力。其他题当然也是如此，但是此类题更是需要学习者通过独立进行翻译和分析阅读理解中的各项小题，多做一些练习，达到完全适应的程度。针对这一点，做题时不要看说明、独立完成以下十道模拟习题，然后再对一对正确答案。实际测试中会出5道题，而例题中减少了题量。这是因为我们只是为了通过阅读理解题，培养熟练的阅读理解能力而已。

解題方案——句子脈絡（填空）

问题7—模拟习题

問題7　次の文章を読んで、　1　から　3　の中に入る最もよいものを、1・2・3・4から一つ選びなさい。

1

　2005年11月23日午前10時。アメリカロサンゼルス地方裁判所で裁判長の「被告は無罪」という評決が響き渡りました。みんなの予想どおりだったと言います。

　その瞬間、身長190センチにもなる大男の被告人は、一息をつき、胸をなでおろしました。「夢のチーム」　1　弁護士団の一人は、大男の肩を何度もたたき、喜びの表情を浮かべました。微笑みを見せながらそれに答える大男。

　同じ部屋では遺族がすすり泣く声が聞こえてきました。　2　敗れた検察官たちの苦虫をかみつぶすような表情も。評決の様子は全米中にテレビで流され、多くの国民がブラウン管ごしの判決を、かたずを飲んで見ていたといいます。

　この裁判で、アメリカ人はお金さえあれば、誰が見ても　3-a　の裁判が　3-b　になることもあると信じてしまったようです。

1　①ともいわれていた　　　　　②ともいいながらの
　　③ともいわれると　　　　　　④ともいわれるなら

2　①つまり　　　　　　　　　　②しかし
　　③それゆえ　　　　　　　　　④そして

3　①a 有罪 / b 当然　　　　　　②a 当然 / b 有罪
　　③a 有罪 / b 無罪　　　　　　④a 無罪 / b 有罪

解析方案——句子脉络（填空） 问题7—模拟习题

问题7 请在阅读下列文章之后，从1·2·3·4中选出最适合填入下列句子1〜3中的一项。

1

解析　　2005年11月23日上午10点。美国洛杉矶地方法院里审判长宣判"被告无罪"。大家都觉得这是意料之中的事情。

　　　　瞬间，身高达190厘米的彪形大汉——被告长吁了一口气，终于放下心来。被誉为【1】"梦之队"的律师团中，有一位成员拍了几下彪形大汉的肩膀，露出了喜悦的表情。彪形大汉同样用微笑回应了他。

　　　　同一个房间里传来了遗属抽泣的声音。【2】还有败诉的检察官愁眉苦脸的表情。据说审判情况通过电视转播到了全美国，众多民众屏住呼吸透过显像管观看了判决。

　　　　这一判决似乎让人们相信，美国人只要有钱，即使在所有人看来有罪的判决也可以变成无罪。

答案　1 ①　2 ④　3 ③

词汇　地方 地方　裁判所 法院　裁判長 审判长　被告 被告　無罪 无罪　評決 判决　響き渡る 响彻　予想 预想　瞬間 瞬间　身長 身高　大男 彪形大汉　被告人 被告　一息をつく 叹气、松口气　胸 心　なでおろす 抚摸下去　夢 梦　弁護士団 律师团　肩 肩膀　喜び 喜悦　表情 表情　浮かべる 使……露出　微笑み 微笑　答える 回答　遺族 遗属　すすり泣く 抽泣　声 声音　敗れる 失败　検察官 检察官　苦虫をかみつぶす 愁眉苦脸　様子 样子　全米 全美国　流される 流　国民 国民　ブラウン管ごし 透过显像管　判決 判决　かたずを飲む 屏住呼吸　〜さえ…ば 只要……就　有罪 有罪　信じる 相信

解題方案——句子脈絡（填空） 问题7—模拟习题

問題7 次の文章を読んで、[1]から[3]の中に入る最もよいものを、1・2・3・4から一つ選びなさい。

2

　　宇宙46億年の歴史で、物理法則を決める定数がほんのわずかでもずれていたら、人間と動物は存在していなかったのではないでしょうか。私たちが存在すること自体が、ものすごい確率の偶然の産物のようですが、裏返せばそう仕組まれていたという必然にも[1]。

　　人間原理を逆手にとれば、「ここに私がいる。[2]宇宙の構成要素に、人間の存在を許す要素が含まれなければならない」となります。

　　人間原理の解釈は、「宇宙を考えるとき、人間の存在を考慮しておかなければならない」という弱いものから、「宇宙は人間が存在するようなつくりでなければならない」という強いものまでさまざまです。人間原理を考えると、[3-a]と[3-b]は表裏一体のものなのではと思えてきます。

1　① 思ってしまった　　　　　　　② 思われなくなってしまった
　　③ 思ったのでしょう　　　　　　④ 思えてきます

2　① しかし　　　　　　　　　　　② ならば
　　③ なるほど　　　　　　　　　　④ たとえ

3　① a 偶然 / b 必然　　　　　　　② a 原理 / b 解釈
　　③ a 宇宙 / b 人間　　　　　　　④ a 存在 / b 想像

解析方案——句子脉络（填空） 问题7—模拟习题

问题7 请在阅读下列文章之后，从1・2・3・4中选出最适合填入下列句子1～3中的一项。

2

解析 宇宙有46亿年历史，如果决定物理法则的常值稍有偏差，人类和动物是否就不能存在了呢？我们的存在本身似乎就是种有着惊人概率的偶然，但反过来想，又会【1】觉得那是必然形成的。

如果反过来想人类原理，就会是"这里有我。【2】那么在构成宇宙的要素中就不能不包括允许人类存在的要素。"

对人类原理的解释十分多样，既有"考虑宇宙时，不能不先考虑人类的存在"这样的弱势说法，也有"宇宙必须具有适宜人类存在的结构"这样的强硬说法。想想人类原理，也许【3-a】偶然和【3-b】必然是表里如一的也未可知。

答案 1 ④　2 ②　3 ①

词汇 宇宙(うちゅう) 宇宙　～億年(おくねん) ……亿年　歴史(れきし) 历史　物理(ぶつり) 物理　法則(ほうそく) 法则　決める(きめる) 决定　定数(ていすう) 常值　ほんの 一点点　わずか 稍微　ずれる 偏离　動物(どうぶつ) 动物　存在(そんざい) 存在　自体(じたい) 自身　確率(かくりつ) 概率　偶然(ぐうぜん) 偶然　裏返す(うらがえす) 翻过来　仕組む(しくむ) 形成　必然(ひつぜん) 必然　原理(げんり) 原理　逆手(ぎゃくて) 顺势反击　ならば 那么　構成(こうせい) 构成　要素(ようそ) 要素　許す(ゆるす) 允许　含む(ふくむ) 包含　解釈(かいしゃく) 解释　考慮(こうりょ) 考虑　表裏一体(ひょうりいったい) 表里一致

解題方案——句子脈絡（填空） 問題7—模擬習題

問題7 次の文章を読んで、1 から 3 の中に入る最もよいものを、1・2・3・4から一つ選びなさい。

3

　世界中が健康ブームになっている中、日本食に対する注目度の高さはものすごい。この頃は中国も例外ではなく、日本食を提供する店舗は都市部を中心にだんだん　1　。

　現在、中国で最も人気のある日本料理は、やはり日本料理の代名詞でもあるし、世界のあちこちに知られている「寿司」「刺身」だが、それに続くのが「ラーメン」と「カレーライス」である。これは、日本食を世界に普及しようという政府の　2-a　と民間の外食チェーンの中国展開の　2-b　だろう。今はもう、「ラーメン」と「カレーライス」はしっかり日本食として定着している。また最近ではスーパーマーケットのフードコーナーなどで「たこ焼き」の屋台を見かけることもあり、一皿を日本円で約70円と安価で手軽であることから特に学生が学校帰りに食べたりする。

　　3　、日本食が世界のどこの人の口にも合うように、いろんな団体や人々が苦労したことに感謝したいかぎりである。

1　① 増えている　　　　　　　　　② 増えてしまった
　　③ 増えているだろう　　　　　　④ 増えてしまっただろう

2　① a 試食 / b 成果　　　　　　　② a 原因 / b 結果
　　③ a 努力 / b 成果　　　　　　　④ a 結果 / b 原因

3　① こんなに　　　　　　　　　　② その結果
　　③ それゆえ　　　　　　　　　　④ このように

解析方案——句子脉络（填空） 问题7—模拟习题

问题7 请在阅读下列文章之后，从1・2・3・4中选出最适合填入下列句子1～3中的一项。

3

解析　　在全世界所有国家刮起健康风时，对日本饮食的关注度也非常高。最近在中国也不例外，提供日本饮食的店铺正以城市为中心逐渐【1】多起来。

现在，在中国最有人气的日本料理虽然依旧是作为日本料理代名词的，世界各地广为流传的"寿司"和"生鱼片"，不过相继又出现了"拉面"和"咖喱饭"。可以说这是日本政府为把日本饮食普及到世界而做出的【2-a】努力，同时也将成为将民间外卖连锁店开到中国去的【2-b】成果。现在"拉面"和"咖喱饭"确实已经被固定为日本食品。另外，最近在超市食品专区等地方有时还会看到"章鱼丸子"柜台。每碟只需70日元左右，价格低廉而没有负担，所以尤其是学生会在放学回家的路上买来吃。

【3】像这样，为了使日本食品尽可能迎合全世界所有人的口味，许多团体和个人都付出了辛劳。对此要深表感谢。

答案　[1] ①　[2] ③　[3] ④

词汇　世界中 全世界　健康 健康　日本食 日本饮食　注目度 关注度　例外 例外　提供 提供　店舗 店铺　都市部 城市　増える 增加　現在 现在　最も 最　代名詞 代名词　寿司 寿司　刺身 生鱼片　続く 继续　普及 普及　政府 政府　努力 努力　民間 民间　外食 在外面吃　展開 开展　成果 成果　定着 固定　最近 最近　たこ焼き 章鱼丸子，章鱼烧　屋台 摊床、柜台　見かける 发现　一皿 一碟　約 大约　安価 廉价　手軽だ 无负担　特に 特别　団体 团体　苦労 辛劳　感謝 感谢　～かぎりだ 非常……

解題方案——句子脈絡（填空） 問題7—模擬習題

問題7 次の文章を読んで、[1]から[3]の中に入る最もよいものを、1・2・3・4から一つ選びなさい。

4

「やりがいのある仕事」と「やりがいはそれほどではないけれど、お給料が高い仕事」って、求職するときや転職するときの究極の選択と言ってもいいかもしれません。どちらを選ぶのかは、人それぞれの価値観で違うとはいえ、どこまで仕事に「お金」を求めるべきか、悩む人も多いのではないでしょうか。

私の経験では、お金を求めて仕事を選んだ場合は長続きできなかったんです。すぐに仕事に飽きてしまって、休む日も多かったし、仕事に[1]、上司に叱られるばかりでした。[2]、自分の適性に合う仕事をするときは、もちろんやりがいもあったし、仕事がおもしろくて毎日会社に行くのが楽しかったのです。

それで私がみなさんに言いたいのは、自分の[3-a]にあって[3-b]もいい仕事ならば言うまでもありませんが、お金のことばかり考えて仕事を選ぶのはたいへん危険な発想だということです。

1　① 専念できて　　　　　　　　② 専念できず
　　③ 専念したところで　　　　　④ 専念したにもかかわらず

2　① ところが　　　　　　　　　② たとえば
　　③ したがって　　　　　　　　④ それに

3　① a 力 / b 能力　　　　　　　② a 能力 / b 給料
　　③ a 適性 / b 給料　　　　　　④ a 給料 / b 能力

解析方案——句子脉络（填空） 问题7—模拟习题

问题7 请在阅读下列文章之后，从1・2・3・4中选出最适合填入下列句子1～3中的一项。

4

解析 　　可以说"有奔头的工作"和"虽然没什么奔头，但工资却很高的工作"是求职或跳槽时的两种极端选择吧。至于选择哪一种或许会因为人们各自的价值观不同而有所差别，但是不管怎么说还是会有很多人会对工作上该不该追求"金钱"而感到苦恼吧？

　　以我的经验来看，为了追求金钱而选择工作时，总是不能坚持太长时间。因为很快就会对工作感到腻烦，所以会经常请假，由于不能【1】专心致志地工作，总是被上司训斥。【2】但是，如果做的是自己喜欢的工作，不仅会感到很有奔头，还会觉得很有意思，每天到公司都很快乐。

　　所以，我想对各位说的是，如果能做自己【3-a】适应、【3-b】工资又高的工作当然不必多言，但如果只是为了金钱而选择工作，那可是个非常危险的想法。

答案 　1 ②　　2 ①　　3 ③

词汇 　やりがい 有干头　仕事 工作　給料 工资　求職 求职　転職 改行　究極 究竟　選択 选择　選ぶ 选
　　　それぞれ 各自　価値観 价值观　違う 不同　～とはいえ 虽说……可是　求める 追求、要求　悩む 苦恼
　　　経験 经验　場合 情况　長続き 坚持到底　飽きる 厌腻　専念 专心致志　上司 上司　叱る 训斥
　　　ところが 可是　性 适应性　楽しい 快乐　～までもない 没必要……　危険 危险　発想 想法

解題方案——句子脈絡（填空） 問題7—模擬習題

問題7 次の文章を読んで、| 1 | から | 3 | の中に入る最もよいものを、1・2・3・4から一つ選びなさい。

5

　女性が年上の男性と結婚する場合、そのメリットとしてあげられるのは、男性の経済力や社会的地位です。もちろんその男性に対する愛がないってわけではありません。ですから、経済力も地位もない弱い立場の女性に、年上の男性と結婚する傾向があるといわれています。| 1 |、女性の社会的地位が上がってきた昨今においては、極端に年上の男性との結婚を選ぶ人は減少傾向に| 2 |。これは国や地域によって違うかもしれませんが、少なくとも日本の場合はそうなりつつあります。

　男性にとっても、経済力がなく、世間を知らない女性のほうが御しやすいです。結婚は相手のことが好きでするものですから、御するという言葉が合わないと言う人もいるでしょう。

　反対に、経済力や社会的地位を得ている| 3-a |の| 3-b |は、対等もしくは自分よりも強い力を持っているわけで、「妻は一歩下がって夫を支える」的な考えを持っている典型的な日本人の男性にとっては、なんとも付き合いにくい相手といえるでしょう。

1　① それとも　　　　　　　　② しかも
　　③ しかし　　　　　　　　　④ たとえば

2　① あったわけです　　　　　② あったからです
　　③ ないからです　　　　　　④ なかったわけです

3　① a 年下 / b 男性　　　　　② a 年下 / b 女性
　　③ a 年上 / b 男性　　　　　④ a 年上 / b 女性

解析方案——句子脉络（填空） 问题7—模拟习题

问题7 请在阅读下列文章之后，从1・2・3・4中选出最适合填入下列句子1～3中的一项。

5

解析 　　女性与年长的男性结婚，好处在于男性的经济能力和社会地位。当然，这并不是说对那个男人没有爱情。对于既没有经济能力又没有地位的弱势女性而言，更多会倾向于跟年长的男性结婚。【1】可是，女性地位得到提高的现如今，一味地选择与岁数大的男性结婚的人正在【2】呈减少的趋势。也许这会因国家和地区的不同而存在差异，但至少在日本正处于这种状态。

　　同样，对于男性而言，既没有经济能力又不谙世事的女性也许会更容易驾驭吧。也许会有人说因为喜欢对方才会结婚，说成"驾驭"不太合适吧。

　　相反，既有经济能力又有社会地位的【3-a】年长【3-b】女性，由于具备了与自己相当或超过自己的强悍力量，因此对于抱有"妻子应退居其后，扶持丈夫"这种想法的典型日本男性来说，可以说实在是难以交往的对象。

答案 　1 ③　2 ①　3 ④

词汇 　女性 女性　年上 年长　男性 男性　結婚 结婚　場合 情况　あげる 举（例）　経済力 经济能力
　　　社会的 社会性的　地位 地位　愛 爱情　立場 立场　傾向 倾向　昨今 现如今　〜においては 在……方面
　　　極端 极端　選ぶ 选择　減少 减少　地域 地区　动词ます形+つつある 正在……　〜にとって 对……来说
　　　世間 世上　御す 驾驭　相手 对方　言葉 话　反対 反对　得る 得到　対等 平等　もしくは 或　妻 妻子
　　　一歩 一步　下がる 后退　夫 丈夫　支える 支，支撑　典型的 典型性　なんとも 实在
　　　付き合う 交往、交际

解題方案——句子脈絡（填空） 问题7—模拟习题

問題7　次の文章を読んで、1　から　3　の中に入る最もよいものを、1・2・3・4から一つ選びなさい。

6

　　最近は、環境保護を促進するためのいろいろな活動がある。それらの一つがエコツーリズムと 1 新しい種類の観光旅行である。エコツーリズムとは、環境や社会的なものまで含めての生態系の維持と保護を意識し、地域社会の発展への貢献を考慮したツーリズム（旅行、リクリエーション）のことである。

　　このエコツーリズムは、人々が自然の中で 2-a を楽しみ、同時に 2-b を守る方法を学ぶことを可能にする。このようにして、人々は環境問題に対する認識を深めることができるのだ。エコツーリズムの支持者は、それは旅行者、地元企業、そして環境に利益をもたらすのだと主張している。

　　現在ではエコツーリズムは理念としては尊重されているが、その具体化であるエコツアーはニッチ市場として存在するのみであり、本来の持続可能な社会の実現のためには、マスツーリズムを 3 エコ化していくかということの重要性が認識されつつある。

1　① 呼ばれる　　　　　　　　　② 呼ぼうとする
　　③ 呼んである　　　　　　　　④ 呼ばれてある

2　① a 環境 / b 地域　　　　　　② a 社会 / b 環境
　　③ a 地域 / b 休暇　　　　　　④ a 休暇 / b 自然

3　① なんだか　　　　　　　　　② いかに
　　③ なにとぞ　　　　　　　　　④ どうか

解析方案——句子脉络（填空） 问题7—模拟习题

问题7 请在阅读下列文章之后，从1・2・3・4中选出最适合填入下列句子1～3中的一项。

6

解析　　近来有各种各样旨在促进环境保护的活动。其中有一项就是被【1】称作生态旅游的新兴旅游方式。所谓生态旅游是对维持和保护包括环境和社会因素在内的生态系统有了一定的认识，同时又兼顾了地区社会发展的旅游（旅行、消遣）。

　　这种生态旅游会让人们在自然中享受【2-a】假期的同时，学会保护【2-b】自然的方法。借此可以加深人们对环境问题的认识。生态旅游的支持者主张，这会给旅行者、地区企业和环境带来好处。

　　现在生态主义被推崇为一种理念，然而将其具体化以后的生态旅游却只是存在于夹缝市场当中。为了实现原本可持续的社会实践，【3】怎样使大众旅游生态化，其重要性正日益被人们所认识。

答案　 **1** ① 　 **2** ④ 　 **3** ②

词汇　最近 最近　環境 环境　保護 保护　促進 促进　活動 活动　エコツーリズム 同时进行环境保护与旅游的观光
　　　種類 种类　観光 观光　旅行 旅行　社会的 社会性的　含める 包括　生態系 生态系统　維持 维持　意識 意识
　　　地域 地区　発展 发展　貢献 贡献　考慮 考虑　休暇 假期　楽しむ 享受　同時 同时　守る 守护　方法 方法
　　　学ぶ 学习　可能 可能　認識 认识　深める 加深　支持者 支持者　地元 当地　企業 企业　利益 利益
　　　もたらす 带来、招致　主張 主张　現在 现在　理念 理念　尊重 尊重　具体化 具体化　ニッチ市場 夹缝市场
　　　存在 存在　本来 原本　持続 持续　実現 实现　マスツーリズム 旅游在大众之间广为盛行的现象
　　　いかに 怎样、如何　重要性 重要性　动词ます形＋つつある 正在……

解題方案——句子脉络（填空） 问题7—模拟习题

問題7 次の文章を読んで、1 から 3 の中に入る最もよいものを、1・2・3・4から一つ選びなさい。

7

日本の消費者は一日になんと7,000以上の広告をあらゆる角度から、たとえば電車やバスの中、街や会社で視覚・聴覚を通じ、入り込んできます。

では、7,000以上の氾濫している広告の中から、どのように自社の広告を見てもらえるのでしょうか。数多い広告の中で、どこに、どのような計画で広告を 1 。そこには、発見感・参加型・ターゲット絞り込みという三つのキーワードが存在します。

例えば、発見型広告とは、消費者が自ら発見した広告の事を指します。 2 空に浮いている飛行機に広告がついていたり、とても大きなトラックを見つけるとそれは広告であったりと、消費者が自ら発見する事により、大きな差別化が生まれ、効果が高くなる原理です。こうなると、 3-a の立場としてはそんなにお金がかからなくても 3-b に対する広告の効果が高くなるということだから、たくさんのメリットがあるでしょう。

1　① 打たなければなりません　　② 打つべきなのでしょうか
　　③ 打ってもどうしようもない　　④ 打つというものではないです

2　① 例として　　② ですから
　　③ とにかく　　④ なるほど

3　① a 企業 / b 利益　　② a 消費者 / b 利益
　　③ a 企業 / b 消費者　　④ a 消費者 / b 企業

解析方案——句子脉络（填空） 问题7—模拟习题

问题7 请在阅读下列文章之后，从1・2・3・4中选出最适合填入下列句子1～3中的一项。

7

解析　　令人吃惊的是，日本消费者每天要通过各种渠道，如电车、公交车、街道、公司等，从视觉和听觉等深度接受7000条以上的广告。

那么怎样才能从7000条以上泛滥的广告中看到自己公司的广告呢？在众多广告中应该在什么地方，用什么样的计划来【1】打广告呢？其中包含三个关键词，即醒目度、参与型、目标性。

举例来说，所谓醒目型广告是指能让消费者自己发现的广告。【2】例如，飞行在空中的飞机上贴着广告或是非常巨大的货车竟是广告等。其原理在于因为是消费者自己发现的，所以会觉得不太一样，从而提高了广告效果。这样一来，尽管从【3-a】企业的角度来讲并没有花费多少钱，却可以提高针对【3-b】消费者的广告效果，真可谓优势多多。

答案　1 ②　2 ①　3 ③

词汇　消費者 消费者　なんと（表示吃惊）原来是……　広告 广告　あらゆる 所有的　角度 角度　電車 电车　街 街道　視覚 视觉　聴覚 听觉　通じる 通　入り込む 深入　以上 以上　氾濫 泛滥　自社 本公司　数多い 数量众多　計画 计划　発見感 发现感　参加型 参与性　絞り込む 挑拣　例えば 举例　自ら 独自　指す 指　例 例　空 天空　浮く 飘　差別化 差别化　生まれる 出现、出生　効果 效果　原理 原理　企業 企业　立場 立场

解題方案——句子脈絡（填空） 問題7—模擬習題

問題7 次の文章を読んで、1 から 3 の中に入る最もよいものを、1・2・3・4から一つ選びなさい。

8

　　男女を問わず、今の日本の若い人達は戦争に直面する危険がある。しかし同時に、若い人達には時間がある。それだけに、無駄な時間を過ごさないでほしい。

　　人は誰でも一日24時間ということは同じである。その24時間をどう使うかによって、1-a する人と 1-b する人とが分かれるだろう。たとえば、プライベートでも仕事でも、その人のために費やした時間は人間関係を決める大きな要素であると思う。なぜなら、時間はどんな人にも平等に1日24時間しかなく、その限られた時間を費やすということは相手を大事に思っているという意思表示に 2 。

　　ビジネスは利益だと思っていても、人間関係に惑わされて時間を無駄に使ってしまうこともある。それではすべてを効率で押し切ってよいのかといえば、人間を介在しないビジネスはあり得なく、その人間関係が良好でなければ、ビジネスだって 3 うまくいかない。

1　①a いたずら/b 真剣に　　　　　②a 仕事/b ぶらぶら
　　③a むだ/b 失敗　　　　　　　　④a 成功/b 失敗

2　①つながってしまうからだ　　　　②つながるとはいえないからだ
　　③つながるからだ　　　　　　　　④つながるおそれがあるからだ

3　①いわば　　　　　　　　　　　　②結局
　　③なんと　　　　　　　　　　　　④まさか

解析方案——句子脉络（填空） 问题7—模拟习题

问题7 请在阅读下列文章之后，从1・2・3・4中选出最适合填入下列句子1～3中的一项。

8

解析　如今的日本年轻人不论男女都有面临战争的危险。不过，对于年轻人而言还是有时间的。正因如此，希望年轻人不要虚度光阴。

只要是人，无论是谁都一样，一天只有24个小时。因如何利用这些时间的不同而分出【1-a】成功的人和【1-b】失败的人。比如，我认为无论是为了私事还是公事，为他人所花费的时间是决定人际关系的重要因素。因为时间对任何人来说都是公平的，一天只有24个小时。花费掉那有限的时间也就【2】意味着十分重视对方。

虽然知道买卖是为了利益，但有时也会因为没有理清人际关系而虚耗时间。那么，将所有的事情都推到效率上就可以了吗？世上没有离开人与人之间的关系而存在买卖，要是没有良好的人际关系，买卖【3】终究也是不能顺利进行的。

答案　1 ④　2 ③　3 ②

词汇
男女（だんじょ）男女　～を問（と）わず 不论……　若（わか）い 年轻　戦争（せんそう）战争　直面（ちょくめん）面临　危険（きけん）危险　使（つか）う 使用
～によって 根据……　成功（せいこう）成功　失敗（しっぱい）失败　分（わ）かれる 分　費（つい）やす 花费　決（き）める 决定　要素（ようそ）因素
平等（びょうどう）平等　限（かぎ）る 限定　大事（だいじ）に 爱护　意思（いし）意图　表示（ひょうじ）表示　つながる 联系　利益（りえき）利益
惑（まど）わす 迷惑，蛊惑　無駄（むだ）に 徒劳　効率（こうりつ）效率　押（お）し切（き）る 排除，不顾
介在（かいざい）介在、介于……之间　あり得（え）ない 不可能　良好（りょうこう）良好　結局（けっきょく）结局

解題方案——句子脈絡（填空）

问题7—模拟习题

問題7 次の文章を読んで、 1 から 3 の中に入る最もよいものを、1・2・3・4から一つ選びなさい。

9

　ペットが死んでしまったとき、飼い主の心にはいろいろな感情が発生する。孤独な気持ちや強い喪失感、「もっと遊んでやればよかった」という後悔、「もっと早く病気に気づいてやれれば…」「あのとき薬を忘れなかったら…」「獣医の診断は正しかったのだろうか」と自分や人を責める気持ち。このようにペットの死にまつわるさまざまな感情を「ペットロス」という。

　このごろは「ペットも家族の一員だ」という意識が強くなった。これは番犬や猟犬ではなく、飼い主の心をいやすことが役割のペットが増えたからである。 1 　最近の住宅事情から家の中で飼うことが増えたため、飼い主と一緒に過ごす時間が長くなったのも一因だろう。ペットのことを、 2-a や 2-b のように扱う人もいる。ペットの「家族の一員度」が高くなった分、ペットロスを強く感じる飼い主が 3 。

1　①また　　　　　　　　　　　②しかし
　③さすが　　　　　　　　　　④ところが

2　①a おもちゃ／b アクセサリー　　②a 子供／b 兄弟
　③a 上司／b 先輩　　　　　　　　④a 犬／b 猫

3　①増えてくるのであろうか　　　　②増えるかどうか分からない
　③増えてきたのである　　　　　　④増えてしまったのだろうか

解析方案——句子脉络（填空）　　问题7—模拟习题

问题7　请在阅读下列文章之后，从1·2·3·4中选出最适合填入下列句子1～3中的一项。

9

解析　　当宠物死去的时候，主人心里会产生各种各样的情感。孤独感和强烈的失落感，"当初再多陪它玩一玩该多好"会这样后悔，"要是早点发现它的病……"，"要是当时没有忘记喂药……"，"兽医的诊断是不是正确的呢？"诸如此类责备自己或他人的心情。这种纠缠于宠物之死的复杂情感就叫做"宠物情结"。

　　近来"宠物也是家庭成员之一"的意识越来越强烈了。这是因为越来越多的宠物不是用来看家护院或打猎，而是起到抚慰主人心灵的作用。【1】另外，就目前的住宅情况来看，越来越多的宠物是豢养在家中的，于是与主人度过的时间也变得越来越长，或许这也是原因之一。还有人会把宠物当作【2-a】子女或是【2-b】兄弟来对待。随着宠物成为"家庭一员"的程度日渐提高，强烈地感受到"宠物情结"的主人也【3】越来越多起来。

答案　　1 ①　2 ②　3 ③

词汇
死ぬ 死亡　飼い主 所养动物的主人　感情 感情　発生 发生　孤独 孤独　喪失感 失落感　後悔 后悔
病気 疾病　気づく 发现　忘れる 忘记　獣医 兽医　診断 诊断　正しい 正确　責める 责备
まつわる 纠缠，缠绕　一員 一员　意識 意识　番犬 看家狗　猟犬 猎狗　いやす 医治，治疗
役割 作用　増える 增加　住宅 住宅　事情 情况　過ごす 度过　一因 一个原因　兄弟 兄弟　扱う 对待
〜度 ……度

解題方案——句子脈絡（填空）　問題7—模擬習題

問題7　次の文章を読んで、[1]から[3]の中に入る最もよいものを、1・2・3・4から一つ選びなさい。

10

　　電車のレールには継ぎ目がある。レールとレールの継ぎ目にすき間が作られている。そのために、ガタンゴトンというやかましい音がするし、乗り心地ももう一つである。あの継ぎ目がなければ、もっと快適な乗り心地が得られると思われるのに、なぜ継ぎ目があるのだろうか。

　　レールの材料は鉄である。鉄は温度差によって伸び縮みする。真夏の暑いときには、鉄は加熱されて伸びようとする。もし継ぎ目のすき間がなくてぴったりと密着していると、鉄のレールは伸びた分だけグニャリと曲がってしまうだろう。[1]、レールの継ぎ目は、加熱されたときに、レールが自由に伸びられるための余裕であり、[2]なのである。もちろん乗り心地のことを考えれば、継ぎ目は少ないほうがよい。実際、現在は昔より[3-a]レールが使われ、継ぎ目が[3-b]なっている。技術開発は進められているのである。

1　① まして　　　　　　　　　　　　② とはいえ
　　③ かりに　　　　　　　　　　　　④ つまり

2　① なくてもいいもの　　　　　　　② なければないほどのもの
　　③ なくてはならないもの　　　　　④ なくてたまらないもの

3　① a 長い / b 多く　　　　　　　　② a 長い / b 少なく
　　③ a 短い / b 多く　　　　　　　　④ a 短い / b 少なく

解析方案——句子脉络（填空）　问题7—模拟习题

问题7　请在阅读下列文章之后，从1・2・3・4中选出最适合填入下列句子1～3中的一项。

10

解析　　电车轨道上有接缝。轨道和轨道的接缝上留有间隙。因此会发出哐当哐当的嘈杂声音，而且乘车的感受也一般。想想要是没有那条接缝，就能获得更加舒适的乘车感受了。可为什么会有那么一条接缝呢？
　　　　　轨道的材质是铁。铁会因温度的差异而伸缩。炎热的仲夏时节铁会因受热而延长。假如没有接缝上的间隙，紧紧地贴在一起，那么由铁制成的轨道就会因为变软延长的部分变得弯弯曲曲。【1】也就是说，轨道的接缝是为了受热时轨道能自由延伸而留出的余地，所以它是【2】不可或缺的。当然，考虑到乘车感受，接缝越少越好。其实比起过去，现在采用的是【3-a】长轨道，接缝也【3-b】变少了。技术开发也正在推进的过程中。

答案　1 ④　　2 ③　　3 ②

词汇　電車 电车　継ぎ目 接缝　すき間 间隙　ガタンゴトン 哐当哐当　やかましい 嘈杂　音がする 发出声音　乗り心地 乘车感受　快適 舒适　得る 得到　材料 材料　鉄 铁　温度差 温差　伸び縮み 伸缩　真夏 仲夏　伸びる 抻长　密着 贴紧　分 份儿　グニャリ 软乎乎　曲がる 弯曲　つまり 也就是说　余裕 余地　実際 实际　現在 现在　昔 过去　技術 技术　開発 开发　進める 推进

实战模拟测试 第1回 / 第2回

实战模拟测试 第1回

問題1 ＿＿＿の言葉の読み方として最もよいものを、1・2・3・4から一つ選びなさい。

1 感動は最高潮に達した。
① さいこうとう　② さいこうそう　③ さいこうしょう　④ さいこうちょう

2 彼は守銭奴だった。
① しゅぜんど　② しゅせんど　③ しゅぜんの　④ しゅせんの

3 彼の言うことは日常茶飯事である。
① さはんごと　② ちゃはんごと　③ さはんじ　④ ちゃはんじ

4 悲しんでいる私を友だちが慰めてくれた。
① いましめて　② かがめて　③ なぐさめて　④ あきらめて

5 彼は物陰に潜んで待った。
① ひずんで　② きざんで　③ かすんで　④ ひそんで

6 Aチームは惜しいところで負けてしまった。
① ひさしい　② おしい　③ いかめしい　④ いとしい

問題2 （　　　）に入れるのに最もよいものを、1・2・3・4から一つ選びなさい。

7 副社長は、ピアノ演奏という（　　　）な趣味を持っている。
① 高尚　② 高価　③ 高層　④ 高原

8 現在の健康状態は、非常に（　　　）です。
① 良識　② 善良　③ 良質　④ 良好

9 試合は最後までわからない。前半、（　　　）だったAチームが後半は苦戦している。
① 優越　② 優先　③ 優美　④ 優勢

10 魚を料理したので、キッチンにとても（　　　）匂いが充満した。
① いやしい　② くすぐったい　③ なやましい　④ なまぐさい

11 身体が細くて（　　　）彼は、よく学校を休んだ。
　　① おごそかな　　② つぶらな　　③ きゃしゃな　　④ しとやかな

12 動物をとるため、大きな穴を（　　　）。
　　① ほった　　② すった　　③ かった　　④ さった

13 3月になって寒さは（　　　）緩んできた。
　　① よりによって　　② しだいに　　③ あえて　　④ まして

問題3　＿＿＿＿の言葉に意味が最も近いものを、1・2・3・4から一つ選びなさい。

14 病後、別荘で静養した。
　　① 休養　　② 休暇　　③ 安静　　④ 情緒

15 うちのチームが優勝する見込みは皆無だ。
　　① 有無　　② 無理　　③ 絶無　　④ 皆勤

16 新入社員はすぐに山田先輩になついた。
　　① なじんだ　　② そめた　　③ たどった　　④ すえた

17 救助隊が来てくれることを信じて寒さと飢えをしのいだ。
　　① こえた　　② ぼやいた　　③ ふせた　　④ なじった

18 ネコがガレージで糞やオシッコをして困ってます。
　　① 居間　　② 車庫　　③ 芝生　　④ 屋根

19 香水をつけている男とつけない男、あえていえばつけない男のほうに男らしさを感じる。
　　① かえって　　② かつて　　③ しいて　　④ すすんで

問題4　次の言葉の使い方として最もよいものを、1・2・3・4から一つ選びなさい。

20　すばしこい
① 大勢の中から一瞬にしてあんな美人を見つけるとはさすが目がすばしこい。
② 警察のすばしこい対応が事件の早期解決につながった。
③ 彼女は手がすばしこくて、午前中で仕事の大半を終えた。
④ ウサギは子供たちをすばしこくかいくぐって走り回った。

21　かける
① ３カ月も合宿したのに試合にかけてしまった。
② 茶わんがかけていたので、新しいのを買った。
③ 名札は左の胸のほうにかけてください。
④ 目薬をかけたから目がからくなった。

22　鈍感
① まわりの状況に鈍感した自分が嫌でしかたありません。
② 自分の職務鈍感で、会社に損害賠償を請求されるかもしれない。
③ 彼女は、服装に鈍感した私にファッションを教えてくれた。
④ 私は繊細な人より鈍感な人の方が好きだ。

23　やわらか
① スラリとしたやわらかな筋肉が欲しい場合はやはり植物性の食べ物がいい。
② 部長はミルクのようなやわらかな甘い香りがする香水をつけている。
③ やわらかなラインになりたいと思ってダイエットを始めた。
④ やわらかでない生活ですごく悩んでいたが、いつの間にかくるりと変わった。

24　まさしく
① 自分には罪がないとみんなの前でまさしく言ってくださいよ。
② まさしくしない彼の態度に上司は信頼感を失ったようだ。
③ ここは名所百選にも選ばれたまさしく「天下第一の」サクラの名所です。
④ まさしく自分の意見を言うことも大事だが、慎重さもよく考えてほしい。

25 軽率

① 私の「軽率の行動で」、多くの人に迷惑をかけてしまった。

② 出来ちゃった婚は軽率するし、無責任だと思う。

③ 秘密を漏らしたのは軽率だった。

④ いつもより３割引いたしますので軽率にご利用ください。

問題5 次の文の（　　）に入れるのに最もよいものを、1・2・3・4から一つ選びなさい。

26 すべてが眠ったような平和な島では、報道する（　　）ニュースなど何もなかった。
　　① にひきかえる　　② にある　　③ にたまる　　④ にたる

27 私の口では何とも言えません。ただ感謝（　　）です。
　　① のみ　　② ところ　　③ きわみ　　④ いたり

28 ビジネスマン（　　）、お話のマナーには気をつけてほしいものだ。
　　① ばかりに　　② たるもの　　③ はおろか　　④ どころか

29 このことは、君が直接、彼に謝ら（　　）すまないぞ。
　　① なくても　　② なしには　　③ なくては　　④ ないでは

30 その光景を一目見る（　　）、彼女は恐怖で倒れてしまった。
　　① なり　　② とおもいきや　　③ ともなく　　④ ともなると

31 心配するには（　　）。大した病気でもないから、二、三日休んだら治るでしょう。
　　① やみません　　② かぎりません　　③ かまいません　　④ あたりません

32 教師（　　）学問が何であるかを知らない。
　　① をふまえて　　② をもって　　③ にして　　④ にかまけて

33 酒を飲んで車を運転するなど警察官にある（　　）行為だ。
　　① ごとき　　② まじき　　③ べく　　④ べからず

34 目には目を、歯には歯を。武力には武力（　　　）対抗する。
　① をもって　　② とあって　　③ にあって　　④ をかぎりに

35 教授の質問を受けた友だちは（　　　）とばかりに口を開いた。
　① 待つ　　② 待った　　③ 待ってました　　④ 待っています

問題6　次の文の　★　に入る最もよいものを、1・2・3・4から一つ選びなさい。

36 彼は私が ＿＿＿ ＿＿＿ ★ ＿＿＿ と言わんばかりだった。
　① 早く帰れ　　　　　　② 話しかけても
　③ まるで　　　　　　　④ 全く返事をせず

37 授業を休むのなら、＿＿＿ ★ ＿＿＿ ＿＿＿ 何かすべきだと思う。
　① 頼むなど　　　　　　② 直接教師に
　③ 友だちに伝言を　　　④ 連絡しないまでも

38 断り ＿＿＿ ★ ＿＿＿ ＿＿＿ ロビーの掃除をさせられた。
　① 寮の規則で　　　　　② 外泊したために
　③ 一週間　　　　　　　④ なしに

39 締切日を ＿＿＿ ★ ＿＿＿ ＿＿＿ しない。
　① 過ぎた場合は　　　　② 理由の
　③ 受付は　　　　　　　④ いかんによらず

40 経済崩壊の ★ ＿＿＿ ＿＿＿ ＿＿＿ 社長をやめた。
　① おじいさんは　　　　② 時期に
　③ 重圧に　　　　　　　④ 耐えられなくなって

問題7 次の文章を読んで、 41 から 45 の中に入る最もよいものを、1・2・3・4から一つ選びなさい。

　　　近ごろ、日本の各地で、夜空のもと、橋やお城が下からの照明に光り輝いているのが見られる。ライトアップと呼ばれるもので、光に照らされた姿はとても美しいという。多くの人が人工の光の芸術の素晴らしさに 41 、このライトアップの建物が増えているのであろう。しかし、実際問題として、感激ばかりして 42 。まずライトアップは美しい夜景をつくり出す一方で、むだな光を空に放っている。次に、夜空を明るくしているために、天体観測に 43-a をきたすという 43-b もある。 44 、ライトアップに限らず、ネオンサインなどを含めて深夜にまで点灯される明かりは、街路樹などの植物や農作物の生長に害を及ぼしたりすることもある。このような事情を考えると、ライトアップについての対策が必要だと思われる。どのような解決法が考えられるだろうか。それには、まずライトアップがもたらす影響を調査することであろう。そしてその影響が地域住民の暮らしに問題のない範囲においてのみライトアップを許可するように 45 。

41　① 感動するからして　　　　　② 感動するからいって
　　③ 感動するからには　　　　　④ 感動するからこそ

42　① いられないのではないか　　② いられるだろう
　　③ いるはずであろう　　　　　④ いられないとはいえない

43　① a 効果 / b 長所　　　　　　② a 気楽さ / b 利点
　　③ a 支障 / b 欠点　　　　　　④ a 明かり / b 欠点

44　① もっとも　　② さらに　　③ それで　　④ なんでも

45　① すべきである　　　　　　　② すべきじゃないだろう
　　③ してはいけないだろう　　　④ してしまっただろう

実戦模擬測試 第2回

問題 1 ＿＿＿の言葉の読み方として最もよいものを、1・2・3・4から一つ選びなさい。

1 句読点が少ないので読みにくい。
　① くとうてん　　② くとくてん　　③ くどうてん　　④ くどくてん

2 雑木林で木の実を拾った。
　① ざつもくばやし　② ざつもくりん　③ ぞうきばやし　④ ぞうきりん

3 受験生になるいとこに激励の電話をかけた。
　① げきりょ　　② げきれい　　③ けきりょ　　④ けきれい

4 ホテルは丘陵に建つ。
　① くりょう　　② くりく　　③ きゅうりょう　　④ きゅうりく

5 友だちは事業に失敗して嘆いている。
　① なげいて　　② はじいて　　③ ぼやいて　　④ もがいて

6 泉の水で喉を潤した。
　① たがやした　② うるおした　③ すました　　④ はげました

問題 2 （　　）に入れるのに最もよいものを、1・2・3・4から一つ選びなさい。

7 最近、とんでもない値引き（　　）をする人がとても多くて困っています。
　① 依然　　② 依託　　③ 依頼　　④ 依存

8 プロ野球観戦に応援は欠かせない（　　）品でしょう。
　① 必需　　② 内需　　③ 需要　　④ 需給

9 仕事が忙しすぎて、（　　）とかお見合いをする余裕がありません。
　① 縁談　　② 縁起　　③ 額縁　　④ 血縁

10 たいこの音が聞こえてきて、祭りの（　　）がいちだんと盛り上がってきた。
　① ブーム　　② ポーズ　　③ ムード　　④ リード

11 そんな（　　　）言い方はやめて、するかしないかはっきり答えなさい。
　　① まぎらわしい　　② このましい　　③ あさましい　　④ しぶとい

12 この古い寺の庭は（　　　）がある。
　　① おおすじ　　② おもむき　　③ おとも　　④ おそれ

13 精巧を（　　　）彫刻にみんな驚いた。
　　① 極めた　　② 馴した　　③ 導いた　　④ 腫れた

問題3　＿＿＿＿の言葉に意味が最も近いものを、1・2・3・4から一つ選びなさい。

14 友だちのミスを先生に<u>いいつけたり</u>しないで。
　　① おどしたり　　② かわしたり　　③ すましたり　　④ ばらしたり

15 私の気持ちはすでに先方に<u>つたえて</u>ある。
　　① とりついで　　② とりくんで　　③ とりしまって　　④ とりたてて

16 最初はぎこちなかったが、すぐに<u>こつ</u>を飲み込んだようだ。
　　① 人間関係　　② キャリア　　③ やり方　　④ 経験

17 名のある実業家が<u>コレクション</u>した美術品をベースに、各地に美術館が作られている。
　　① 買い取った　　② 集めた　　③ 寄付した　　④ 贈呈した

18 100円出すのもやっとの<u>しぶい</u>奴だ。
　　① むじゃきな　　② けちな　　③ へいこうな　　④ びんぼうな

19 <u>いかにも</u>あなたのおっしゃるとおり、リスクの大きい仕事です。
　　① さも　　② いくた　　③ かねて　　④ きちっと

問題4　次の言葉の使い方として最もよいものを、1・2・3・4から一つ選びなさい。

20　ナンセンス
　① その意見には、一応ナンセンスします。
　② 今回の部長の提案はまったくナンセンスに思える。
　③ この二つの単語は微妙なナンセンスの差がある。
　④ 彼のようにナンセンスのいい人は初めてみた。

21　わずらわしい
　① 早くこんなわずらわしい仕事から解放されたい。
　② 事故のニュースを聞いてわずらわしい気持ちになった。
　③ 新妻は夫の後ろでわずらわしく立っていた。
　④ 野口さんはわずらわしい手を使って部長職まであがった。

22　怠慢
　① その都市が大きな被害を受けたのは、地震に対して怠慢だったからだ。
　② 先輩、怠慢な仕事だけどお願いできますか。
　③ ボイラーの異常に気がつかなかったのは社員の怠慢だ。
　④ 彼のあんな態度は、社長に対して怠慢極まると思いませんか。

23　ゆえに
　① これは無料でゆえに日本語で利用できるウイルス対策ソフトだ。
　② 君の功績は大きい。ゆえに、これを賞する。
　③ ゆえにこんな時間に外出する必要はないだろう。
　④ 彼は勉強もよくできるゆえに、人間関係もいい。

24　冷淡
　① 彼は何事にも冷淡なのでみんなに嫌がられる。
　② 両国の冷淡した関係が続いている。
　③ 遺族は犯人に極めて冷淡した態度をとった。
　④ あんなに熱々だった二人の仲が冷淡してしまった。

25 へりくだる

① 今度のパーティーにはへりくだった服装で出席するように。

②「息子」のへりくだった言い方は「せがれ」といいます。

③ みんな知り合いだからへりくだったあいさつは抜きにしよう。

④ へりくだりますが、乗車券を拝見させていただきます。

問題5　次の文の（　　　）に入れるのに最もよいものを、1・2・3・4から一つ選びなさい。

26 採用担当としては、こんなに立派な方々が応募してくれると嬉しい（　　　）。
　　① きわまります　② かぎりです　③ きわみです　④ いたりです

27 彼は大学入試（　　　）、毎日、麻雀に興じている。
　　① をかわきりに　② をかぎりに　③ をよそに　④ とばかりに

28 家庭は子供が大部分の時間を過ごす場所である。それ（　　　）、私は家庭でのしつけが一番重要だと考えるのである。
　　① ゆえに　② なりに　③ どころか　④ ばかりか

29 この町は昔（　　　）の風俗を保っている。
　　① まみれ　② ずくめ　③ ながら　④ まま

30 大掃除をすると、ほこり（　　　）になる。
　　① いたり　② きわみ　③ ずくめ　④ まみれ

31 この山は、冬は届け出（　　　）登山してはいけないことになっている。
　　① なくて　② ないで　③ なくも　④ なしに

32 これはもうあなたのものです。煮る（　　　）焼く（　　　）、すきにしてください。
　　① やら／やら　② なり／なり　③ しろ／しろ　④ せよ／せよ

33 外国に子どもを留学させている親の心配は、察する（　　　）。
　　① にいたっている　② にかぎる　③ にかたくない　④ をきんじえない

34 読む（　　　）記事が書けるようになるまでには相当訓練が要る。
　① にたえる　　② にいたる　　③ にたまる　　④ にそえる

35 吹く風に暖かさが感じられ、だんだん春（　　　）きた。
　① っぽく　　② めいて　　③ かけて　　④ やって

問題6　次の文の __★__ に入る最もよいものを、1・2・3・4から一つ選びなさい。

36 震災で ＿＿＿ ＿＿＿ ★ ＿＿＿ 重くのしかかった。
　① 避難所暮し　　　　② 人々の胸に
　③ を余儀なくされた　④ 将来の生活不安が

37 一人が ＿＿＿ ★ ＿＿＿ ＿＿＿ 今まで抑えていた不満の声があがった。
　① のを皮切りに　　② いっせいに
　③ みんなから　　　④ 批判の声をあげた

38 その薬の副作用による ＿＿＿ ＿＿＿ ★ ＿＿＿ 立ち上がった。
　① 調査に　　　　　② 越えるに至って
　③ 死亡者が100人を　④ 厚生省もようやく

39 遊園地の ＿＿＿ ★ ＿＿＿ ＿＿＿ しつくされている。
　① 乗り物は　　　② 計算
　③ 安全性は　　　④ どんなに恐ろしくても

40 彼女は ＿＿＿ ＿＿＿ ★ ＿＿＿ 駆け寄った。
　① 浮かべて　　② 涙を
　③ 私の顔を　　④ 見るや否や

問題7 次の文章を読んで、 41 から 45 の中に入る最もよいものを、1・2・3・4から一つ選びなさい。

　　世界的な不況による派遣労働者や非正規社員の問題が社会問題化しているが、私は、メディアがこの問題を取り上げるたびに、派遣労働者で働いている人達を否定的な立場で見てきた。すべての人が 41 、この人達が日本の製造業が良かった時代には、自ら進んで派遣社員でいたこと、将来のキャリアアップの努力や正社員雇用を目指すといった努力をしてきていたのか疑問に思ったからだ。世界同時不況により、契約解除を 42 、また、結局再就職先に派遣を希望していたりしたのも理由のひとつだ。その時、ある新聞記事で、外国で日本向けコールセンターの派遣として働く若者たちの記事を見た。記事では、海外にある日本向けコールセンターなどで働く日本人の生活ぶりが書かれていた。彼等が何を思うのか。円換算での 43-a は安くても 43-b が安く済むので十分余り貯金ができる。語学やビジネス習慣を習得し、その経験を生かし、現地の日本法人に正社員として採用してもらうというものだ。高い日本の人件費を逃れ、日本から流出する企業の担い手になろうと、海外で経験を積む派遣労働者たち。日本の正社員で働いていては、海外で派遣社員など、低賃金、不安定な身分といったマイナスイメージしかないだろう。 44 派遣社員の彼らには、海外で働くという答えが出てきても不思議はない。10年後、20年後、彼らが日本企業の海外進出を助ける担い手に 45 。

41　① そうだとは言わないが　　② そうだと言っておきながら
　　③ そうでないかぎり　　　　④ そうだと言いつつも

42　① 経験しなくても　　　　　② 経験するなら
　　③ 経験するなど　　　　　　④ 経験しても

43　① a 賃金 / b 円　　　　　　③ a 賃金 / b 生活費
　　③ a 経費 / b 円　　　　　　④ a 経費 / b 生活費

44　① さいわいに　　② もともと　　③ ふたたび　　④ たとえ

45　① なることだろうか　　　　② なってしまった
　　③ なることだろう　　　　　④ なってしまう

实战模拟测试 第1回 解析

问题1 请从1·2·3·4中选出划线词语的读法最恰当的一项。

1 ④ 最高潮(さいこうちょう) 最高潮
   感动已达到最高潮。
   词汇 感動(かんどう) 感动　達(たっ)する 达到

2 ② 守銭奴(しゅせんど) 守财奴
   他是个守财奴。

3 ③ 茶飯事(さはんじ) 司空见惯
   他说的是司空见惯的事情。
   词汇 日常(にちじょう) 日常

4 ③ 慰(なぐさ)める 安慰
   朋友安慰了悲伤中的我。
   词汇 悲(かな)しむ 悲伤　戒(いまし)める 劝诫
   　　　屈(かが)める 弯腰，猫腰　諦(あきら)める 放弃

5 ④ 潜(ひそ)む 隐藏，潜伏
   他隐藏在隐蔽处等着。
   词汇 物陰(ものかげ) 隐蔽处，背阴处
   　　　歪(ひず)む 歪，斜　刻(きざ)む 刻
   　　　霞(かす)む 朦朦胧胧，出薄雾

6 ② 惜(お)しい 可惜
   可惜A队输了。
   词汇 負(ま)ける 输，失败　久(ひさ)しい 很久
   　　　厳(いか)めしい 威严，严肃　愛(いと)しい 可爱

问题2 请从1·2·3·4中选出恰当的一项填入（　）中。

7 ① 高尚(こうしょう) 高尚
   副社长有着钢琴这一高雅的爱好。
   词汇 副社長(ふくしゃちょう) 副社长　演奏(えんそう) 演奏　趣味(しゅみ) 爱好
   　　　高価(こうか) 高价　高層(こうそう) 高层　高原(こうげん) 高原

8 ④ 良好(りょうこう) 良好
   现在的健康状况非常良好。
   词汇 現在(げんざい) 现在　健康(けんこう) 健康　状態(じょうたい) 状态　非常(ひじょう)に 非常
   　　　良識(りょうしき) 明智　善良(ぜんりょう) 善良　良質(りょうしつ) 优质

9 ④ 優勢(ゆうせい) 优势
   比赛不到最后是不知道结果的。前半场占优势的A队，到了后半场却在苦战。
   词汇 試合(しあい) 比赛　最後(さいご) 最后　前半(ぜんはん) 前半场
   　　　後半(こうはん) 后半场　苦戦(くせん) 苦战　優越(ゆうえつ) 优越　優先(ゆうせん) 优先
   　　　優美(ゆうび) 优美

10 ④ 生臭(なまぐさ)い 腥
   因为做了鱼，厨房里充满了很腥的味道。
   词汇 料理(りょうり) 料理　匂(にお)い 味道　充満(じゅうまん) 充满　卑(いや)しい 卑贱
   　　　くすぐったい 痒痒，难为情　悩(なや)ましい 苦恼

11 ③ きゃしゃ 好看而不结实，苗条
   身体纤瘦而又苗条的他，经常请假不上学。
   词汇 身体(しんたい) 身体　細(ほそ)い 纤瘦　休(やす)む 休息　厳(きび)か 严肃
   　　　つぶら 圆，圆而可爱　淑(しと)やか 安详，斯文

12 ① 掘(ほ)る 挖
   为了捕捉动物，挖了个大洞。
   词汇 動物(どうぶつ) 动物　穴(あな) 洞　擦(す)る 揉，搓　刈(か)る 削
   　　　去(さ)る 离开

13 ② 次第(しだい)に 逐渐
   到了3月份，寒意逐渐减退了。
   词汇 緩(ゆる)む 缓和，松弛　よりによって 偏偏要
   　　　敢(あ)えて 决(不)，敢于　まして 况且

问题3 请从1・2・3・4中选择与画线词语意义最接近的一项。

14 ① 静養 静养（休养）／ 休養 休养
患病后就在别墅里休养。
词汇 病後 病后　別荘 别墅　休暇 休假　安静 安静
　　 情緒 情绪

15 ③ 皆無 皆无／ 絶無 绝无
我们队绝对没有得冠军的希望。
词汇 優勝 冠军　見込み 希望　有無 有无　無理 无理
　　 皆勤 出满勤

16 ① なつく 亲密，熟识／ なじむ 亲密，有感情，跟（人）
新进职员很快就跟在了山田前辈后面。
词汇 新入社員 新进职员　先輩 前辈
　　 染める 着色，染色　辿る 边找边走
　　 据える 安放，放置

17 ① 凌ぐ 熬过／ 越える 超越
相信救援队会来，熬过了寒冷与饥饿。
词汇 救助隊 救援队　信じる 相信　飢え 饥饿
　　 ぼやく 嘟囔，发牢骚　伏せる 向下，伏下
　　 詰る 责问，责难

18 ② ガレージ 汽车库／ 車庫 车库
猫在车库里又是拉屎又是撒尿，真是很苦恼。
词汇 糞 粪便　オシッコ 尿　困る 苦恼　居間 居室
　　 芝生 草坪　屋根 屋顶

19 ③ 敢えて 决（不），敢于／ 強いて 强逼，强迫
洒香水的男人和不洒香水的男人比，我敢说不洒香水的更男人。
词汇 香水 香水　かえって 反而　かつて 曾经，从前
　　 すすんで 主动，自愿

问题4 请从1・2・3・4中选出下列词语的使用方法最恰当的一项。

20 ④ すばしこい 行动或动作敏捷，灵活（不能用于反应能力方面）
① 在那么多人当中，居然一眼就发现了那样的美人，果然很机敏啊。→ 目が早い 机敏
② 警察的迅速反应，使事件得以尽快解决。
　→ すばやい 反应能力或动作快
③ 她很麻利，一上午就把活儿干完了一半。
　→ 手が早い 麻利
④ 兔子敏捷地钻过孩子们中间，跑过来跑过去。
词汇 大勢 很多人　一瞬 一瞬间　美人 美人
　　 見つける 发现　さすが 果然　対応 对应
　　 早期 早期　つながる 连接　大半 大部分
　　 終える 结束　かいくぐる 钻过去
　　 走り回る 跑来跑去

21 ② かける 掉了一块儿，出缺口
① 虽然集训了三个多月，可还是输掉了比赛。
　→ まける 输
② 饭碗缺了个口，所以买了个新的。
③ 请把姓名卡佩戴在左胸上。→ つける 佩带
④ 上了点眼药，眼睛就灼痛起来。
　→ 目薬をつける 上眼药
词汇 合宿 集训　茶わん 饭碗，碗　名札 姓名卡
　　 胸 胸　目がからい 眼睛辣

22 ④ 鈍感 感觉迟钝（形容动词）
① 对周围状况不敏感的自己，真是讨厌得不得了。
　→ 鈍感だった
② 没准儿会因为自己的玩忽职守，被公司要求赔偿损失。→ 怠慢 怠慢
③ 她向对服装感觉迟钝的我传授了时尚。
　→ 鈍感だった
④ 比起细腻的人，我更喜欢迟钝的人。
词汇 状況 状况　嫌 讨厌
　　 ～て(で)しかたない ……得不得了
　　 職務 职务　損害 损害　賠償 赔偿　請求 请求
　　 服装 服装　教える 教　繊細 细腻

23 ② やわらか 柔和的
（相当于英语中soft的意思，带有软乎乎的语感）
① 希望拥有紧致而又富有弹性的肌肤，最好还是食用植物性食品。→ しなやか 柔韧
② 部长先生喷了散发着像牛奶一样柔和甜味的香水。
③ 为了塑造柔韧的身体曲线而开始减肥。
　　→ しなやか 柔韧
④ 曾因生活不顺而非常苦恼，可不知何时一下子改变了。→ なめらか 光滑，顺利

词汇 筋肉 肌肉　欲しい 希望　場合 情况
　　 植物性 植物性　部長 部长　甘い 甜　香り 香味
　　 悩む 苦恼　いつの間にか 不知何时　変わる 改变

24 ③ まさしく 的确，确实（带有"真是（正是）"的语感）
① 请在大家面前明确地说出自己是无罪的。
　　→ はっきり 事物的轮廓或言行清楚的样子
② 对他不明朗的态度，上司好像渐渐失去了信任感。
　　→ はっきり 事物的轮廓或言行清楚的样子
③ 这里就是曾入选为百所名胜的"天下第一"樱花名胜。
④ 虽然明确地说出自己意见非常重要，但是也希望慎重考虑其。
　　→ はっきり 事物的轮廓或言行明确的样子

词汇 罪 罪　態度 态度　上司 上司　信頼感 信任感
　　 失う 失去　名所 名胜　百選 精选出的一百个
　　 天下第一 天下第一　意見 意见　慎重さ 慎重性

25 ③ 軽率 轻率（形容动词）
① 因为我轻率的行为给很多人造成了麻烦。
　　→ 軽率な
② 我认为未婚先孕的婚姻是轻率而不负责任的。
　　→ 軽率だし
③ 泄露秘密是很轻率的。
④ 价格比平时降了30%，所以使用时不要有负担。
　　→ 気軽 没有负担

词汇 行動 行为　迷惑 迷惑
　　 出来ちゃった婚 婚前有孕结婚
　　 無責任 不负责任　秘密 秘密　漏らす 泄露
　　 割引 减价

问题5 请从1・2・3・4中选出最适合填入下列句子（　）中的一项。

26 ④ 〜に足る 值得……，足以……
一切如沉睡般的和平小岛上没有任何值得报道的新闻。
词汇 すべて 所有的　眠る 沉睡　平和 和平　島 小岛
　　 報道 报道

27 ① ただ〜のみ 只……
我什么也说不出口。只是表示感谢而已。
词汇 何とも 什么也　感謝 感谢

28 ② 〜たる者 既然是……，作为……
既然是商务人士，就请注意一下商谈礼节。
词汇 気をつける 注意

29 ④ 〜ないではすまない 不……就不行
如果你不亲自向他道歉，这件事就不能得到解决。
词汇 直接 亲自　謝る 道歉

30 ① 动词现在形 + なり 〜刚……就
刚看那个情景一眼，她就被吓倒了。
词汇 光景 情景　一目 一眼　恐怖 恐怖　倒れる 倒下

31 ④ 〜に(は)あたらない 没有必要……
没有必要担心。好像也不是什么大不了的病，休息两三天就会好的。
词汇 心配 担心　大した 了不起　病気 疾病
　　 治る 痊愈

32 ③ 〜にして 就连……
身为教师，就连什么是学问都不知道。
词汇 教師 教师　学問 学问

33 ② 〜まじき 不应该……
酒后驾驶是身为警察所不应该有的行为。
词汇 運転 驾驶　警察官 警察　行為 行为

34 ① 〜をもって 以……
以眼还眼，以牙还牙，武力就要以武力来对抗。
词汇 歯 牙　武力 武力　対抗 对抗

35 ③ ～とばかりに 显出……的样子，……似的

被教授提问的朋友，好像已经久等了似的开了口。

词汇 教授 教授　質問 提问　開く 开

问题6 请从1·2·3·4中选出最恰当的一项填入 ★ 。

36 ③ 彼は私が話しかけても全く返事をせずまるで早く帰れと言わんばかりだ。

我怎么搭话，他都根本不回答，就好像让我赶快回去似的。

词汇 全く 完全　返事 回答　まるで 好像

动词否定形＋んばかりだ 就像（马上）……似的

37 ④ 授業を休むのなら、直接教師に連絡しないまでも友だちに伝言を頼むなど何かすべきだと思う。

我认为如果想请假，即使不直接联系老师，也要拜托朋友带个口信什么的。

词汇 授業 上课　直接 直接　教師 教师　連絡 联系

～ないまでも 即使不……，虽然不……

伝言 (帯)口信　頼む 拜托

38 ② 断りなしに外泊したために寮の規則で一週間ロビーの掃除をさせられた。

没有事先得到允许就住在了外面，所以按照宿舍的规章被罚打扫了一个星期大厅。

词汇 断る 事先得到允许，拒绝

～なしに 没有……　外泊 外宿　寮 宿舍

規則 规章　一週間 一周　掃除 打扫

39 ② 締切日を過ぎた場合は、理由のいかんによらず受付はしない。

超出了截止日期的情况，无论是什么样的理由都不予受理。

词汇 締切日 截止日期　過ぎる 超出　場合 情况

～いかんによらず 不管……　受付 受理

40 ② 経済崩壊の時期におじいさんは重圧に耐えられなくなって社長をやめた。

在经济崩溃时期，爷爷因受不了重压而辞去了社长的职务。

词汇 経済 经济　崩壊 崩溃　時期 时期　重圧 重压

耐える 忍耐，受得住

问题7 请在阅读下列文章之后，从1·2·3·4中选出最适合填入下列文章41～45中的一项。

(41) ④ (42) ① (43) ③ (44) ② (45) ①

解析　最近，在日本各地的夜空下，可以看到从桥梁或城墙下打上去的照明灯。据说这种灯光叫做镭射灯，用光线照着的样子非常漂亮。正因为有很多人被人工灯光艺术的华丽而【41】感动不已，使这个光建筑人气倍增。但是实际问题却【42】不能让人仅止于感动吧？首先，灯光在制造出美丽夜景的同时，另一方面却将光线浪费到了天空中。其次，因为它会照亮天空，所以会有给观测天体带来【43-a】障碍的【43-b】缺点。【44】再进一步说，不光是镭射灯，包括霓虹灯在内，这些彻夜亮起的灯光，有时还会给行道树或农作物的生长带来危害。想到这些情况，就会想到应该对镭射灯采取相应的措施。能想出什么样的解决方法呢？首先恐怕应该查明镭射灯造成的影响吧。然后【45】应该把这种影响局限在不妨碍当地居民生活的范围之内才可以。

词汇 近ごろ 近来　各地 各地　夜空 夜空　もと 下面

橋 桥　お城 城　照明 照明　光り輝く 发光　照らす 照

人工 人工　芸術 艺术　～からこそ 正因为……才

増える 增加　実際 实际　感激 感激，感动　夜景 夜景

つくり出す 制造出

动词基本形＋一方で 一方面……　無駄 浪费

放る 放弃　次に 其次　天体 天体　観測 观测

支障 障碍　きたす 招来，招致　欠点 缺点　限る 限定

含める 包括　深夜 深夜　点灯 点灯　明かり 光线

街路樹 行道树　植物 植物　農作物 农作物

生長 生长　害 危害　及ぼす 波及　対策 对策

解決法 解决方法　影響 影响　調査 调查　地域 地区

暮らし 生活　範囲 范围　～のみ 仅，只　許可 许可

实战模拟测试 第2回 解析

问题1 请从1・2・3・4中选出画线词语的读法最恰当的一项。

1 ① 句読点 句号和逗号

因为句号和逗号少，所以读起来不方便。

词汇 読む 读

动词ます形 + にくい 很难……，不便……

2 ③ 雑木林 杂木林

在杂木林里捡了树木的果实。

词汇 木 树木　実 果实　拾う 捡拾

3 ② 激励 鼓励

给即将成为应试生的堂兄打去了表示鼓励的电话。

词汇 受験生 应考生

4 ③ 丘陵 丘陵

酒店建在了丘陵上。

词汇 建つ 新建，盖

5 ① 嘆く 叹气

朋友因为事业失败而长吁短叹。

词汇 事業 事业　失敗 失败　弾く 弹，打(算盘)
ぼやく 嘟囔，发牢骚
もがく 挣扎，焦急

6 ② 潤す 弄湿，滋润

用泉水润了润嗓子。

词汇 泉 泉　喉 嗓子　耕す 耕种　済ます 弄完，做完
励ます 鼓励

问题2 请从1・2・3・4中选出恰当的一项填入(　)中。

7 ③ 依頼 信赖

最近有很多人信赖不合情理的减价，所以很苦恼。

词汇 とんでもない 不合情理　値引き 减价
困る 苦恼　依然 依然　依託 委托　依存 依存

8 ① 必需 必需

观战职业棒球时，助威应该是不可或缺的必需品吧。

词汇 野球 棒球　観戦 观战　応援 助威　欠かす 缺少
内需 内需　需要 需要　需給 供求

9 ① 縁談 提亲

因为工作太忙，所以没有空儿提亲或相亲。

词汇 お見合い 相亲　余裕 剩余　縁起 前兆
額縁 画框　血縁 血缘

10 ③ ムード 气氛

鼓声传来，庆典气氛再次掀起了高潮。

词汇 たいこ 鼓　祭り 庆典　盛り上がる 高潮
ブーム 热潮　ポーズ 姿势　リード 领导

11 ① 紛らわしい 含含糊糊的

不要说那种含含糊糊的话，请明确地回答做还是不做。

词汇 答える 回答　好ましい 严肃
浅ましい 圆，圆而可爱
しぶとい 安详，斯文

12 ② 趣 风格，风趣，情趣

这座历史悠久的寺庙的庭园很有风格。

词汇 寺 寺庙　庭 庭园　大筋 梗概　お供 随行，随从
恐れ 担心

13 ① 極める 极其……，达到顶点

大家都对极其精巧的雕塑惊叹不已。

词汇 精巧 精巧　彫刻 雕刻　驚く 吃惊　馴す 驯养
導く 领路，引导　腫れる 肿

问题3	请从1·2·3·4中选择与画线词语意义最接近的一项。

14 ④ 言い付ける 告状，告诉 / ばらす 泄露，揭穿

不要把朋友的失误告诉给老师什么的。

词汇 脅す 威胁，恐吓　交す 交换，交叉
　　　済ます 弄完，做完

15 ① 伝える 传给 / 取り次ぐ 传达，转交

我的心意已经传给了对方。

词汇 すでに 已经　取り組む 同……比赛，全力以赴
　　　取り締まる 监督，管理
　　　取り立てる 征收，提拔

16 ③ こつ 要领 / やり方 作法

最初有些笨拙，不过好像很快就掌握了要领。

词汇 最初 最初　ぎこちない 不灵活，笨拙
　　　飲み込む 领会　人間関係 人际关系
　　　キャリア 经历　経験 经验

17 ② コレクション(collection) 收藏，搜集 / 集める 收集

以知名实业家收藏的美术作品为基础，在各地设立了美术馆。

词汇 名 名字　実業家 实业家　美術品 美术作品
　　　各地 各地　美術館 美术馆　買い取る 收购，买入
　　　寄付 捐赠　贈呈 赠给

18 ② 渋い 涩，苦，吝啬 / けち 吝啬

是个连100日元都会好不容易才掏出口袋的吝啬的家伙。

词汇 無邪気 天真无邪　閉口 为难　貧乏 贫穷

19 ① いかにも 真，实在 / さも 很，实在

真是如您所说，是件非常危险的事情。

词汇 幾多 许多，无数　予て 事先，老早
　　　きちっと 准确，整整齐齐

问题4	请从1·2·3·4中选出下列词语的使用方法最恰当的一项。

20 ② ナンセンス(nonsense) 荒谬

① 暂且对他的意见表示反对。→ 反対 反对
② 我觉得这次部长的提案，真是荒谬。
③ 这两个词语在语感上有着微妙的差异。
　　→ ニュアンス 语感
④ 第一次看到判断力像他那样好的人。
　　→ センス 判断力

词汇 意見 意见　今回 这次　単語 单词　微妙 微妙
　　　差 差异　初めて 第一次

21 ① 煩わしい 繁杂，麻烦

① 真想快点从这繁杂的事情当中解脱出来。
② 听了事故报道，陷入了阴郁的情绪当中。
　　→ 暗い 暗，阴郁
③ 新娘子羞羞答答地站在了丈夫身后。
　　→ 慎ましい 彬彬有礼，羞羞答答
④ 野口用肮脏的手段爬到了部长的位置。
　　→ 汚い 肮脏

词汇 解放 解放　事故 事故　新妻 新娘子　夫 丈夫
　　　後ろ 后面　手 手段　部長職 部长

22 ③ 怠慢 松懈

① 那个城市之所以受灾，是因为事先没有对地震进行防备。→ 無防備 没有防备
② 师兄，有件麻烦的事情不知能不能拜托您。
　　→ 面倒 麻烦
③ 因为职员玩忽职守，没能觉察到暖气的异常。
④ 不觉得他用那种态度对待社长是极其无礼的吗？
　　→ 無礼 无礼

词汇 都市 城市　被害 受灾　地震 地震　異常 异常
　　　気がつく 觉察到　～極まる 极其……

23 ② 故に 因为，所以

① 这是免费的，并且可以用日本语使用的杀毒软件。
　　→ しかも 并且

② 你的功劳很大，所以要给你这个奖励。
③ 应该没有必要非在这个时间出门吧。
　　→ なにも 没有必要
④ 他不仅学习好，而且人际关系也不错。
　　→ ～うえに 不仅……而且……

词汇　無料 免费　利用 使用　対策 对策　功績 功劳
　　　賞する 奖励　外出 出门

24 ① 冷淡 冷淡
① 因为他对什么事情都很冷淡，所以大家都讨厌他。
② 两国继续着冰冷的关系。→ 冷却 冷却
③ 遗属对犯人表现出极其冰冷的态度。
　　→ 冷淡な 冷
④ 曾经那么热烈的二人关系变得冷淡了。
　　→ 冷える 变冷淡

词汇　何事 什么事　嫌がる 讨厌　両国 两国
　　　遺族 遗属　犯人 犯人　極めて 极其
　　　熱々 热烈　仲 交情，关系

25 ② へりくだる 谦恭，谦逊
① 这次聚会请着正装出席。→ 改まる 郑重其事
② 「息子（儿子）」的谦逊语是「せがれ（犬子）」。
③ 都是熟人，繁文缛节就免了吧。
　　→ 改まる 郑重其事
④ 对不起，请给我看一下车票。
　　→ 恐れ入る 对不起，不好意思

词汇　今度 这次　服装 服装　出席 出席　息子 儿子
　　　せがれ 犬子（表示自谦）　知り合い 熟人
　　　抜く 省略　乗車券 车票　拝見 拜见（表示自谦）
　　　动词使役形+ていただく 请(给)……（表示谦逊）

问题5　请从1・2・3・4中选出最适合填入下列句子（　）中的一项。

26 ② ～かぎりだ 非常……，……极了
非常高兴像各位这么优秀的人来应聘录用负责人。
词汇　採用 采用　担当 担任　立派 优秀　方々 各位
　　　応募 应征　嬉しい 高兴

27 ③ ～をよそに 无视……
他无视大学入学考试，每天只对麻将感兴趣。
词汇　入試 入学考试　麻雀 麻将　興じる 有兴趣，爱好

28 ① ～故(に) / ～故の 因为……/由于……的
家庭是孩子度过大部分时间的地方。所以我认为家庭教育是最重要的。
词汇　家庭 家庭　大部分 大部分　過ごす 度过
　　　場所 场所　しつけ 教育　重要 重要　考える 想

29 ③ ～ながら 原样（原封不动）
这个村庄还原封不动地维持着过去的风俗。
词汇　風俗 风俗　保つ 维持

30 ④ ～まみれ 满是……
进行大扫除的话，就会弄得满身是灰。
词汇　大掃除 大扫除　ほこり 灰尘

31 ④ ～なしに 没有……
在冬天没有申请是不允许登这座山的。
词汇　冬 冬天　届け出 申请　登山 登山

32 ② ～なり～なり 或者……或者……，……也好……也好
现在这是你的了。煮着吃也好，烤着吃也好，随你的便吧。
词汇　煮る 煮　焼く 烤

33 ③ ～にかたくない 不难……
不难体谅把孩子送到国外去留学的父母的担忧。
词汇　外国 外国　留学 留学　察する 体谅

34 ① ～にたえる 值得……
要想写出值得一看的报道，需要进行相当多的训练。
词汇　記事 报道　相当 相当　訓練 训练　要る 需要

35 ② ～めく 有……气息，像……样子
微风拂面令人感到温暖，越来越有春天的气息了。
词汇　吹く 吹拂　暖かさ 温暖　感じる 感到

問題6　请从1·2·3·4中选出最恰当的一项填入 ★ 。

36 ② 震災で避難所暮しを余儀なくされた人々の胸に将来の生活不安が重くのしかかった。

对未来生活的不确定感，沉重地压在因地震灾害而不得不生活在避难所的人们的心上。

词汇　震災(しんさい) 地震灾害　避難所暮し(ひなんじょぐらし) 避难所生活
　　　～を余儀(よぎ)なくされる 不得不……
　　　胸(むね) 胸，心里　不安(ふあん) 不安　のしかかる 压在……上

37 ① 一人が批判の声をあげたのを皮切りに、みんなからいっせいに今まで抑えていた不満の声があがった。

一人开始发出批判之声，众人便一齐发出压抑至今的不满之声。

词汇　批判(ひはん) 批判　声(こえ) 声音　～を皮切(かわき)りに 以……为开端
　　　抑(おさ)える 压抑　不満(ふまん) 不满

38 ④ その薬の副作用による死亡者が100人を越えるに至って厚生省もようやく調査に立ち上がった。

由该药副作用引起的死亡人数已超过100人，于是（日本）厚生省也终于着手调查了。

词汇　副作用(ふくさよう) 副作用　死亡者(しぼうしゃ) 死亡者　越(こ)える 超过
　　　～に至(いた)って 达到……　厚生省(こうせいしょう) 厚生省　調査(ちょうさ) 调查
　　　立(た)ち上(あ)がる 着手

39 ④ 遊園地の乗り物はどんなに恐ろしくても、安全性は計算しつくされている。

游乐园的游戏设施再怎么吓人，其安全性也都是计算好的。

词汇　遊園地(ゆうえんち) 游乐园　恐(おそ)ろしい 吓人　安全性(あんぜんせい) 安全性
　　　計算(けいさん) 计算　动词ます形 + つくす 全部(都)……

40 ② 彼女は私の顔を見るや否や、涙を浮かべて駆け寄った。

她刚看到我的脸，就眼泪汪汪地跑了过来。

词汇　动词现在形 + や否(いな)や 刚……就……　涙(なみだ) 眼泪
　　　浮(う)かべる 使……露出　駆(か)け寄(よ)る 跑过来

問題7　请在阅读下列文章之后，从1·2·3·4中选出最适合填入下列文章41～45中的一项。

(41) ①　(42) ④　(43) ②　(44) ②　(45) ③

解析

由世界大萧条引起的派遣劳动者或非正式员工问题正在成为社会问题，而每当我看到媒体提起这个问题时，总会从否定的角度看待派遣劳动者。因为尽管【41】不能说所有人都是那样的，但是我一直都怀疑这些人在日本制造业兴盛时期，之所以自愿成为派遣职员，究竟是为了提高未来的资历而努力呢，还是为了被聘为正式员工而努力呢。由于世界同时陷入了不景气，他们【42】遭遇了解聘，结果在重新就业之后，依然希望被派遣到重新就业单位，这也是其中的原因之一吧。那时，在某个新闻报道中看到过关于派遣到国外，在面向日本的呼叫中心工作的很多年轻人的报道。报道中记录了他们的生活状态。他们在想些什么呢？尽管换算成日元后的【43-a】工资很少，但是由于【43-b】生活费不高，所以有足够的剩余可以用于储蓄。

词汇

世界的(せかいてき) 世界性　不況(ふきょう) 大萧条　派遣(はけん) 派遣
労働者(ろうどうしゃ) 劳动者　非正規(ひせいき) 非正规　問題化(もんだいか) 问题化
取(と)り上(あ)げる 提出(问题等)
动词基本型 + たびに 每当……的时候　働(はたら)く 工作
否定的(ひていてき) 否定的　立場(たちば) 角度　製造業(せいぞうぎょう) 制造业
時代(じだい) 时代，年代　自(みずか)ら 亲自　進(すす)んで 自愿
正社員(せいしゃいん) 正式员工　雇用(こよう) 雇用　目指(めざ)す 作为目标
疑問(ぎもん) 疑问　同時(どうじ) 同时　契約(けいやく) 合约　解除(かいじょ) 解除
再就職(さいしゅうしょく) 再就业　希望(きぼう) 希望　～向(む)け 面向……
若者(わかもの) 年轻人　生活(せいかつ)ぶり 生活方式　等(など) 等　換算(かんさん) 换算
賃金(ちんぎん) 工资　済(す)む 可以解决　十分(じゅうぶん) 足够　余(あま)り 剩余
貯金(ちょきん) 储蓄　語学(ごがく) 语言学　習得(しゅうとく) 学会　生(い)かす 让活着
現地(げんち) 现地　法人(ほうじん) 法人　採用(さいよう) 采用　人件費(じんけんひ) 人工费
逃(のが)れる 逃脱　流出(りゅうしゅつ) 流出　企業(きぎょう) 企业
担(にな)い手(て) 肩负重任的人，劳动者　積(つ)む 积累
低賃金(ていちんぎん) 低工资　不安定(ふあんてい) 不安定　身分(みぶん) 身份
もともと 原来　不思議(ふしぎ) 不可思议　進出(しんしゅつ) 进军
助(たす)ける 帮助